大潮

改革开放的亲历者
激情澎湃的大时代

口述：“第一”的故事

韩淑芳 主编

Koushu
Diyi De Gushi

中国文史出版社

图书在版编目（CIP）数据

口述．“第一”的故事 / 韩淑芳主编．—北京：中国文史出版社，2018.5
（大潮）
ISBN 978-7-5205-0320-4

Ⅰ．①口…　Ⅱ．①韩…　Ⅲ．①改革开放—成就—中国　Ⅳ．① D619

中国版本图书馆 CIP 数据核字（2018）第 122213 号

责任编辑： 梁　洁　赵姣娇

出版发行：**中国文史出版社**
社　　址：北京市西城区太平桥大街 23 号　邮编：100811
电　　话：010-66173572　66168268　66192736（发行部）
传　　真：010-66192703
印　　装：北京地大彩印有限公司
经　　销：全国新华书店
开　　本：787 × 1092　　1/16
印　　张：19.5
字　　数：280 千字
版　　次：2018 年 7 月北京第 1 版
印　　次：2018 年 7 月第 1 次印刷
定　　价：59.80 元

《大潮》丛书

主　　编： 韩淑芳

副 主 编： 王文运　张春霞

策划编辑：（以姓氏笔画为序）

卜伟欣　牛梦岳　李晓薇　赵姣娇

高　贝　徐玉霞　梁玉梅　梁　洁

前言
PREFACE

改革开放，是中国人民在中国共产党领导下进行的一场天翻地覆的伟大革命，堪称中国乃至世界当代史上具有划时代意义的伟大事业。正如习近平主席所言："改革开放这场中国的第二次革命，不仅深刻改变了中国，也深刻影响了世界。"

13 亿多中国人民，在中国共产党的带领下，从农村到城市，从经济领域到政治、文化、社会、生态等方方面面，万众一心，锐意进取，艰苦创业，砥砺奋进，铸就了国家和民族发展史上史诗般的辉煌。古老的中国，从世界上最贫穷落后的国家之一，发展成为世界第二大经济体、第一大工业国、综合实力大国，中国人民的生活实现了从贫穷到温饱、再到总体小康的根本性转变。

这场历史上前所未有的大改革大开放，极大地激发了中国经济社会的生机与活力，调动了亿万人民群众的积极性。冲破人民公社旧体制、创造"大包干"的农民，抓住时代机遇、不惧风险、突破固有思维的个体经营者，艰苦创业、矢志不渝、勇于实践的企业家，为民族复兴与腾飞砥砺前行的科学工作者，奋斗在生产一线的大国工匠，心系祖国、积极投身改革开放事业的港澳台同胞和海外侨胞，为城市发展与崛起身先士卒、殚精竭虑的书记与市长，以及勇敢面对变革、迎接命运挑战的普通百姓……千军万马汇聚成波澜壮阔、激情澎湃的改革开放大潮。

我们有幸生活在这个大时代，我们有幸见证了中华民族走上复兴之路，我们有幸成为改革开放亲历者，我们有幸融为改革开放大潮中激情涌动的一滴水甚至一朵浪花。当一个个亲历者的经历、体悟与情感化作一篇篇生动、鲜活的文字，当我们阅读这些饱含激情与时代精神的文字，改革开放的大潮不禁砰然澎湃而来，激动着我们，感染着我们。

几十年来，人民政协各级机构征集编辑了大量反映改革开放的“三亲”（亲历、亲见、亲闻）文史资料，我们择其精华编辑了《大潮》丛书，通过亲历者讲述的一个个生动鲜活的故事，记录历史，见证岁月，讴歌时代。

韩淑芳

2018年6月

目录
CONTENTS

第二章　探索：摸着石头过河

第一章

初创：杀出一条血路

严俊昌、严宏昌、严德友

小岗村——中国农村改革第一村

我们小岗村自党的十一届三中全会以来，发生了翻天覆地的变化。虽然这个变化，与先进地区相比还不那么显著，但回顾这一变化历程，对我们小岗村继续开拓前进，是很有意义的。

穷则思变，贫穷逼出了大包干

小岗村农业合作化以前共有 34 户、175 人、90 个劳力，有 30 头牲畜、1100 亩耕地，平均每年产量 18 万—19 万斤左右，人均生产粮食 1000 多斤，农民生活还算可以。1955 年开始，小岗村没有经过小社，就一步迈入高级社，开始出现干活大呼隆、分配一拉平的现象，结果粮食产量逐年下降。到 1959 年，遇上了三年自然灾害，出现了“饿、病、逃、荒、死”等严重情况。1962 年刚刚恢复，紧接着就是“十年动乱”，各种各样的运动折腾得小岗村仅剩下 20 户人家，还是要年年搞运动、天天讲斗争。“路线教育”时，小岗村一下子来了 14 名工作队员，几乎一家摊上一个，整天搞“斗私批修”“割资本主义尾巴”，搞“大批促大干”等。七斗八斗，把人心都斗散了，形成了“算盘响、换队长”，20 户人家的生产队，几乎人人都当过队长，但换来换去，哪个也没干好。那时，人均口粮仅有 200 多斤，10 分工只值 2 角多钱。从 1966 年到 1979 年，13 年来，小岗村共吃国家供应粮 22.8 万斤，占 13 年总产的 65%，还用掉国家生救、社救款 1.5 万元。真是“农民种田，国家给钱，缺吃少穿，政府支援”。小岗的集体财产也是少得可怜，队里仅有三间破草房、一犋半牛、半张耙、一张半犁，已经穷得无法进行生产了。现在说句不怕丢丑的话，那时穷得大姑娘出门没衣穿，小伙子全是光棍汉，秋收刚刚结束，家家户户都准备外流讨饭了，小岗村成了远近闻名的穷队、光棍村、讨饭户。

1978 年秋，严俊昌、严宏昌分别担任了小岗村的正副队长，当时正值秋收秋种大忙季节，却有不少农户准备要外流了。此时，公社党委贯彻落实《省委六条》精神，实行分组作业的联产承包责任制，搞“一组四定”，这样正合我们的心意，我们很快将全队划分为四个小组，实行分组作业。谁料想分组后，矛盾更多、更激烈，因上工早迟、计分多少、分工不合理等问题，天天吵吵闹闹，甚至闹得要动武。俗话说:“穷争饿吵。”搞得我们队干部也不能参加小组生产了。当时我们认为，分大不如分小，干脆把四个小组分成八个小组，采取瞒上不瞒下的办法（即上报是四个小组，实际是八个小组）。这样分成的八个小组，基本上是“被窝里划拳——不掺外手”，多数是父子组、兄弟组。这样一来，提高了劳动积极性，反正是自家人在一起干活，劳力不足，家里老人、小孩一齐上，没有牛犁田，就用人拉犁，没有犁就用四齿耙刨，秋种进度加快了。但是好景不长，由于长期“大呼隆”、吃大锅饭的思想影响，尽管是兄弟之间、妯娌之间，也产生了矛盾，时有争吵，影响生产。

队里年长的老人都说，20 世纪 50 年代初期，土地各家各户耕种，什么矛盾也没有，交公粮，卖余粮，家家丰衣足食，生产热火朝天，他们都非常怀念那种情景。我们几个队干部也在一起商量，认为照这样分来分去的，还真不如分到户，各干各的，什么矛盾也没有了。也有人认为，分田到户好是好，被上面知道了不得了，搞分田单干、带头的干部是要坐牢的。这种“肉吃千口，罪落一人”的结果，我们当干部的也很害怕。但是，我们也搞得实在无计可施了，也“穷”怕了。我们想，一个队干不好，说是“大呼隆”，分到组也干不好，说是矛盾大，分到户看你能不能干好，再干不好，没饭吃就不能怪这怪那，怨天尤人了。为了乡亲们能有一口饭吃，我们几个队干部豁出去了，干脆分到户，瞒上不瞒下，先干一年试试再讲。到组到户都一样，首先完成国家征购任务，再完成集体提留，剩下来都是自己的，这就叫大包干到户。我们队干部就是坐牢也心甘情愿，只有这样，才能对得起全村老少爷们。

大约是 11 月底的一天，我们在村西严立华家召开了一次全村秘密会议，一家一个户主参加，20 户到 18 户（缺的两户是两个单身汉，已外流），会议内容就是搞大包干到户。第一是土地分到户后，瞒上不瞒下，不准任何人向外说，包括自己的至亲好友一律不说；第二要保证上交齐国家和集体的任务，任何人不准装孬。会上大家赌咒发誓，保证不向外透露分田到户，保证完成上交任务，就是遇到自然灾害，我们砸锅卖铁、外流要饭也要完成任务。也有的担心队干部搞大包干到户要吃官司坐牢，大家议论：你们干部要是因为搞大包干到户犯法坐牢，我们挨家要饭也给你们送牢饭，你们的小孩子，我们全村共同抚养到 18 岁，决不反悔。

随后，就由严宏昌执笔，写了包干合同书，内容是：

> 1978 年 12 月　地点：严立华家
>
> 我们分田到户，每户户主签字盖章，如以后能干，每户保证完成每户的全年上交公粮，不再向国家伸手要钱要粮，如不成，我们干部坐牢杀头也甘心，大家社员也保证把我们的小孩养活到 18 岁。

写好后，严宏昌第一个盖了负全部责任的印章，然后关庭球、关友德（代）、严立华、严国昌（代）、严立坤、严金昌、严家芝、关友章、严学昌、韩国云、关友江、严立学、严立国、严富昌、严立付、严美昌、严宏昌、严俊昌等参加会议的户主分别盖了印章和手印。

事后，我们立即悄悄地将田分到户，这样家家户户劳动生产积极性都发动起来了。有的向亲友借贷，筹备生产费用，准备给小麦施肥；有的借耕牛犁田，或请亲戚来帮忙刨地；缺粮户也不外流了，男女老幼一齐上，安排生产，实行生产自救。就这样，硬是把秋种搞好了。我们小岗村就这样艰难地迈出了大包干的第一步。

省、地、县领导给我们撑了腰

俗话说"世上没有不透风的墙"。我们小岗村大包干到户，外人一看便知，消息飞快传开了。公社领导知道消息后，立即把我们队干部找去质问：你们小岗是不是在搞单干？你们当干部的要注意，这样搞是要犯国法的。如果是单干，赶快并起来，否则就要把你们小岗村情况上报县委处理。那时，我们是铁了心的！一口咬定是分组作业，外人看一家一户干活是搞自留地。到了1979年3月15日，《人民日报》刊登甘肃省一位读者来信，并加了编者按语，指出：三级所有、队为基础必须稳定，坚决反对搞任何形式的包产到组、包产到户等变相单干。我们听了广播都傻了眼，心里很害怕，认为《人民日报》编者按是有来头的，心里七上八下的，心想这一下，我们是要挨批斗坐大牢了。

1979年5月8日，县委书记陈庭元把严宏昌找到公社，叫他不要怕，不要有思想顾虑，实事求是说出大包干到户的情况。严宏昌就如实地作了汇报，并说：作为一个农民，新中国成立20多年来，一直是"三靠"（吃粮靠返销、花钱靠救济、生产靠贷款），自己种田还糊不饱自家的肚皮，实在感到有愧，对不起国家，对不起领导，对不起自己的祖宗和后代。我们现在搞大包干到户，不但不向国家伸手要一分钱、一粒粮，保证年年向国家做贡献。陈书记问，你们有把握干好吗？严宏昌当时保证说：一定能干好，不信你去看看我们地里长的庄稼心里就踏实了。陈书记当即表示：你们只要能搞到吃的，我们不要你们粮食，只要不再靠国家就好了，你们好好干吧，就作一个试点吧。听了县委书记的话，我们就像吃了定心丸，一块石头落地了。全村社员听了传达也都欣喜万分，认为有县委书记给我们撑腰，我们可以放心大胆地干了。

1979 年，是我们搞大包干到户的第一个年头，全队粮食总产 13.2 万斤，相当于 1966 年到 1970 年五年粮食产量的总和。收油料 35 万斤，是过去 20 年产量的总和。饲养生猪 135 头，超过历史任何年份。向国家交售粮食 299 万斤，是征购任务的 10 倍；卖油料 2.4 万斤，超过任务 80 倍。人均收入由 1978 年的 22 元上升到 371 元。同时，当年还贷 800 元，集体储备粮 1500 斤，公积金 150 元。我们小岗村由“三靠队”“讨饭村”，一跃成了全县闻名的冒尖村。

10 月 20 日，县委书记陈庭元、副书记宁金茂等领导同志来到我们小岗村，宣布县委意见：同意小岗村搞大包干到户，作为大包干的试点队，并委派县委秘书吴庭美同志，在小岗村住下来，搞调查研究，核实产量，写了一篇题为《一剂必不可少的补药》调查报告，肯定了我们小岗村大包干到户的成绩，直接报给省委万里书记和中央农委。小岗村悄悄地搞“大包干到户”的情况，由此受到了中央领导和省委领导的重视。

10 月下旬，地委书记王郁昭带领地委七名常委，来到我们小岗村，经过考察和座谈，肯定了小岗村的做法，同意小岗村大包干到户干三年，并且总结大包干的优点是对国家、集体、个人三者都有利，是利国利民的创举。

1980 年 1 月 24 日上午 8 时左右，省委第一书记万里同志亲临我们小岗村视察。万书记身穿黄色军大衣，风尘仆仆，一下车就挨家挨户逐个查看，看新盖的房屋，看各户收的粮食，又揭开锅看我们吃的，开箱子看我们穿的衣服，并亲切地问长问短。最后万书记来到队长严俊昌家，严俊昌拿出炒熟的花生招待省委书记一行。万书记不吃，这时全村老少都围上来，齐声说：花生是自己生产的，万书记尝尝吧！万书记很高兴地答应了，并说，好，把这袋花生都带着，回去开常委会，让常委们都尝尝小岗村搞大包干的丰收果实。

万里书记还详细地询问了我们大包干到户前后的生产情况，我们都一一地向他作了汇报。万书记说：我国是个农业大国，粮食上不去，还要从外国进口，怎么能向人民交代。他说：你们小岗村干得好，过去我们也想这么干，就是没人能带这个头，没有想到，马列主义竟出在你们这小茅草屋里。你们搞大包干到户，是先交齐国家的，再留足集体的，剩下来才是你们自己的，这是对国家、集体、个人三者都有利的。严宏昌反映：有人说我们小岗村这么干是搞资本主义复辟。万书记说：今后哪个再说你们是搞资本主义，这场官司交给我，我替你们打。地、县委领导同意你们干三年，我同意你们干五年。在场的领导和社员群众，都激动万分，报以热烈的掌声。

万书记临离开前，边走还边要求我们：一是要做老实人，讲老实话，坚持实事求是；二是不要卖过头粮，不搞浮夸风，接受三年自然灾害的教训；三是当干部的要把眼光放远些，不单是带领群众搞好农业生产，还要大力发展工副业，使小岗村尽快走向共同致富的道路。

大包干给小岗村带来了大变化

从 1978 年实行大包干开始，小岗村在精神文明和物质文明两个方面都取得了很大的进步。从村庄面貌看，昔日的破茅草房不见了，贫穷落后的面貌已焕然一新。如今小岗村已发展成 82 户，343 人，180 个劳力，包产土地 1082 亩，实有土地 1600 亩，人均 512 亩。现在的小岗村，户户都新盖了砖瓦房，家家都搞了庭院，前院种蔬菜、瓜果，后院盖起了“三位一体”的标准化猪圈、厕所、沼气池。村里通了电，装了程控电话，修了公路，公共汽车开到村口。村里还建了卫星地面接收站，家家都能看上有线电视。户均拥有电器两台以上，户均拥有农用机械 1.2 台（套）。1995 年，全村人均收入就已达到 2000 元，超过全县平均水平，实现了经济收入达小康的目标。

小岗村在农业生产方面取得了突破性的进展，尤其是粮食总产量，由 1978 年的 32 万斤，达到 1995 年的 110 万斤，增加了近 40 倍，累计向国家贡献粮食 500 万斤。1996 年，小岗村每年种植水稻 800 亩，产粮 80 万斤；小麦 600 亩，产量30万斤；花生200亩，产量10万斤；山芋80亩，产量32万斤；黄豆50亩，产量1万斤；油菜150亩，产菜籽3万斤；西瓜80亩，产量40万斤。以上各种农作物经济效益可达23万元。

养殖业方面，我们在农业科技部门支持下，扶持养殖大户10家，养猪4000头，养牛500头，养羊2000只，养鸡7万只，养鸭1万只，养鹅3000只，经济效益约40万元。

工业方面，我们起步较晚，1993年开始成立了小岗村农工商联合公司，由原生产队副队长严宏昌担任总经理（原生产队队长严俊昌升任小溪河镇农委主任，严德友为现任村支部书记）。1994年新建一个年加工能力100吨的粮食加工厂，同年与香港旺兴达电器有限公司联合兴办"镀锡铜线厂"；1995年与小溪河镇政府联合兴办"中国小岗石英加工工业区"；1996年与台商联合兴办"安徽长江矿业有限公司"等。这些企业都是刚刚起步，经济效益有待于今后的发展。

我们小岗村虽然首创了大包干到户的生产责任制，但在深化农村经济体制改革，特别是兴办村级工业方面，已经落在后面。我们在认真总结过去经验教训的基础上，决心带领全村农民继续改革，加大发展村办工业和联户工业的力度，在"九五"期间，力争实现工农业总产值6000万元（其中工业总产值4000万元，农业总产值2000万元），人均收入达4000元。同时加强小岗村社会事业的发展，强化农村道路、环境卫生设施的建设，决心再用五年时间，把小岗村建设成为凤阳社会主义新农村典范。

（严俊昌，时任小岗村生产队队长；严宏昌，时任小岗村村委会主任；严德友，时任小岗村书记　凤阳县政协办公室任明发／整理）

陈秀霞　第一家中外合资饭店的建设

我曾在美国大学获英文专业硕士学位，20 世纪 50 年代初回国参加外交工作，还有幸参与我国第一家中外合资饭店——建国饭店的创建工作。

在改革开放思想指引下建造合资饭店

建造包括建国饭店等一批中外合资旅游饭店，正是在邓小平改革开放思想指引下进行的。

邓小平说："中国的发展离不开世界"，"关起门来搞建设不行。"(《邓小平同志重要谈话》增订本）这是他对外开放思想的核心内容。他认为旅游业应先行一步，旅游事业大有文章可做。发展旅游可成为国际社会了解中国、走进中国、中国走向世界的捷径，可以引进外资创汇。在他的积极倡导下，中国向世界旅游者打开大门，海外旅游者蜂拥而至，单 1978 年全国旅游入境人数达 180.9 万人次，超过过去 20 年人数的总和，1979 年又猛增到 420.4 万人次。

但打开旅游大门后，我国面临的突出困难是接待能力严重不足，特别是北京住房最为紧张，而外国旅游者来华，80% 以上的人都要到北京，他们感觉如果不到北京等于没有到中国，而当时北京只有七家涉外饭店，5200 张床位，实际达到接待标准的仅 1000 张左右，而且基础设施、服务态度、管理水平都与国外星级宾馆相距甚远。庞大的旅游大军令北京的接待单位措手不及，许多外国客人一下飞机，不是立即安排住宿，而是被拉到景点去游览，晚上再到饭店。北京实在无处下榻，就把客人送到天津、南京、上海等地。

为解决旅游住房问题，除国家投资兴建和挖潜改造外，邓小平同志审时度势，提出要积极利用侨资、外资，建设一批具有国际水平的旅游饭店，加速发展旅游业。

1978 年，中央指定谷牧、廖承志同志在北京京西宾馆主持召开各有关省、自治区、直辖市负责人会议，传达了邓小平同志关于“民航、旅游很值得搞”“要以发展旅游为中心搞一个综合方案”，以及利用侨资外资建设旅游饭店、加快发展旅游业的指示精神，研究了具体落实措施。

为加强领导，国务院正式成立了以谷牧、陈慕华、廖承志为首的利用侨外资建设旅游饭店领导小组，成员有计委、建委、外交、轻工、商业、外贸、铁道、交通、民航、财政、人民银行等有关部门的负责人。1978 年 8 月，在领导小组下设办公室（简称侨外资办），国家旅游总局局长卢绪章兼任主任，庄炎林副局长兼外资办常务副主任。办公室成员基本上是旅游总局的工作人员，下设谈判、会计、建筑设计、秘书等处，我被卢绪章点名任办公室谈判处处长。

这完全是一项崭新的工作，无先例、无参照，我对财务又是一窍不通，对法律也是外行。只好依靠领导的指导和同事的协助，边干边学，总算没有辜负组织上的重托，比较顺利地完成了任务。

消除疑虑，去争取胜利

侨外资办的工作十分兴旺，我们十分繁忙、紧张。当我国要利用侨外资建造旅游饭店的消息一传开，许多侨商、外商认为中国旅游资源丰富，旅游饭店建设很有前途，均蜂拥而至。一年之内，侨外资办就先后同许多国家和地区的 120 多家侨商、外商进行了广泛的接触和商谈。其中有泛美洲际饭店公司董事长、菲律宾的马科斯夫人和她带来的马尼拉饭店总经理、泰国一位总理推荐来的一家饭店总经理、英美的许多大饭店老板如美国"五月花"饭店等；侨商则有霍英东、罗新权、陶欣伯等。这些重要的客人主要由卢、庄接待；邓小平同志还亲自会见了泛美航空公司董事长西威尔和洲际饭店公司的客人，其他外商则由我接触和商谈。

长期的封闭半封闭状态导致因循成规的现象比较明显，对于利用外资建造旅游饭店，从一开始就有不同看法或存有疑虑，一时议论纷纷。侨外资办组织了多次会议，对旅游饭店的合作方式、建筑设计、材料装修、经营管理、偿还能力等进行研讨和论证，经过反复摸索和可行性分析，大家逐步认识到利用侨外资建造饭店，可以解决国内资金不足和材料设备紧缺，可以学习国外建造和经营饭店的先进技术和经验，提高管理素质。侨外资办据此整理了关于利用侨外资建造旅游饭店的一些情况和问题，印发给人大代表等，介绍进展、解释疑问、提供咨询，以争取支持，减少阻力。

我们的工作一直得到邓小平同志的关怀、指示和廖承志同志的直接领导。据庄炎林副主任说，是廖公介绍美籍华人陈宣远给我们的，他是建筑师兼饭店经营者，也是第一家合资饭店——建国饭店的合作者。

庄说，廖公告诉他：陈宣远早年在上海圣约翰中学读书，后来到美国定居，拥有饭店管理者和建筑师双重身份，在美国设计并建造过旅馆，也经营、管理过饭店，如今拥有美国加州旧金山、帕洛阿尔托、拉古纳、帕萨迪纳四家饭店和布法罗（水牛城）的希尔顿饭店；他还有一个建筑事务所，对饭店的建设、经营和管理都颇有经验。更重要的是，他有强烈的爱国思想和报国心，愿意为国家尽力。

廖公告诉庄炎林："宣远是我的远房表亲，他的为人我了解，他与我谈过在国内建饭店的事，举贤不避亲，当然，我只介绍，绝不插手，你们自己去谈。"

接着，我们联系上陈宣远并开始谈判。他为人坦率、友好。我留美前，曾在上海圣约翰大学上过一年学，因病辍学，陈宣远就和我拉关系说，"我们是校友"。后来我到美国，曾到他在旧金山蒙哥马利街的建筑事务所看望，也曾到布法罗城的希尔顿饭店住过。他在谈判中把他儿子和一位美国律师叫来。庄副主任和他们主要谈大的原则和合作构想，在大原则、条件谈完后，我负责落实具体的合同，我请来两位我国的律师。这两位律师不懂英语，具体搞工作的会计师不懂英文，我只好边谈边当翻译。我不懂法律、财务，只好找来中英对照的法律、财务词汇，硬着头皮干。我暗自想，如果我还有来生，我一定学法律，当律师。

陈宣远真心诚意想为国家作贡献。当了解到在以往和其他对方谈判中，中方皆因有人怕吃亏而未谈成时，他毅然做出让步，说："我看这样，我们签订合资方案，要按能让国内多方面都能够接受的条件来办。我的目的只有一个，就是能尽快在北京办成中国第一家合资饭店。"

经过谈判，双方议定：双方合资 2000 万美元建设建国饭店，饭店共 528 间房间，其中中方占 51% 的股权，外方占 49% 的股权。双方合作 10 年，10 年后，外方将所拥有的 49% 股权赠给中方，也就是说中方 10 年后完全拥有饭店。

同陈宣远同来的美国律师提出：按照美国法律，在国外投资是不能送的，白送就是违法，但可以有价转让，至于多少钱则没有规定，可以由业主双方商定。

经双方商量后，确定此合资饭店经营 10 年后，陈宣远所占有的 49% 的股份以 1 美元转给中方所有。因此就有了"1 美元买一个饭店"的合同。这对中方十分有利，而且中方所出的 1000 万美元全部是低息贷款。香港上海汇丰银行等看好此工程，愿提供贷款，最后由该行在中国银行担保下提供了全部贷款。

接着，庄炎林签发了旅游总局呈送国务院的报告，就建造建国饭店的合作方式说明：由陈宣远负责筹集全部资金，分别作为双方贷款投资（中方占 51%，外方占 49%），共同合作建造经营，中方负责提供地皮、劳力和砂石料等（均计价收外汇），对方负责设计和进口材料、设备等。饭店建成后合营 10 年，总收入扣除支出和按期返本付息后，剩下的净得按照投资比例分配，合营期满，中方象征性地以 1 美元购得对方所有的股份，饭店全部归中方所有……

这样一个优惠方案，却遭到有些部门的反对，怀疑我方是否会赔本。国务院常务办公会议为此进行讨论，庄炎林列席。会议研究了庄炎林与陈宣远所做的可行性分析，以大量数据和事实，充分剖析建国饭店建设的利弊，弄清了建设建国饭店的必要性、可能性以及能为国家盈利的科学性、必然性。

庄炎林说："快则六七年，慢则八九年，建国饭店能够全部还本付息，还赚回一个饭店，只需花费 1 美元。"

报告上呈，在 17 位中央领导手中传阅批示，邓小平态度鲜明：要开展旅游就必须建造足够的上档次的旅游饭店。陈云、李先念签字同意。中共中央主席兼国务院总理华国锋一锤定音："建合资饭店我们没有经验，但可以试一试：搞好了，以后推广，搞不好，就此一个。"

1979 年 6 月，经国务院批准的第一批引进侨外资的旅游饭店有北京建国饭店、长城饭店，以及和霍英东合作的广州白天鹅宾馆、和陶欣伯合作的南京金陵饭店等六座共 5000 多间客房。

以北京市旅游局（副局长侯锡九代表）为一方，陈宣远为另一方签订合同，明确饭店的选地、拆迁、楼层、设计方案等。决定选在建国门外大街，这儿地处繁华，占地面积 1 万平方米，是理想的场地。当时碰到一个问题，即这块地的后面是外交部的宿舍楼，如饭店建高了就会挡住那些宿舍楼的阳光，只好在宿舍楼一方只建四层半楼房，以保证在全年白天最短的冬至那天，阳光能照到他们的一层窗户；在无宿舍的一边也只建九层高的楼房。为此，当时还请教过李瑞环同志。陈宣远的设计方案五易其稿，才最终敲定。

1980 年 6 月 20 日，建国饭店动工兴建，1982 年 4 月 28 日建成开业。由于它纳入美国假日经营管理系统，生意兴隆，所以头一年赚 150 多万美元，第二年 400 多万美元，第三年 800 多万美元，第四年 1500 万美元，仅用了四年多时间就连本带息还清了汇丰银行的 2000 万美元贷款。10 年后，建国饭店所创的利税等于赚了七八个建国饭店。

当然，我们和陈宣远的合作，是根据平等互利的原则，陈宣远从中也赚了不少钱。当年为了鼓励侨外资来我国，我们对建国饭店的税收采取"两免三减半"的规定。

根据1980年第五届全国人大第三次会议通过的《中华人民共和国中外合资经营企业所得税》第五条："合营企业的合营期在十年以上的，经企业申请，税务机关批准，从开始获利的年度起，第一年和第二年免征所得税，第三年至第五年减半征收所得税。"即"两免三减半"的税收规定。

1984年7月，经国务院批准，在全国推广建国饭店的经营管理方法，以改革我国饭店的管理工作。可以说建国饭店是中国旅游饭店的一面旗帜。在中国旅游饭店业的发展史上写下了光辉的篇章。

我于1980年5月被调回外交部，参加国际司主办的出席联合国讨论发展问题的特别联大代表团兼任新闻官。不久，我随丈夫陈辉赴世界银行工作至1983年回国。记得回京后，侯锡九副局长还邀请我去建国饭店参观，那精美的佳肴、一流的服务、优雅的楼厅使我又惊又喜。

接着，其他利用侨外资建造的旅游饭店如长城饭店、金陵饭店、白天鹅饭店等建成开业的喜讯相继传来。

（作者时任国家旅游局干部）

李　定　第一次打破“铁饭碗”

在“铁饭碗”“大锅饭”已经不存在的今天，砸“铁饭碗”、破“大锅饭”这样的词句已渐渐被人淡忘。然而，在 20 世纪 80 年代初期，深圳率先进行了企业工资制度的改革，对全国影响极大，当时确实是惊天动地的大事。

深圳最早的合资宾馆

1980 年，香港有家企业叫妙丽集团，这家集团的老板叫刘天就。刘先生得知深圳将出台用土地、厂房与外商合作的政策，元旦当天，他就迫不及待地经罗湖桥来到了深圳。过桥后，一片田园风光，没有大巴，更没有的士，他找来一辆自行车，一路颠簸来到市政府临时办事处。

他说明来意，要在深圳办宾馆，洽谈合作事项。我当时负责这项工作。经过简单的洽谈后，当天下午，市政府就批准了这个合作项目，这就是后来的竹园宾馆。这家宾馆是深圳建市和成立经济特区后与港方合资举办的第一家宾馆。

那个时候，深圳办事没有什么条条框框，效率非常高，中午与港方洽谈后，下午市政府的批文就下来了。

1981 年的时候，竹园宾馆是深圳最早的中外合资经营宾馆，也是唯一一间设备较好的宾馆。开业不久生意很好，许多外商来深圳都指定要住竹园。但是，好景不长，几个月后，旅客越来越少，有的外商在深圳宁愿住条件差的旅馆也不住竹园。合资经营的港商刘先生为此失去信心，要求终止合同。

竹园宾馆的问题

问题出在哪里呢？市政府领导同志要求我们财贸办派工作组去调查处理。我与饮食服务公司的温富同志到竹园宾馆蹲点，发现生意不好的原因，主要是服务态度不好，服务水准不高。本来合资港商刘先生对服务态度和水准要求相当高，聘请了香港管理酒店很有经验的陈怡芳先生负责管理，还对员工进行培训。当时要求的服务水准，现在看来只是非常一般甚至是起码的要求，如洗手间保洁要做到无臭味，要喷香水；不论旅客是否退房，每天都要换床单枕套；服务员要笑脸相迎等。但有人却提出，这是外商资本家对员工的苛刻要求，还把厕所要喷香水作为笑话传。

而当时中方的服务员，由于长期工作在计划经济条件下的国营服务单位，都认为没有必要每天清理卫生，十天半个月清理一次就足够了。另外，港方要求女服务员每天都要抹口红。而中方管理层认为，那是资产阶级小姐作风。还有就是服务员上班懒散，作风慢慢腾腾，总认为国营企业就是这样。

这下，港方可不干了。他们认为，宾馆就是靠服务、靠微笑来换取经济效益的。由于初始的合作不愉快、不合拍，后来港方的刘天就先生准备撤资，不办宾馆了。

当时市主要领导叫我带工作组到竹园宾馆调查此事，争取留住刘先生。

进驻宾馆后，港方还是坚持要按照香港的管理办法来管理竹园宾馆：每天必须清理一次客房，换洗一次床单；服务员必须面带微笑做好工作，为顾客提供服务。宾馆曾组织部分员工到香港酒店参观学习，增长见识，回来后对宾馆进行整顿。但有少数员工不愿这样做，教育不听，批评不改，不来上班，工资照领。这样，干好干坏一个样，那些想做好的员工也坚持不了，迟到早退，很难管理，服务态度和水准仍然上不来。经理考核服务员没有尽职尽责就要“炒鱿鱼”，也就是解雇工人。

当时，我方认为，社会主义就是充分就业，解雇工人岂不成了资本主义社会的雇佣关系吗？但港方执意要这么做，我方也没有办法，只好答应，而且还为此重新选派了中方总经理温富（临时工作组副组长）。

用工和工资改革

我们再三与刘先生研究，接受他的意见，任命工作组成员温富为宾馆总经理，着手进行用工制度和工资制度改革。

首先，把工资、奖金与职务和工作好坏挂钩，不论新老职工都根据工作能力和表现重新任职，签订任职合同，从总经理到普通工人，定出 12 个薪级，按级发工资，按表现发奖金。同时对各岗位的任务分解若干工序，定出奖金扣分制度，被扣 100 分者即扣除一部分奖金。还制订出员工违纪处罚规定，有警告、严重警告直至解雇等五种处罚。

进行上述改革后，绝大多数员工积极拥护，但仍有 10 多名员工照样旷工、违纪。若按规定处理阻力很大，若不按规定处理，用工和工资制度改革便无法继续进行下去。

开会研究时，宾馆领导提出要解雇 12 名表现不好的员工，遇到强烈反对。

持反对意见者说："你们一次解雇 10 多人，10 次就要解雇 100 多人，如果有 10 个单位这样做，就要解雇 1000 多人。有这么多人失业，经济特区还算不算社会主义的特区？"

而支持改革的人则认为："如果真的敢解雇，违纪的人肯定会减少，而不会越来越多，宾馆的管理水平肯定会提高。"

最后，对 10 多名违纪的员工分两批解雇。第一批解雇六人，坚决执行。

解雇名单公布后，震动很大，一时间被炒者大吵大闹，有的电话指责，有的向上告状，说这是搞资本主义的一套，是开创社会主义大批失业的先例，要立即停止执行。解雇名单中，还有一位是地委领导干部的亲属，当时压力很大。如果撤销解雇决定，改革便将废除，宾馆继续亏本，外商将会终止合同，并将影响到特区引进外资工作，那是绝对不行的。宾馆领导最后研究决定，坚持解雇已公布的六名违纪员工。

这一次坚持改革，效果很好。几个月后，员工看到违纪的真的被解雇，表现不好的改正，不遵守制度的变成遵守制度了。原准备第二批解雇的六人，因改正较好，决定不再解雇。宾馆上下齐心，面貌一新，服务水准提高很大，合作双方都很高兴。后来，连续几年竹园宾馆被评为省和全国的先进企业，竹园的酒店管理模式也逐步在特区酒店行业中推广开来。

一套香港用工管理办法实行了，由此引起了社会的强烈反响，人们议论纷纷。但后来的事实证明，港方的管理模式带来了宾馆效益的提高，员工的收入也提高了。

这就是深圳第一家与港资合作的宾馆——竹园宾馆的用工制度改革。它打破了“铁饭碗”，更重要的是，工资由过去按资格发放改为按职务高低发放，奖金由过去平均发放改为按表现发放，而且工资和奖金各占二分之一。工资发放的老办法被打破了，干部、职工的界限也打破了。职工干好了可提拔为管理干部，也就是现在的管理人员，而干部干不好就要降为一般员工。

效益好了，工资高了，竹园宾馆的这场“改革”取得了成功，为整个深圳乃至全国饮食服务行业的改革起到了探路的作用。中央组织部为此派人来总结竹园宾馆的经验。深圳市政府有关部门专门发了文件，鉴于竹园宾馆的历史作用和在深圳人心中的特殊地位，明确：无论今后如何改制，竹园宾馆的名字不能改，因为它开我国饮食服务业用工制度和工资制度改革的先河，载入深圳改革开放史册。

要砸“铁饭碗”、破“大锅饭”，就要对工资制度、劳动用工制度、社会保险制度进行全面改革，这都关系到人民群众的切身利益，是牵一发动全身的大事。

深圳在竹园宾馆和友谊餐厅进行劳动用工和工资改革试点，用工实行合同制，工资与效益挂钩。蛇口招商局也开始实行计件工资、多劳多得。劳动保险最初是让员工缴交工资的20%作为保险金，有些员工当时还有抵触情绪。1981年，国家劳动部一位副部长来深圳调研了半个月，后又到珠海、汕头、厦门等地调研，之后对深圳的做法给予肯定。当年，深圳市政府就发了文件，要求全市的国有企业都推广合同制。此时，合同制在合资企业中已经全面实行。

1983年3月，全省劳动用工制度改革会议在深圳召开，当时的市委书记梁湘在会上介绍经验。之后，劳动合同制在全省推广。1984年11月，劳动部在郑州召开全国劳动工作会议，深圳在会上介绍了劳动合同制的经验，之后，劳动合同制便在全国推广。1985年，劳动合同制推广到集体企业，并得到了进一步完善。

（作者时任深圳市政府秘书长）

陈荣光　**第一次工程招标，开创“深圳速度”**

青草没膝高的工地

深圳经济特区从初创开始，特区建设者们就想方设法要跳出计划经济管理体制的框框，从束缚人们手脚的许多无形绳索、无形网络中挣扎出来，放开手脚痛痛快快地干工作，建立适应特区经济特点的管理体制。

1981 年夏天，深圳特区要兴建第一座高层建筑楼宇——20 层高的国际商业大厦（也就是 1984 年 1 月邓小平同志到深圳特区视察时登上的高楼），它的总建筑面积为 5 万多平方米。

开始时是按老办法由省建工部门把建筑任务分配给省内一家建筑公司承担。这家公司按吃“大锅饭”的老一套，提出每平方米建筑面积造价要 500 元。

深圳特区要求这个公司核实造价。过了两天公司答复说：“经过计算，每平方米造价应是 550 元。”

特区请求该公司把预算资料拿来看看。三天过后该公司却说：“550 元划不来，要 580 元！”可是又不敢拿出预算给人家看。

不到一个星期就涨了三次价。漫天要价，信口开河。是粗打阔算，还是想多捞钱？人们没有时间去考证它，反正它的胃口挺大，似乎认为钱是阿爷的，少拿是傻瓜。

该公司还要求特区提供基建材料的供应指标，以及钢筋、水泥、木材和其他特殊材料。可是这个项目不属于国家计划投资的，特区哪来材料供应指标供给他们呢？

工地打桩早已完工，打桩的公司亦早已退出现场，可是由于基建的甲乙双方进行着马拉松式的讨价还价，工地闲了近两个月，青草也长得淹没行人的膝盖，还不知道施工的公司何时能进场。

走了张屠夫，不吃带毛猪

这时，蛇口工业区对通水、通电、通路和平整土地等基础工程建设任务，采取承包的办法。甲乙双方定明工期，对提前完工的奖励，拖延的则罚款，使工程进展迅猛。"蛇口模式"给了我们很大的启发：既然建设"三通一平"的基础工程项目可以用承包的办法，建设楼房屋宇不也可以采取公开招标的办法吗？

把这一想法与分管基建工作的市委常委、副市长罗昌仁和市建委负责人丁学宝商量之后，他们搞了几十年基建工作，很有经验，一致认为公开招标会是一个好办法。

他们满怀信心地接受了探索基建工程采用公开招标的任务，一方面组织人员把工程的设计图纸分送给各施工单位，请他们做预算；另一方面组织人员连夜核算工程"标底"。

过了不久，就有八家施工公司应招投标。竞争是很激烈的。

经过比较，特区选中了第一冶金建设公司。理由是这家公司造价相宜，每平方米只要 398 元，而特区测算的"标底"也要 402 元；这家公司在内地曾承建过一些大型的工程项目，浇注大型混凝土工程较有经验，工程质量较有把握；这家公司提出的工期只用一年半，别的公司却要三年，最少的也要两年以上；这家公司的装修技术，从他们过去在武汉兴建的电子计算机站中可以看出，也有一定的水平。

这是一次很有意义的试验，鼓励大家披荆斩棘，大胆探索，总结经验，逐步推广，闯出一条发展基建的新路子来。罗昌仁立即召集有关人员进行一番深入研究，把工作安排得周密、细致，务求一举成功。

顶着“出卖国家主权”大帽子的压力

这一新的做法，好像一块石头投进平静的池中，激起了阵阵的涟漪。人们过去吃惯了“大锅饭”，做好做赖一个样，慢条斯理地去工作，一旦突破了旧的框框，就感到很不习惯，很不舒服。本来我们中国人是很聪明、很勤劳的，是“大锅饭”把一些人吃懒了、吃笨了。

招投标的消息一传开，原来负责分配基建任务的一些部门，感到现在没权指挥了，内心想不通，在吵吵嚷嚷；一些施工单位也感到要投标，冒风险，压力大，对此也啧有烦言。基建工程公开招标做法的铺开，遇到了重重阻力。

面对这些情况，市领导毫不动摇地对罗昌仁、丁学宝等人说：“改革是一场革命，不改革就没有特区的前途。我们的眼睛不仅要看到 327.5 平方公里，而且还要看到 960 万平方公里！谁要阻挡特区改革的道路，谁就要被搬开！”

一波未平一波又起。国际商业大厦工程招标做法的消息传到省城广州后，一些基建主管部门认为：“省内的施工队伍任务还吃不饱，深圳却把任务包给外省的单位吃，这不是手指往外掰吗？没有施工任务，中央单位能拿到窝工补贴，而省内单位却要吃谷种！深圳这种做法‘出格’了，‘越轨’了。”一些人甚至把深圳的做法视作异端邪说，非当头一棒，予以制服不可！

省里基建部门一位负责同志陪同国家建委副主任张百发来到深圳特区检查工

作。在一次市委、市政府向张百发汇报特区基建工作会议上，这位负责同志对特区基建工作提出了八条意见。他说道:“特区的特殊政策和灵活措施，只能用于外而不能用于内，现在全省基建设计施工队伍有许多人在窝工，深圳特区的基本建设应该依靠本省的队伍来干。不能将所有工程都拿去公开招标，不能搞一刀切！”说到这儿，这位负责同志很激动，声调陡高:“我主张一律不准香港、澳门的公司来深圳承担设计施工任务，这是主权问题！……”

又来一个主权问题！市领导站起来:“竞争促改革，竞争促进步。不管是省内还是省外，反正谁省钱、谁省时、谁质优就让谁干。特区要率先改革，就得要请省外的基建队伍进来参与投标，就得请港澳的建筑公司进入特区投标。什么叫国家主权？大家都清楚，请别拿大帽子吓人！”针锋相对、旗帜鲜明地反驳了这位同志的错误主张。

一直冷静地倾听着双方意见的张百发，这时不得不发话了:“基建行业要搞活，农商要分家，深圳的做法是个试验。省内能解决当然省内来，省内解决不了的也应欢迎省外的队伍来。”

在特区改革步履维艰的日子里，张百发的话可算是“一言九鼎”，是对特区事业的热心支持啊！

盖楼由20天一层到五天一层

然而这场“主权问题”的争论还未结束，特区建设者们顶着风风雨雨，踩着泥泞坎坷的道路，艰难地向前走着。

一冶公司在施工初期，仍沿袭着老一套分配任务的办法，工程进展未尽如人意。

是年初冬，这家公司的党委书记王秉正从武汉来到深圳，看到工程进展缓慢，心头火烧火燎似的，如果连续这样下去就不能如期竣工。他到简易工棚找到丁学宝商量对策。丁学宝也早已感到是个问题。有何加快工程进展的良方妙策呢？他跟王秉正并肩坐在板凳上，细心斟酌着。他猛然想起，有次陪伴市委书记兼市长到工地检查工作，问工地主任：

“要多少时间才能完成打桩任务？”

“大约三个半月吧。”

“你们如果能在一个半月内完成，我们可以照样付给你们三个半月的工钱！”

思想多开放啊！这件事使丁学宝难以忘怀。他又联想到“文化大革命”前，他曾推广过效率颇高的“一脚踢”承包建房做法。他给王秉正出了一个主意：把每个职工得到同样补贴的“大锅饭”改掉，试行基本工资加浮动工资的办法。

一冶建设公司采纳了丁学宝的意见，并进一步研究出各个施工分队分层分段进行经济承包，提前完成任务者奖励，拖延者则罚款的具体办法来。

这种把职工的工作效率与得到的经济利益挂起钩来的做法，充分调动起大家的工作积极性和创造性。一冶建设公司从起初 20 多天盖一层楼，后来缩减为五天一层楼。结果只用了 16 个月的时间，提前两个月完成了国际商业大厦建筑任务，质量达到“全优工程”，获得了深圳特区嘉奖的 60 万元超产奖金。一冶公司从这项工程中又获利近 100 万元。

早在 1981 年秋天，国务院领导第一次视察深圳特区时，听到这项基建施工实行公开招标的做法就加以肯定。回到北京，他又对国家建筑部门说起了这件事，认为这是一个新鲜事物，应该注意总结这方面的经验。打这以后，全国各地的建筑部门纷纷来到深圳进行详细了解。

深圳特区国际商业大厦工程招标显著成功的实践，给人们一个深刻的启迪：基建项目必须摒弃那助长“胡子工程”的“大锅饭”办法，必须改用能充分调动起建筑单位、建筑工人积极性的方法。从此，基建施工公开投标的改革之风，吹遍长城内外、岭南北国了。

深圳特区从 1982 年 7 月开始，把基建工程招标投标作为一种制度坚持下来。仅到 1985 年 6 月底，就有 500 多项工程实行招标投标，占在建工程项目的 90% 以上。

实行工程招标可以节约投资15%左右；可使工期缩短二至五成；可以保证工程质量，如1983年全市全优工程中，公开招标的占90%；可以促进改革，加强企业管理，改善劳动组织，采用先进的技术设备，提高企业的信誉和竞争力；可减少工程项目的甲乙双方扯皮，大大简化了繁杂的文牍手续。如中国建筑工程总公司三局一公司投标承建楼高53层的国际贸易中心大厦，实行施工层层经济承包，采用“滑模”先进工艺，创造出三天建好一层1350平方米楼层的新纪录，达到了世界先进水平，被称为“深圳速度”的象征，为祖国赢得了荣誉。

（作者时任深圳市委办公厅秘书）

李建英　外交部发言人制度的建立

1983 年，在当时改革开放的形势下，为了国家对外宣传的需要，外交部决定正式建立外交部新闻发布制度。1983 年 3 月 1 日，中国外交部举行首次例行记者会，时任新闻司司长齐怀远以外交部发言人名义主持记者会并向中外记者宣布：中国外交部从即日起建立发言人制度。

建立发言人制度是形势所需

外交部建部后，多次以外交部发言人名义就某一重大问题发表声明或谈话，但没有实体发言人，只是空头衔，没有形成制度。

随着我国外交事业的发展、国际地位的提高、国际作用的增强，逐渐产生了建立发言人制度的需求。新中国成立之后，由于美国对中国实行孤立封锁政策，到 1970 年底，与中国建交的国家只有 55 个。20 世纪 70 年代初，随着中美关系打开，一些原来受美国控制的国家纷纷与中国建交。到 1979 年底，同中国建交的国家增至 120 个。1971 年，中国恢复了在联合国的合法席位，逐渐加入了一些政府间国际组织和民间国际组织。中国作为联合国和国际组织成员，尤其是作为安理会常任理事国，必须积极参与国际事务，在国际问题上表明态度。世界需要了解中国的立场，国内公众也希望听到政府的声音。20 世纪 80 年代初，外交部新闻司有了建立发言人制度的想法。

1982 年 3 月 24 日，苏联领导人勃列日涅夫在塔什干发表讲话，在继续攻击中国外交政策的同时，承认中国“存在着社会主义制度”，强调支持中国“对台湾的主权”，表示愿意改善苏中关系。在中苏关系政治上对立、军事上对峙了 20 多年之后，勃列日涅夫表示了改善中苏关系的意愿。邓小平注意到讲话所传递的信息，认为这为中国调整对苏政策提供了机会，指示外交部对勃列日涅夫的讲话作出反应。

3 月 26 日，时任新闻司司长钱其琛以外交部发言人身份在位于东四的外交部办公楼主楼门厅举行了发布会，对中外记者表示:“我们注意到了 3 月 24 日苏联勃列日涅夫主席在塔什干发表的关于中苏关系的讲话。我们坚决拒绝讲话中对中国的攻击。在中苏两国关系和国际事务中，我们重视的是苏联的实际行动。”虽然只有三句话，但向苏联传达了中国也愿意改善中苏关系的信息，向世界传出中苏关系可能发生转变的信息。

钱其琛在《外交十记》里回忆称:“那时，外交部还没有正式的新闻发布会制度。我仍在新闻司司长的任上，正在考虑设立新闻发言人，此事便成了立刻建立发言人制度的契机。”

1983 年 2 月，中央要求外交部和国务院涉外各部门建立新闻发布制度。一个月后，即 1983 年 3 月 1 日，时任外交部新闻司司长齐怀远在国际俱乐部举行发布会，宣布外交部建立发言人制度。

经过 30 多年发展，发言人制度逐步成熟

像任何新生事物一样，发言人制度有一个逐渐发展的过程。开始几个月，每周举行一次定期发布会，但是只发布，不接受记者提问。1983 年 9 月，发展为发言人在每月第一周的发布会上现场回答中外记者的提问。1986 年 7 月，发展为每

月在两次发布会上现场回答中外记者的提问。1987 年 6 月，发展为在每周记者会上回答记者的提问。1997 年，取消了对记者提问次数和记者会时间的限制。2011 年 9 月，开始在每个工作日都举行记者会。

除了例行记者会外，新闻司从建立发言人制度一开始就建立了电话答问制度，记者可以通过电话向发言人提出问题，新闻司通过电话或发布会对问题做出回答。2000 年，新闻司又设立了发言人值班移动电话，新闻司处级领导在包括周末和节假日在内的每天值班，移动电话 24 小时保持畅通，记者可以随时与发言人办公室联系。近年，随着新媒体时代的来临，外交部又建立了网站，开通了微博、微信，用多媒体手段提供发言人在记者会上的发布内容和答问，方便了中外记者的报道。

此外，外交部发言人进行发布和答问的方式也逐渐发生了一些变化。譬如，发言人从坐着发布和答问，改为站着发布和答问；从现场交替传译，改为 1996 年取消翻译；1997 年又改为同声传译，这成倍增加了提问和答问时间。

关于发言人的称谓，一些媒体、一些部门称“发言人”为“新闻发言人”。思来想去，不知为何在“发言人”前加“新闻”二字。发言人通过发布信息和回答问题阐述的是政府在国际问题上的政策、立场、看法和主张，不是“新闻”，记者报道出去才叫“新闻”。在“发言人”前加上“新闻”二字是不确切、不妥当的，正确叫法应该是“发言人”。国际上的普遍叫法也是“发言人”，即“spokesman”或“spokesperson”。

一个人的背后是一个团队

大家在电视上看到的发言人答问，是发言人工作的最后阶段和成果。发言人在举行发布会之前，要做大量准备工作，具体来说主要有两项：设想记者可能提出的问题和准备表态口径。问题设想得全，就可不打无准备之仗，避免在记者会上陷于被动。

表态口径是我外交方针、政策的具体体现、具体表述。发言人答问效果好坏，除了时效、时机等因素外，最主要的取决于口径，取决于口径的质量。因此，高质量的口径是保障发言人工作效果最关键、最重要的因素。

外交部发言人的表态口径是如何制订的呢？新闻司新闻发布处（现为发言人办公室）是专门负责协助发言人工作之处，以前一些人称之为"口径处"，有数十人。发言人与发布处人员一起设想问题，草拟口径，然后将这些问题连同口径草稿发到外交部有关地区业务司会签。在各司，先由主管人员和处长审阅修改，然后交司领导审改。有些口径还需要报部领导审定。如果涉及其他部委，还需送交有关部委会签。有些重要口径，需经过中央批准。譬如，钱其琛1982年3月26日的那三句话，就是报邓小平审定的。

从上述过程可以看出，表态口径是外交部依据我外交政策，考虑具体问题的具体情况，经过反复研究、推敲、斟酌制订的。发言人工作是一项重要的全部性工作，发言人在发布会上的应对，是整个外交部共同努力的结果。表态口径的制订过程，也是外交部各个司局上上下下协调看法和政策的过程。

拟定表态口径，对外表态，是发言人和发布处的职责与"专业"发言人及其助手一直致力于提高口径质量和对外表态效果。发言人要拟定好口径，做好准备工作，需要认真学习和领会政府的外交政策，特别是政策的调整；需要时时刻刻密切跟踪国际形势的发展，特别是热点地区的形势、突发事件及老事件的新发展、新动向，对国际形势有全面了解和深刻认识；需要了解我与各国的关系，特别是与大国的关系，知道这些关系中有什么敏感或者重要问题；需要了解中外记者关注的问题；注意学习和积累各种外交知识、国际知识；等等。在制订口径过程中，发言人和发布处开动脑筋，勤于思考，反复推敲，字斟句酌，力争把口径写好。发言人及其助手的政策水平、语言能力、谈话技巧、聪明才智反映在口径中。

发言人"念稿"是正常做法

社会上甚至外交部有人对外交部发言人念稿表示不解。如何看待"念稿"涉及对发言人机制的看法。发言人不是国家领导人，不是部长，不是决策者。发言人答问，不是智力竞赛，不是即兴演讲，不是现场作秀。发言人不是发表个人看法和意见，是代表外交部表态，是在外交问题上代表中国政府表态，是向全国、全世界诠释中国政府在外交问题上、国际问题上的正式立场、政策、意见。他们被称为“发言人”，实质上只是政府的“代言人”。

陈毅元帅被任命为外长时，向周总理请教，周总理对他说了八个字：“外交工作，授权有限。”陈毅在外交部一直强调“外交大权属中央，外事工作授权有限”。外交部所有人员都熟记周恩来总理“外交无小事”，“外事无小事”、外交决策权属于中央的教导。“外交授权有限”，是各项外交、外事工作的戒律，当然也是发言人工作的戒律。

发言人在记者会上面对的是各国记者，各国记者身后是各国媒体和政府。在信息时代，发言人说出一句话，各国媒体立刻作为中国政府的政策进行报道，立刻传到世界各国。在记者会上说话，是“一言既出，驷马难追”。发言人话一出口，就收不回来；说错话，就会对我国的外交造成影响和损失。按照经过严格审批的口径表态，是发言人应该严格遵守的政治纪律。外交部前副部长齐怀远在“外交部发言人制度 30 周年座谈会”上说，他担任发言人之前，请示钱其琛：没有口径如何办？钱其琛表示，有口径的问题，就回答；没有口径的问题，就不要现场回答。发言人“念稿”是正常做法，美国白宫和国务院发言人也大都念稿。

外交部发言人由新闻司司长和两位副司长担任。从发言人制度建立至今，30 多位发言人虽然各有特点，但是都遵守发言人制度的严密机制和严格纪律，都坚持加强学习，不断提高把握和宣介中国外交政策的能力和水平。随着国内外形势的发展，特别是网络媒体和社交媒体的发展，外交部发言人所面临的国内外舆论环境更加复杂，媒体和民众关注问题涉及的范围更加广泛，对发言人的要求也越来越高。随着中国国力增强和国际影响力上升，发言人表态的底气更足，可以发挥的空间也相应增多。在继承外交部发言人制度优良传统和做法的基础上，现在发言人自己研拟口径的比例大大增加，语言更加生动，现场发挥更多。外交部例行记者会越来越成为国内外各界认识和了解中国外交政策的重要平台。

钱其琛是拟定口径的典范

钱其琛对拟定口径工作非常重视，对如何提高口径质量做过多次指示。譬如，1992 年，我在随从时任部长钱其琛出访时，他对口径工作讲了几点意见。大意是：外交部的表态口径，对都对，但有两个毛病：一是回应问题的方法不够巧妙；二是老重复那几句话，要有新的说法。答问不能太长，要短一点，口语化一点，不要太死板。

钱其琛是编写口径、对外表态的典范，值得我们学习。20 世纪 90 年代初，我在新闻司做过两次业务讲座，汇报学习钱其琛部长两会记者会准备答问口径和现场答问的体会，现仅举几例。

例一，关于中国同意韩国记者采访两会是出于什么考虑的问题，口径的初稿是"我们欢迎外国记者按我有关规定来华采访两会活动"。钱其琛将其改为"我们欢迎韩国记者按我有关规定来华采访两会"。显然，初稿没有直接回答问题，而钱其琛的回答针对问题，直截了当。钱其琛利用答问的机会，表明我们愿意与韩国建立外交关系的立场。中韩于当年（1992 年）8 月建立外交关系。口径一般应该针对问题，提高口径的针对性。

例二，关于我对台湾直选问题的口径，钱其琛将"我们不承认台湾选举所谓的'总统'有合法性"，改为"我们不认为台湾选举所谓的'总统'有合法性"。原稿中的"不承认"包含的意思是，可能是合法的，但是我们不承认。而"不认为"则表示选举的总统本身没有合法性。发言人必须加强语言学习，体会语言的细微含义、相近语言之间的差异，字斟句酌，准确选择用词，准确表达要表达的意思。

例三，关于中国颁布《领海及毗连区法》是否会影响中日关系的问题，原口径是"中国颁布《领海法》是重申中国的一贯立场，不会影响中日关系"。钱其琛改为“中国颁布《领海及毗连区法》明确规定钓鱼岛属于中国，是重申中国的一贯立场，不应影响中日关系”。原口径未提钓鱼岛，而实质问题是钓鱼岛的归属问题。钱其琛利用答问机会，重申钓鱼岛属于中国的立场，维护国家领土完整。至于中国颁布《领海及毗连区法》是否会影响中日关系，不是中方单方面可以决定的。任何双边关系的发展都取决于双方，而不是一方。说“不会”，有点主观臆断；而“不应”则意味着中日关系可能会受到影响，但这不是中国的愿望。如果日本借此在两国关系上做文章，是不应该的，是错误的。只改一字，表达的意思完全不同。

例四，关于台湾“重返联合国”的问题，原口径是“世界上只有一个中国，台湾是中国的一个省，它能加入联合国吗？台湾一部分人妄图挤入联合国实现其分裂国家的目的，这是绝对不可能得逞的”。钱其琛将其改为“1971 年联合国大会以 2/3 的压倒多数通过了恢复中华人民共和国在联合国的席位的决议。台湾有人妄图重返联合国是不可能实现的”。原口径是经常使用的老口径，完全正确，但总重复老口径，缺乏影响力。钱其琛引用历史事实，援引具有法律效力的联合国决议，更有说服力。将“不可能得逞的”改为“不可能实现的”，语言更平和，更容易被外国记者接受。

例五，关于美国、英国、法国在安理会提出制裁利比亚的决议问题，原口径是“……通过联合国安理会采取制裁措施无助于问题的解决，会加剧地区紧张局势，造成严重后果”。钱其琛改为“我们不赞成联合国安理会采取行动对利比亚进行制裁，这无助于问题的解决，反而会加剧地区紧张局势，造成严重后果”。经钱其琛修改过的口径，表态更加明确。

例六，关于台湾申请加入关贸总协定问题，原口径是：“GATT 是一个政府间国际组织。在该国际组织中，一个国家只能有一个政府代表，台湾是中国的一部分，这是早已为国际社会公认的事实。在恢复了中华人民共和国作为关贸总协定缔约国地位后，我们不反对台湾作为中国的一个单独关贸区加入该组织。”钱其琛删掉了前面一段，只用了最后一句，口径更加简明扼要。

例七，关于西方国家有人借中国国防费用增长宣传中国威胁论问题，钱其琛在答问时列举了关于中国军费在国民生产总值中所占比例，中国与美国、日本的人均军费比较，国防预算比较及物价因素等大量数据，说明“中国军费水平是很低的，中国的军事力量完全是用于防御的”。对外表态，摆事实讲道理，可以增强说服力。

上述钱其琛修改口径的范例，显示了对拟定口径的一些基本要求。从钱其琛对口径的修改中，我们可以学到许多关于如何拟定口径和如何对外表态的知识。他修改口径的文本，是极好的教材。

王毅部长在2013年12月12日举行的外交部发言人制度30周年暨外国驻华记者新年招待会上的一段讲话，对外交部发言人工作作了很好的总结：

> 今年是中国外交部发言人制度建立30周年。“三十而立”，经过30年探索努力，外交部发言人制度日臻成熟和完善，已成为中国改革开放的一个重要窗口和中国发展进步的一个重要标志。
>
> 30年来，共产生了27位外交部发言人。他们所处时代不同、经历不同，有各自的独特风格，但有一点是共同的，那就是忠诚、使命、奉献。他们从心底热爱自己的国家和人民，热爱所从事的事业。在发言人的岗位上，坚定不移地维护国家的主权、利益和尊严，持之以恒地诠释中国外交的理念、方针和政策，积极致力于增进中国与世界的相互了解和理解。我愿借此机会向27位发言人致敬！

跨越而立之年，外交部发言人制度正站在新的历史起点上。我希望并相信，外交部发言人将继续发出和平发展的声音，传递合作共赢的理念，播散友谊信任的种子。

（作者时任外交部新闻司干部，20世纪90年代初曾任外交部发言人）

袁荣申　**第一家消费者协会的诞生**

1983 年 5 月 21 日，新乐县消费者协会诞生，由此拉开了中国消费者维权运动的序幕。一年半之后的 1984 年 12 月，中国消费者协会正式成立。在 2001 年全国 3・15 纪念大会上，新乐被誉为四个第一：中国第一个消费者协会、第一个消费者纠纷案件、第一个消协章程、第一个消协分会。新乐消协被表彰为“消费维权工作先进集体”。我作为全国第一家消协的创始人，2001 年出席了在北京召开的“国际 3・15 消费者权益日表彰大会”，被授予“维护消费者利益先进个人”金质奖章，2008 年又应邀走进中央电视台 3・15 晚会，被中国消协授予“维护消费权利益特殊贡献奖”。一位诗人赋诗颂道：“心系众生愿，不畏万人嫌；首创消协会，敢领天下先。”

恢复大小集市

1978 年的新乐和全国一样，还在“两个凡是”路线的禁锢中徘徊，以“阶级斗争为纲”，抓纲治国，一切社会生活仍处在“文革”的余绪中。老百姓说：“干部怕过冬，过冬就整风，一整几个月，弄住就不轻。”所有的集贸市场作为滋生资本主义的温床，统统关闭了。整个流通环节都是供应制，老百姓凡事凭票消费，粮票、布票、肉票、煤票等，没有票，什么也买不到，甚至农民缴猪也得凭票。辛辛苦苦喂了一年的肥猪，还得托人走门路，弄上一张猪票才能缴，否则就得干着急、白瞪眼。老百姓有限的布票、棉票根本不够用，就只有盖着多年的老套子棉被，穿的衣服，热了把棉套子抽出来改成单的，天冷了再改回来。有门路的，弄几条日产尼龙尿素袋，拆开染成单衣穿。当时有个顺口溜:“远看来了个大干部，前头是日产，后边是尿素。”

为彻底割除资本主义尾巴，凡集日、庙会，各村村口都有民兵把守，市场、庙会上有工商人员随时轰走赶集上庙的老百姓。火车站是重点防范地带，凡带东西多的，一律视为投机倒把，物即没收，人即法办。

我当时在县生产资料公司任革委会主任，大女儿因生小孩，从太原回来住娘家。临走时，家里给女儿带了8斤挂面、5斤小米、6斤花生油，下午在承安火车站上车时被工商管理人员扣住了，怎么解释也不行，硬说是搞投机倒把。

第二天早饭后送行的儿子、老伴还没回来，我怕出事，赶到火车站一问才知道，上火车带东西，花生油不得超过1斤，白面、小米不得超过3斤。

工商人员无奈地说:“我们这是奉命行事，上级有规定，这不光是你。”指着一屋子的东西说:“你看扣下的这一大堆东西，都得上缴。”

我十分生气，心想:“这也太过分了，老百姓的日子还怎么过?我要当了工商局长，一定得改一改。”

说也巧合，这一年的10月，我调任新乐县工商局局长。上班的第一天，工商人员就把一位卖鸡蛋的老太太给抓来了，一问才知道，这位老太太家里鸡下了三个鸡蛋，舍不得吃，拿到市场上卖了打盐吃。一听工商人员要没收鸡蛋，老太太坐在地上号啕大哭。

我一见，立即训斥了工作人员一顿。

工作人员不服气地说是按规定办事，我生气地说:“什么破规定?有中央的红头文件吗?卖三个鸡蛋还能走资本主义到哪里去?立马放人。”

我暗下决心:“一定要放开市场，让老百姓生活好起来。”

经过一个多月的缜密思考，在局长办公会上，我提议恢复全县的集贸市场，撤掉所有的关卡。

这一提议，遭到了六名班子成员中的四名强烈反对，另一位不反对，也不支持，对我说："把我安排干内勤吧，你爱咋干我不挡腿，将来有事儿也别找我的麻烦。"

县主管领导也说："这么干是不是太猛了，你胆子不小，万一闹出事儿来，你担得起吗？"

我说："这对老百姓有好处，我觉得没错，啥时候遇事儿也不能光考虑个人安危。过去八年抗战三年反顽，整天脑袋掖在腰里干革命，我都没怕过，现在还怕什么？天塌下来，由我姓袁的顶着！"家里的老伴、子女、亲朋好友听说后都来劝我不要冒险，悠着点，别找不自在。

正在争执不休之际，党的十一届三中全会召开了，在学习了三中全会公报后，大家的思想统一了，我的主张得到了上下普遍支持。我立即撤掉了全县范围内的所有关卡，恢复了所有大小集市，在长寿建成了以仔猪为主的综合性中心大市场，承安镇建成了花生米市场，化皮镇建成了粮食市场，邯部镇建成了牲口市场，大岳镇建成了肉类市场。

为了让这五大市场尽快繁荣起来，工商局向全国各省市发出广告并承诺，凡来新乐经商的一律不查不扣，吃住提供方便，安排好场地，决不乱收费。并将县里的四大庙会改成物资交流大会，邀请河北梆子四大剧团、吴桥杂技团来助兴。为鼓励本县农民经商，一下子批了6000多户个体工商户。

这样一来，一下子红火了起来，每逢集日、庙会，山西、河南、内蒙古等全国各地的商贩都来，推车的、挑担的、人背肩扛的，集市上是人山人海，拥挤不动。成交量很大，如长寿的仔猪市场每个集日能卖出几万头小猪，山西多半个省都开车来买，有时集市上还不够，工商人员就领着到各村去买。承安花生米市场，每个集都能卖出十几万斤花生。

头一次将庙会开成物资交流大会的是承安的四月二十八火神庙。当时真是热闹非凡，请了四个剧团一个杂技团来助兴演出，方圆几百里的商贩都来了，不下10万人，原定7天的庙会后来延长到10天。当时，工商管理费只收1%，税收也很小。虽然比数很小，但仅一个庙会下来就收几万元管理费，一年下来的工商管理费就是几百万元。新乐县迅速富裕起来，经济呈现出欣欣向荣的局面。

这是一个了不起的创举

市场开放了，问题也就随着出现了，缺斤短两、以次充好、假冒伪劣的情况越来越突出。

1982年的腊月，有一户农民在集市上买了一块肉和10斤淀粉，回家后切开发现是米猪肉，不敢吃，没办法就熬了油，接着用淀粉蒸焖子，在锅里一煮，却发现不是淀粉而是荞麦面，结果弄成一锅粥，本来是个高高兴兴的年却没有过好。

还有一名女青年相对象时，买了一双高跟鞋，美滋滋地穿上骑自行车去了后，一下车子往前走，顿感一脚深一脚浅，身子一歪一歪的，觉得不对劲儿，低头一看，才发现丢了一只鞋跟，惹得周围人哄笑，对象也吹了。

还有一户农民要盖房子，买了些空心楼板，当放到房顶上时，有几块夜间竟被十几袋水泥压断了，这家人一看不敢用，就只好另买新的，白白多花去1000多元。

对这些现象，工商局竭尽全力加强管理。但一方面管不过来，另一方面费力不小，却未能管好。这就让新乐县工商局的管理人员开动了脑筋，费尽了心思。

1983年3月的一天下午，工商局市场管理股股长任国英和工作人员路荣秋、孙明华正在七嘴八舌地议论着白天市场上一商户在秤上做了手脚的事。这时，我拿着一份《参考消息》对正在议论的同事们说:“这上面刊登着一则关于外国消费者协会的消息，他们说人人都是消费者，凡是吃、穿、用、住等商品都是消费品。在美国和经济发达的西方国家，在中国香港、中国澳门的消费者协会管的面都很宽，凡是侵害消费者权益的事这个协会都能管。昨天夜里，我琢磨了很长时间，我看人家把维护消费者权益让消协管，让消费者自己维护自己的正当权益很有点道理。”

孙明华说：“咱们也搞一个试一试成吗？”

我沉吟片刻道：“我琢磨着不妨试一试。你们想想咱这儿每逢阴历二、四都有集，每年还有三个大庙会。大小企业、私人摊商坑、蒙、诈、骗的事儿真不少，咱们就来个群众办、工商管，成立个组织处理起市场上一些事来，倒也名正言顺。”

很快我为此专门召开了局长办公会议，大家一致同意成立维护消费者权益的组织，但在叫什么名字上引起了争论。是叫“消费者协会”还是叫“消费者委员会”。最后一致赞成叫“新乐维护消费者利益委员会”。

1983 年 3 月 21 日，“新乐县维护消费者利益委员会”诞生了。我任会长，任国英为副会长，路荣秋任秘书长，孙明华为理事。几个人便在工商局的一间小平房里摆了一张桌子，几把椅子，开始了工作。也是这一天，第一个消协分会在新乐县邯邰市场成立，李银辰成为中国第一个消协分会会长。紧接着，在长寿、承安、化皮四个大市场也都成立了分会。

1983 年 3 月底，召开了有数十名消协工作者参加的新乐县消协第一次全会，会议主要是通过了协会章程。《章程》共分六章 21 条，把消协的性质定为“广大消费者自我服务的群众组织”。这个章程中规定了协会为消费者排忧解难、保护正当经营、维护买卖双方合法权益等工作任务。孙明华同志用蜡纸刻印了消协处理意见表。表格上有反映人、被反映人、有何要求、反映事由、处理结果、处理人等内容，类似于信访登记簿的格式。因为当时还不知有“投诉”一词，故表中没有“投诉”字样。以今天的眼光来审视这些文书及表格，无疑是简陋的。然而，这丝毫没能减弱开创者的神采。

时过不久，石家庄地区工商局在栾城县召开全区工商会议，我把成立“维护消费者利益委员会”的前前后后一一作了汇报。地区工商局长梁万侠高兴地一拍桌子：“这是一个了不起的创举，我大力支持。”

河北省工商局得知后，建议新乐县召开一个成立大会，以此扩大影响和起示范作用。

我想不到这么一个“小小”的举动，竟引起了各方的重视，马上筹备成立典礼。1983年5月21日，在新乐召开了有省、地、县工商局领导参加的成立大会。会上把该组织正式定名为“新乐县消费者协会”。新乐消协的工作打开了划时代的新篇章，同时也为中国各地成立消协这种组织开了个好头。

有事儿找消协

新乐消费者协会成立了，但老百姓不知道，怎么办？我和同事们决定先从缺斤短两这些群众十分关注的小事做起，他们在长寿、承安等四个大集上摆上桌子，设了公平尺、公平秤，群众自由核对，派工作人员专门看守，旁边竖上消协的牌子，标语上写着：有事找消协。赶集的群众感到很新鲜，围着看热闹。

正好一妇女从县百货公司买了五尺布，就试着用公平尺一量，少了一寸。这位妇女觉得百货公司是国营的，气派大，心里发憷，怕不给换，消协工作人员就陪着她到百货公司查问。经核实，确实是由于服务员粗心，少量了一寸，立马重新给这位妇女量了五尺布，并赔礼道歉。这位妇女赶到市场上再用公平尺一量，足足的五尺布，一点不少。

一位老头买了一斤韭菜，用公平秤一称，八两，整整少了二两，消协工作人员陪老头找到卖韭菜的，卖菜的用他的秤一称，足足一斤，一点不少，说:“你看这不是高高的吗？”

工作人员接过秤仔细一看，发现定盘星那一段中间用金属包着，便使劲把秤杆往里推了推，秤杆立马短了一小截，说:“你再称称。”

这一来卖菜的傻了眼，说:“我错了，你说怎么办？”

工作人员说:“按消协的规定，论罚是缺一罚十，论改正是给足给够。”

卖菜的对老头说:“啥也别说了，给你添够。”说着抓了一大把韭菜塞给老头。

老头到公平秤上一称，一斤二两，还多了二两！

这下子围观群众都信服了，到处宣传消协真管用，顶事。市场上缺斤短两、缺尺少寸、以次充好的现象一下子少了许多，市场秩序很快安定下来，同时消协的名声也一传十、十传百，传遍了城乡。

1983 年 3 月 28 日上午，路荣秋秘书长和孙明华接待了第一位投诉者。本县何家庄村民王玉增从物资局桥西门市部购买了一条“红旗牌”900 轮胎，用于拖拉机后轮，没用几天就出现钢圈卡住轮胎的质量问题。王玉增找到工商局，大家一想这种事正该消协管理。王玉增也就成了新乐消协接待的第一个投诉者。

消协请来了厂方驻石家庄的代表，协商解决投诉。厂方对王玉增说：“这个轮胎如果在公路上用，就是过载也不会坏呀。”

秘书长路荣秋针锋相对地说：“你们生产的产品并未标明只许在公路上而不许在土路上行驶呀。再说，农民购买农用拖拉机本来就是要在乡村土路上行驶的。”

厂方代表自感理屈，经测算，同意赔偿人民币 30 元作为修理费。双方均表示满意。

这件事虽说不大，却是中国消费者保护运动史上的第一起投诉。

随着投诉的增多，消协越来越发挥出重要作用。

1985 年 7 月，新乐县承安镇农民石仓书在石家庄市购买了一台江苏南通川港机电厂生产的“桃花”牌电扇，由于产品小三线插头不符合安全标准，使用时整个电扇带电，酿成了石家两个孩子触电身亡的恶性事故。

新乐县消协受理此案后，进行了周密的调查研究，经商检部门检验，确认小三线插头不符合安全标准，质量不合格。经与厂家核实协商，做出了厂家赔偿受害者 7000 元，按有关规定交纳罚款 1500 元的处理。

国家标准计量局也因此通知全国各地经销单位停止销售该产品，并责令该厂停产整顿。这是新乐县消协成立以来受理的第一起大案。这起大案的成功解决，经媒体报道，新乐县消协名声大振。

走向成熟

犹如一株破土的稚嫩小苗，新乐县消协在各级领导的关心和呵护下，不断汲取着阳光雨露，茁壮成长。

1985 年 6 月，中消协首任秘书长王江云到新乐视察市场建设情况时，不经意听到新乐于 1983 年就成立了一个消费者协会，感到非常吃惊和兴奋，立即派人专门赴新乐县消协进行参观、考察，同时指导县消协调整和健全领导组织机构。当年，新乐县消协召开第二次全体会议，经县政府批准，县人事局正式设立了消协编制，配备了 5 名事业编职工，聘请了 20 多名专业技术人员任理事。

组织的建设和完善，如同为新乐消协插上腾飞的双翼，让它在维权的天空更高、更快地翱翔。随着形势的发展，《河北省保护消费者合法权益条例》《消费者权益保护法》相继出台，消费者自我保护的意识也不断增强，新乐消费者协会也不断走向成熟。经过几代消协人的精心培育，新乐市消协已经由一株稚嫩的幼苗成长为一棵维权网络遍及全市各乡村、企业的参天大树。

（作者时任新乐县消费者协会会长　张瑞法 / 整理）

秦其斌　第一家股份制上市公司——飞乐音响

偶然提议竟然成为现实

回想起来，20 世纪 80 年代，静安区税务局某检查大队来我们企业，指责我们股份制企业在私分国家财产，并责成我写检查，我当然不会想到有今天——国家股份制企业已经成为一种发展方向了。好在当时上海市体改委、上海市经济管理处坚决支持我，税务局检查大队取走检查、补上股民红利的税费后，才让我摆脱了纠缠。

20 世纪 80 年代初，国有企业到底应该怎样改革，怎样走一条有别于计划经济的改革之路，是许多国有企业都在探索的事情。1983 年，中央提出干部队伍“革命化、年轻化、知识化、专业化”人才战略第五年，我 40 多岁，又是复旦大学毕业，很快被仪表局列入“四化”人才队伍之中。这一年我开始担任上海飞乐股份有限公司副厂长，隔年的 1984 年又转正为厂长。

担任厂长后，我想上级领导信任自己，一定要努力做出点成绩，才不辜负组织对自己的信任。我总想怎样把企业搞好。一天，我参加了长宁区工商联召开的会议，工商联同志在会上介绍了“爱建”股份的事。当时是党的十一届三中全会后，邓小平约见胡厥文、胡子昂、荣毅仁等工商界领导人，上海的刘靖基提出了筹建"上海市工商界爱国建设基金会"（后来正式定名为上海市工商界爱国建设公司）的创意。以后大家集资创建"爱建"公司，倾注了极大热情，公司经营得红红火火。我边听边想我们公司需要扩大生产，急需资金，是否也搞股份制筹集资金。

当时，上海飞乐股份有限公司是一家生产电声器，俗称喇叭的企业。改革开放使人们生活日渐丰富，市场对电声器需求迫切。但扩大生产、拓展市场需要资金，这些资金，我们一时无法通过银行筹到企业贷款。

回到公司开了个领导班子的会议。我提出我们公司是否也搞个股份制小企业，既筹集资金又扩大经营范围。班子在讨论我提出"集资"办股份制公司意见后，一时吃不准是否能做，会后我的搭档、公司的党委书记，就给时任市科教党委书记的吴邦国同志去了个电话，希望能听听他的意见。

吴邦国同志是我们元件公司的副经理，我当时在元件公司办公室工作，彼此是相熟的。吴邦国同志接电话时正在嘉定科技城。他立即回答说，办完事马上赶过来。吴邦国同志一来，我们立即向他做了汇报。他听说我们准备内部集资成立公司、扩大经营的想法后，给予了热情支持。带着这个好消息，我们到对口中国工商银行静安办事处去请教。分行的同志也给了我们热情接待和支持。在请示上级后，银行批给了我们 50 万元人民币的"集资份额"——发行股票的份额。银行要求我们要做得正规，要对职工负责，收到"集资款"不能打白条。

媒体宣传"内部集资"一下变成对外发行

当我们去工商局准备公司登记时，工商登记处对我们说，没有"股份制公司"这个项目，不能登记，只能登记成集体企业。于是，当时电声总厂集资成立的股份公司——上海飞乐音响公司，成了集体所有制的企业。

成立股份制企业面临着很大的压力。许多人思想还没有解放，搞股份制是一件新鲜事，对此大家吃不准，要担很大风险。

我那时 40 多岁，正一心想做点事。对面临的压力，考虑的不是太多。一天，《新民晚报》记者潘新华来电，想采访我们公司。

我心里想，《新民晚报》是一份有影响的报纸，记者来采访，是一件好事，我一口答应了。在接受采访时，我向记者介绍说，我们公司在搞股份制内部集资，发行股票的目的是扩大再生产。也许是记者的职业敏感，或者是他有意引导，对内部集资，他的发问却是：你们准备向社会发行？我随口答应说，当然要向社会发行。我的脑中，企业也是社会。采访结束第二天，《新民晚报》刊登“电声总厂”即将向社会发行股票的新闻。

现在想来，媒体的力量真大。《新民晚报》刊载我们要发行股票信息后，整个上海，整个社会都为之轰动了。报社自从刊发了我们的新闻后，天天有人打电话询问“小飞乐”什么时候发行，怎样认购等等。报社一位记不清名字的党委副书记给我打电话，希望我们股票赶快发行，哪怕发行一点也好，也可免去假新闻之嫌。上海外贸学院一位教师写信赞扬我说，发行股票的举动，是“新中国成立以来的‘大英雄’，走了一条非常伟大的道路，勇气了不得”。有许多人来我们公司探问。

听到、看到那么多人在关心我们企业的股票发行，我当时的想法就是：不要背良心债，既然大家那么希望我们对外发行股票，于是，我决定原本对内销售的“集资股票”，拿出 1/10，也就是 5 万元对外销售。

正式对外销售公司股票时，情况意外地火爆。厂门口人们绕着厂围墙排着很长队伍等候。银行派来的两位工作人员忙得满头大汗。有一个细节值得提一提。发行股票前，我从来就没有看到过股票的样子，就到处打听。我听说上海解放前曾发行过南洋卷烟厂股票，于是我和公司里的同事，找到南洋卷烟厂在上海的办公地。他们很热情，提供了南洋卷烟厂曾经发行的股票。我们如获至宝，按照他们的样张，几乎没有更改地翻制成我们的股票。

各方支持，公司终于成立

呱呱坠地成立时的事情也很多。比如银行要求我们不仅要有董事会，而且要由有影响的人担任董事。对于邀请有影响的名流担任董事，我们考虑了许多人，最后考虑到一个合适的人选，那就是荣墨珍。荣墨珍曾是新中国成立前在上海开纺织厂的大老板荣毅仁的妹妹。

当我们找到高安路附近荣墨珍的宅院后，她很高兴地接受了我们的邀请。在对外发行股票的时候，她主动申请认购 1000 股。1000 股，5 万元啊，当时这个可不是个小数目。

我们公司内部认购股票时，起先企业职工并不起劲。动员大会开了多次，职工就是提不起精神，有人问班子人员你们是否带头买了？那时上级有规定，企业党政干部不能认购。只是在公司成立前，上级允许班子成员象征性认购一股。

印制股票很严格，为了防止仿冒，公司选择上海印钞厂印刷。在拿到 1 万张股票后，银行人员将个人印章硬是一张一张手工盖上去。

上海飞乐音响有限公司成立前，我们去了主管科委条线的市委领导吴邦国同志家里，邀请他参加公司成立大会。热情的老领导吴邦国同志，立即打电话给主管工业的市委领导黄菊同志，并当着我们的面说，他以前的老同事成立新公司，希望黄菊以及当时担任副市长的朱宗葆能够参加以表示支持，他们欣然同意了。但也有一些领导，邀请他们时，鉴于整个社会、舆论界正在为企业股份制到底姓“资”还是姓“社”问题闹得沸沸扬扬，一时还闹不明白，不便前往婉拒了我们的邀请。而媒体倒显得特别的“兴奋”，大家都希望在成立的大会上，从市委领导发言中听到一些新的精神。

上海飞乐音响公司正式成立会选在上海滩数一数二的锦江饭店。黄菊和朱宗葆为公司揭牌，吴邦国做了讲话，全场都在仔细倾听。吴邦国的讲话很巧妙，他绕开政治上的敏感问题，讲企业长久发展问题，讲企业发展需要搞好质量、搞好管理。简短的讲话后，记者们当然有点失望了。

那么多年过去了，唯有一个人的一句话我还记得。那就是当时任市委宣传部部长的陈沂同志，他在我送他出来的路上，自言自语地说："噢，我终于明白了什么叫股份制企业。"

回来以后，我们正式到工商税务局去登记企业的工商执照，发生了上面说到的企业登记问题。最终，我们企业没有登记成"股份制公司"，而是以集体企业的名义进行登记。两个月后，我们的股票正式通过银行上市。

由此，我们开创了时人议论"老八股"时首先就要谈到的股票——飞乐音响股票。公司用当时筹集的资金做大做强，也成了时人必定要谈到的上市公司。以后，我们还会分红扩股等。虽然分红时，引发许多连现在人们说到就会发笑的事情。但毕竟企业发展了，公司发展了，并带动整个新一轮市场改革的步伐，这一切都是人们所看到经历的了。

（作者时任上海飞乐股份有限公司副董事长　汪建强 / 整理）

林木珠　第一条农民自办铁路的修建

我是湛江市霞山区新兴街道新村村委会主任林木珠，1984 年我带领霞山区新村创办了全国第一条农民铁路。

霞山新村的出路在哪儿？

新村是霞山区新兴街道办管辖下的一条革命老村庄，地处城乡结合部，是一个拥有 5000 多人的行政村。新村靠港口、近铁路，交通便利，区位优势得天独厚。1984 年政府征收我村土地，我村得到了第一笔 80 万元的征地款。拿到这笔“巨款”后，村民们都在想怎样把这笔钱分给自己。当时有村民提议，分了这笔钱，因为田地都被征收了，以后没田种地，不如好好享受一下生活再说，以后子孙后代怎么发展让他们自己再去想。

我当时却不是这样想。1984 年我 32 岁，已是村委会主任，我上门走访了一些社会关系比较广的老村干部，从中了解到，因运输能力有限，湛江火车南站货物常因短时间内运不出去而大批量堆积，如果新村利用好靠近火车南站这一地缘优势，用好这 80 万元征地款，建办一个货场，肯定会给村集体经济带来较大的收益。而且货场不受生产原料、销路等市场风险影响，是一个无烟工业。可是怎样把火车南站的货物运到我村的货场呢？于是我召集大家来讨论，最后一个想法就是建一条铁路，将南站的货物运到我村。建铁路的想法就是这样出来的，当时我根本就不知道创建的铁路是全国第一条农民自办铁路。

不知“死”字怎么写

回想那个年代，我这位 30 来岁的农民真是赶上了改革开放的好时机，当时有人说我是不知“死”字怎么写，建铁路要几百万元，这么大的一笔账啊，万一亏损了怎么向村民交代？但我想，如果农民把征地款分光了，不用来发展壮大集体经济，以后的路怎么走？发展才有出路啊！

当时我村集体仅有 80 万元征地款，估算建设一条铁路支线需要 300 多万元（后来实际支出 400 多万元），还需要贷款 200 多万元。我村的老支部书记担心还不起这笔钱，一直不肯签字贷款。我带领村干部先后组织召开了 16 次村民会议，都因意见不一无法定下来。后来，我与其他三位年轻村干部联合签名贷了 150 万元，解决了建设铁路支线的资金问题。联合签名贷款这件事，连家里人都不知道。

后来村民得知联合签名贷款后，指着我的鼻子骂：“你这个贪官，拿村里的征地款干什么去了，为什么不分给我们村民？你搞铁路、搞储运站，我们村民还有田耕种吗？我们村民生活还要过下去吗？你干了断子绝孙的事情！”也有人在背后指着脊梁骨骂：“你胆生毛了，敢用‘过头钱’！”铁路、储运站就是在这种批评声和攻击声中开始筹建的。

艰难的申办之路

1985 年，我去霞山区委、区政府申请建铁路，当时区里有的分管领导不敢批，区委书记却很支持，他说：“农民办铁路，是一件新鲜事，应该支持啊。”到了区计委却被泼了一头冷水：“农民办什么铁路啊？哪里有文件规定农民可以办铁路的？你还是回去安心种田吧。"还好当时的区计委副主任是新分配来的大学生，他拿到我村的申请报告一看，就拍着胸膛说："我帮你签名，出了事我来负责。"

正当大家对申请办铁路充满信心的时候，我拿着申请报告跑到广东省计委一问：办铁路不属于他们管辖的范围，他们没有权力审批，这个事应该由经委来管。跑了一段时间的申请报告就这样泡汤了，但是我带领这些年轻的村干部选择从头再来，继续坚持这条艰辛的奋斗之路。当初连申请的步骤、要哪些部门审批我们都没有弄清楚，就这样去闯了。我当时年轻不懂得"怕"，什么都敢冲敢闯，就是希望带领村民，创造一条生存和致富之路。

我吸取了第一次申请办铁路的经验，第二次去申请的时候比第一次少走了一些弯路，为了办铁路，我不知道跑了多少次广州和南宁。因农民自办铁路、储运站，没有人办过，不知道手续如何办，我就是这样一次次地补齐了手续。

尝到创业的甜头

此事最后得到了柳州铁路局的同意，铁路局派出了设计和建设人员进入我村。从 1987 年 4 月 6 日开始动工，储运站内建了两股总共长度 649 米的铁路专线。当年 12 月 9 日通车投产，在部分仓库、堆场尚未投入使用的情况下，仅 200 天就创产值 55 万元，安排了 210 人就业。农民建铁路、办储运站，在当时绝对是轰动一时的新鲜事，这件事还上了《人民日报》《南方日报》《广东农民报》《湛江日报》等全国、省、市报刊。我带领新村农民改革开拓的精神在社会上得到广泛赞赏。

自从建起铁路，村民经历了市场经济的洗礼，尝到了第一次创业的甜头。之后的 20 多年里，村民们思想不再像以前那么保守，村委会的一项项决定都得到村民的积极拥护和支持，在改革开放发展的大好机遇面前，新村干部敢于开拓创新，通过贷款、建筑队带资建设等方法，于 1996 年投资 2500 万元的海新钢材市场顺利落成；2005 年投资 3000 多万元，建成海新装饰材料市场；2010 年首期投资 4000 多万元，建成海新装饰材料市场家装中心。

如今，海新储运站、海新钢材市场、海新装饰材料市场已经成为村集体经济的支柱产业。从 1984 年开始，敢于第一个吃螃蟹的新村农民，也最早享受到了改革开放的成果，率先过上了幸福富裕的生活。

（作者时任湛江霞山区新村村委会主任）

刁家琏　第一次集资办电

当务之急是解决供电问题

20 世纪 80 年代初期，烟台经济发展已经出现腾飞的迹象，但缺电成为工农业生产最大的制约瓶颈，不少乡镇、村办企业仍然依靠柴油发电维持正常生产。我当时担任烟台地区计委工业科科长，深知工农业生产缺电的情况。那时的烟台辖区包括现在的烟台、威海两市和青岛的莱西，共 16 个县市，总人口达到 800 多万。随着乡镇企业的蓬勃发展，烟台供电不足的矛盾进一步凸显。

烟台的决策者们感到解决供电问题已是当务之急，必须尽快建设一个大型电厂，以解决胶东半岛用电紧张的问题。可是钱从哪里来？靠国家拨款，国家不可能给那么多；靠地方财政解决，当时那么穷，那根本就是没有门儿的事。后来，烟台与国家计委燃动局研究出一个大胆的方案：国家与地方合作，集资办电！

龙口电厂启动

电厂建在哪里？烟台与国家计委燃动局联合调研后一致认为，龙口是最合适的地方。第一，这里有已经建成的年产 90 万吨煤的龙口煤矿。建设一个紧靠煤矿的大型坑口电厂，可以大幅度减少电厂所需燃煤运输费用。第二，龙口煤矿是中国唯一的海底煤矿，坑口紧靠海边。在海边建设大型坑口电厂，利用海水作冷却水，可以大幅度减少电厂用水费用。于是就有了山东龙口电厂这个名称。

当时所谓大型电厂，也只是规划两期四台机组共 60 万千瓦，并留有三期余地，最终达到 100 万千瓦。这与现在核电一台就是 100 万千瓦相比，如同小巫见大巫，但在当时这却是一个举足轻重的大项目。各级领导都非常重视这个项目，我们计委成立了专门机构，有关领导靠上去抓；山东省电业局局长雷声同志多次带领有关处室来烟台一起研究方案、制定措施；国家计委燃动局局长蒋兆祖也多次来烟台调研并具体指导。

关于龙口电厂的管理问题，我记得当时蒋兆祖局长曾在北京与山东方面探讨了股份制问题。回来后，山东省计委牵头召集省电力局等部门进行了研究，初步达成产权与电权的分配原则。关于产权：电厂部分，按投资比例，形成的资产分别归烟台和省电业局所有，电厂管理仍归属省电业局；配套的输变电部分，虽是烟台投资，但电网产权不能分割，其产权全部归入省电网所有。关于电权，全部按投资比例进行分配。烟台方面鉴于办电初衷着眼于用电，因而没有在产权方面与省电力局过多计议，只强调了集资的还本分红问题。后来，随着国家股份制改革的实施和龙口电厂三期工程的全面完成，最终企业还是实现了股份制。

全民集资，一起办电

龙口电厂项目启动后最关键的一项工作是集资，当时可谓全民总动员。我们事先制定了宣传提纲，党委主要领导同志在县市负责人会议上进行了宣讲和动员，强调要各地按时完成任务。各县市和各部门都做了认真落实，保证了一期工程的顺利实施。一期工程计划投资 1.65 亿元，实际投资 2.06 亿元。按计划，由水电部设备投资6000万元，烟台实际投资1.46亿元。相比当时烟台一年财政收入只有三四亿元，这可是一个很大的资金数额。

这次集资任务的完成，烟台的乡镇及村办企业功不可没。在分配集资任务前，我们充分考虑了各方面的承担能力：财政微弱，无力承担；银行贷款，没有指标；可以动员的，只有各级企业。尤其当时乡镇及村办企业发展较快，机制灵活，资金自主性强，相比之下承担能力大，在这次集资任务中担当了主角。第一次按计划分配集资任务1.1亿元，其中乡镇办企业承担了56%，村办企业承担了16%；县以上集体企业承担18%，国有企业承担10%。后来超支4000万元投资，也通过农行系统在乡村企业中筹集完成。

为调动集资的积极性，在政策上着重强调两方面：一是按各县市集资比例分配，调动了县市政府集资的积极性；二是保证企业资金利益，确定项目投产后，每年按比例返还本金，本金还完后再进行分红，分红数达到本金数为止。因为当时还没有股份制企业的政策，这样的回报效果，参与集资的企业还比较满意。

正在龙口电厂工程加快建设之际，1984年5月，中央决定包括烟台在内的14个沿海城市实行进一步对外开放政策。这一重大决定的出台，既为烟台的经济社会发展注入了强大的动力，也使龙口电厂工程的建设显得更加紧迫。因此，烟台市委、市政府将龙口电厂与烟台大学建设工程、烟台电信枢纽工程、烟台港西港池工程，并列为烟台对外开放起步期的四大重点基础设施建设工程。市委书记王济夫和董传周、俞正声两任市长都先后多次到龙口电厂现场办公，帮助解决工程施工中遇到的难题。

烟台集资办电在全国是首例，因而除了得到国家计委、水电部和山东省计委、电力局以及农业银行等部门的大力支持外，其他部门也都给予了很多援助。比如二期工程中的两个项目：一是为解决煤炭运输问题，在原有龙口港（当时省属）的基础上，又建设了年输100万吨煤炭的专用码头。山东省交通厅不但给予了投资支援，而且在落实运力方面做了大量工作，保证了二期工程的正常运行。二是电厂二期工程运行以后，循环水用量大增，出现电厂与农业争水的局面。电厂水源地黄水河沿线的农村群众意见很大。为解决这个矛盾，山东省水利厅给予了大力支持，在黄水河下游设计建设了地下水库一座，提高了沿河地区的水位。另外，为了解决下属企业用电问题，山东省黄金局、煤炭局也都对二期工程给予了资金支持。

1984 年 8 月，全国第一座由国家资助、地方集资兴办的大型坑口电厂——山东龙口电厂第一期工程第一台 10 万千瓦机组投产运行，从此初步扭转了烟台工农业生产严重缺电的局面，让全市潜在的生产力得到了一次极大的释放。同时，随着配套输变电工程的建设，原先孤立的烟台供电电网也得以与山东电网连接起来，改善了烟台市供电的可靠性。

随着三期工程的完成，龙口电厂最终建成装机容量百万千瓦的大型火电厂，全市供电网络也更加完善。电力供应的好转，使烟台经济保持了多年快速发展的良好局面。

（作者时任烟台地区计委工业科科长）

第二章

探索：摸着石头过河

李东云　第一部开发区“基本法”的产生

广州经济技术开发区从建区开始，就提出了“依法治区、立法先行”。创业前 10 年，先后颁布各类法规、规范性文件 80 多个，这 80 多个文件中，最基础、最有影响力、效果最明显、全国最早颁布的文件是《广州经济技术开发区暂行条例》(以下简称“《开发区条例》”)。美国驻广州前任领事认为,《广州经济技术开发区暂行条例》是中国沿海城市开发区中内容最详尽、条款最具体、文字最规范、体例最严谨的一部“基本法”。

起草背景

广州开发区成立于 1984 年 12 月 28 日，实际上 1984 年 5—6 月，开发区就开始筹划了。广州开发区的建立，同广州争取列为国家沿海开放城市办开发区之一有密切的关系。当时，国家召开 14 个沿海城市座谈会，广东省副秘书长丁励松同志参加了这个会议。会议上，他知道国家初拟的沿海开放城市办开发区名单中没有广州市，于是打电话给广州市委书记许士杰同志透露了这个消息，许士杰同志立即找人起草了一个电报给中央领导同志后，才把广州列为“沿海开放城市”办开发区名单中。从那个时候开始，广州市就进入了开发区的筹备工作。

丁励松开会回来后，马上找我。我当时是个小字辈的人物，在市政府财委当副县级（副主任科员）干部，同丁励松只是工作上打过交道，没有特别的交情，但他知道我学过法律。丁励松毕业于北京政法学院，找我的目的就是想研究开发区的法律问题。

丁励松说:"省委想搞开发区，开发区类似特区，是个对外的窗口，需要有一套法律，现在开发区没有法律，你能不能给我考虑一下，研究开发区法律怎么搞？"

我问他:"国家有没有这方面的法规？"

他说没有。

我又问:"国外有没有？"

他说:"不适用我们国情啊！"

他交给我一本《国民党六法全书》，那是国民党跑到台湾后建立的法律全书，这本书很厚，我看了很长时间后还给他了。

这个时候，正好广州开发区筹备领导小组成立，朱森林同志当组长。因为丁励松过去和朱森林的工作往来很密切，因此，丁励松也把他的想法讲给朱森林同志。朱森林专门找我谈了半天，要我集中力量搞开发区法律。于是，我就从市政府脱身出来研究法律，临时在市委研究室安排一个办公地方。

我正式到开发区应是1984年6月，刚开始，我就在市委3号楼下的一个比较简陋的小房子里"先干"工作，那时只有我一个"光杆司令"，朱森林、缪恩禄他们给我的任务是:"开发区的法律怎么弄，要有个答卷。"当时，我的压力很大。

突破难题

开发区的法律怎么弄？谁也没法告诉我。在这段时间，我想过很多办法，一个人跑到北京，到处找人请教，其中包括外经贸部条法司司长张思卿，她认为我的想法很好，跟我讲了很多宏观的看法和设想，但她没有实践。另外一个是国务院经济法规研究中心（国务院法制办的前身）主任顾明（曾任周恩来总理的秘书，兼任中心主任），当时他们正在研究经济法和民法的关系。我同这两个部门挂上了钩，了解国家的经济法律架构，听取他们的想法和意见。特别是顾明同志，给我很多指点，我和他保持了很长时间的联系。之后，还与深圳特区搞立法的几位老师交换意见，参加特区立法的一些讨论会，不断地去请教丁励松同志，使自己的思路逐步清晰起来。

首先涉及的是开发区的法律地位和法律效力问题。开发区没有立法权，怎么能酝酿“开发区条例”？根据《中华人民共和国宪法》和《中华人民共和国组织法》规定，立法是分层次，按体例，权限划分得很清楚。全国人大有制定国家法律的权力，国务院可以制定国家“条例”“规定”“办法”等，地方省一级人大有制订本地域范围内地方性法规的权力，地方省一级政府可以制定本省的“条例”“规定”“办法”等行政规章。广州市是副省级单位，无权制定“规章”。开发区既不是正省级，又不是副省级，其管委会又不是政府，更无权去制定什么规章，在谈判和对外宣传中，外商首先会问有什么法律依据，你们的政策是法律吗？我们无法回答，实际工作很需要，但自己又无权，这是尖锐的矛盾。

其一，按规定，广州市政府（副省级市）有草拟行政规章的权力，我们抓住了这一条，要求将草拟的权力暂交给开发区，在“条例”中有一句话，“开发区管委会代表市政府行使对外开发区的领导和管理”，开发区管委会是广州市的“代表机构”，代行草拟规章就没有人反对。

其二，按规定，“条例”是要经市人大批准，再送省人大批准（省人大批准前又要征求省政府的意见），程序严密而复杂。这样一周转，起码要半年。经查阅大量资料并经与北京方面沟通后，我向老缪建议，“条例”最好由市政府批准，不要经过人大，但文件不能叫“条例”，而应叫“暂行条例”。因为对“暂行条例”当时宪法和组织法中没有明文规定副省级政府无权制定。在和国家宪法、组织法不冲突的情况下，我们就以开发区管委会名义正式建议，条例题目定为《广州经济技术开发区暂行条例》，由广州市政府批准实施。

这个建议，于1985年3月6日广州市市长办公会议通过，并于1985年4月9日以市政府名义发出《〈广州经济技术开发区暂行条例〉等七个规定的通知》，这个通知的初稿是由我代行草拟送审的。

起草过程中，条例共修改了7次。相继开了5次大小论证会。在白云山开第一次论证会时，缪恩禄、过沛南、黄瑞源等领导同志都参加了。由于这个条例是个基本的东西，因此设立了中英文版。

在制定过程中的难点首先就是协调。因为涉及同市各个部门的利益关系和权力分配，涉及广州市土地、规划、工商、税收、技术引进等各个领域及这些领域的管理部门，要把这些单位的权力都拿到开发区来可不是那么容易的事，要一个一个部门地谈，调整权力是何等之难！

第二个难点是协调的层次有难度。当时开发区成立了条例法规处，没有处长，我是副处长，同处级协调还可以，但许多事情是主任和局长说了算，甚至于要主管的副市长才能点头，人家不大愿意接见我。由于我在市政府工作过，许多部委领导我都认识，于是就直接跑到他们的办公室去找领导谈，没有意见就得签名承认。当时有个叫余薇的中大法律系毕业生分配到条法处，她同我一天到晚骑着自行车到处跑，我们把这叫“登门求助”。

第三个难点是同国家有关部门的协调。条例中有一条规定，开发区的内联企业可以参照外商享受15%所得税的优惠。这个内容国家没有规定，制定出来是非常不容易的，因为国家强调引进外资，外资可享受15%优惠税率，但内资企业也享受15%优惠，国家原则上是不同意的。当然，没有明文规定，国务院特区办对此采取不支持态度。当时我同外经贸部条法司、国务院特区办等单位协调。国务院特区办是谷牧副总理的工作班子，由于前段时间工作的接触，同他们已经比较熟了，我同特区办综合司司长张戈谈，住在北京两三天，反复地说明要“试验”，要调动“内资”企业积极性等等。后来张戈给我出了个主意，叫我们不要给他们什么请示，回去请广州市政府出面写个立法说明，市政府没意见就行了。也没有送礼请吃饭，问题就这样解决了。这是立法内容上的突破，全国各开发区都在效仿，起的作用很大。

第四个难点是建立《开发区条例》的支撑体系。《开发区条例》是对外公布的基本性的规章，要能够顺利执行还需要很多内部的配套性的文件作支撑。例如，开发区干部的审批权限，按过去的规定，开发区是不能任免副局级干部的，要通过市委的文件把它确定下来。当时缪恩禄指定开发区由我同朱秉衡一齐起草了《关于开发区干部管理若干问题的规定》，最初组织部是不同意的，通过许士杰和朱森林协调后，市委通过了这个文件，由市委组织部具体执行。当时，还有很多类似的问题，关键要政策配套，这样才好操作。

名称花絮

《广州经济技术开发区暂行条例》的第一稿，是有一个“市”字在内，叫《广州市经济技术开发区暂行条例》。

我送给老缪（当时市委研究室习惯如此称谓）看，他问我：“你感到写得怎么样？有什么困难？”

我说：“有一个问题没有把握，想在名称中不要广州市的‘市’字，但是和国务院批准的名称不符；二是和我们刻制的公章不符，比较难处理。”

老缪问我：“你说不要‘市’字好在哪里？”

我说：“我们的《条例》是面对全世界的，另外，从长远看，广州的开发区还可延伸，不一定仅仅是这 96 平方公里，用‘广州’比用‘广州市’外延更大，可以是广州地区，灵活性大，叫起来也简单。”

老缪又对我说：“你想办法，要从法律角度和长远考虑能讲得通，使人信服，让审查时解释得清楚。”

第二稿，我就大胆地将广州市的“市”字去掉，主要依据是《深圳特区条例》，也没有这个“市”字，只要广州市人大、广州市政府审查同意就行。

我对老缪列出了 4 条理由，并讲得很细，老缪说：“可以，审查时讲清楚，就试试看吧。”

报批的稿子已去掉了“市”字，立法说明我也讲得很具体。没想到，市政府和市人大都通过了，只是个别领导问了一下。后来重刻的开发区管委会印章也去掉了“市”字。

规章配套

除了《广州经济技术开发区暂行条例》外，我们还制定了六个配套规章，包括《广州经济技术开发区技术引进暂行规定》《广州经济技术开发区土地管理试行办法》《广州经济技术开发区工商税收实施（试行）办法》《广州经济技术开发区内联企（事）业若干问题的暂行规定》《广州经济技术开发区企业劳动工资管理试行办法》《广州经济技术开发区企业登记管理试行规定》。这些规章把开发区所需要的东西都写进去了，每一条都是通过多次修改，同有关部门进行反复协调后才把有关的权力争取落到实处。

用了“暂行办法”有好处，也有不好处，好处是容易通过，便于修改；不好的是因为是“暂行”，时间长了，有人就不认账了。

起草工作期间，开发区的办公人员已搬到开发区海员俱乐部，当时交通不方便，协调的事情要跑广州市各部、委、局等，开发区没有印刷厂，文件印刷都要拿到越华路的市委印刷厂完成。我对老缪说，到开发区办公，很难开展工作，要求在市内办公；另外是打字没办法，要求配一台打印机和一个打字员。老缪长期从事文字工作，他很有体会，马上就说“行！”当时开发区是清水衙门，增加打印设备和打字员是一笔很大的开支，为了这个事情我和有关部门闹了不愉快，但最终还是给我配置了人员和设备，听说给我们的打字机是整个开发区的第二部打字机，打字员叫黄慧坚。

起草文件要做大量的文字工作，那时没有电脑，一个文件就修改了七次，改几个字都得重新抄一遍。英文的校对难度特别大，由于大家都不是很熟悉英文，文字用语不能“出洋相”，校对时得一个个单词地对，一个字母都不能错，从头对到尾，又从尾对到头，一点都不能马虎。在写第一稿时，余薇参加了配套起草工作，调到条法处比较早的是陈晟，他主要是跑印刷厂，帮抄写校对。以后张显隆、王化民和刘致煌等也陆续调到条法处工作。条法处的力量不断壮大，后来，赵春华、陈小华等也相继调进，工作重点是使法律更多地在经济运行的实务中发挥作用。

条例升格

1988 年《广州经济技术开发区暂行条例》做过一次修改，主要是规格升级，提高了《开发区条例》的法律效力。第一次出台的文件是行政规章，第二次修改是从规章升格为地方性法规，经省人大通过批准，这样就提高了文件的法律效力，有利于司法部门在审理案件时作为法律依据，有利于对外商宣传，真正是有法可依。

在开发区管委会的领导和各方面的支持下，《开发区条例》及其配套文件终于陆续出台。它标志着开发区行政规范运作的框架已经形成，对促进招商引资工作起了关键性的作用。

那时天津、大连、青岛都来广州开发区学习，很多开发区回去都照搬我们的条文。上海浦东新区的法制建设参考了我们许多东西。上海市政府一位副秘书长带队到广州参观时也同我们讨论过开发区的法律地位、法律效力等问题，因为我们遇到的问题也是他们遇到的问题。

广州开发区的条法工作得到了国家的重视和信任，以后，国务院特区办曾经委托过我们起草“全国开发区条例”，后来可能因为协调太复杂等原因没有出台。

1987 年，国务院召开全国第一次政府法制工作会议，广州经济技术开发区条法处是全国唯一被邀请参加的开发区法制机构，时任条法处处长张显隆参加了会议，他成为全国开发区参加这次会议的唯一代表。

（作者时任广州开发区管委会副主任）

吴德程　第一份股份合作企业章程的出台

我父亲吴祖忠，原是温州南方啤酒有限公司董事长兼总经理，浙江省第七届、八届政协委员。先后获得省优秀乡镇企业家、省明星厂长、省首届优秀民营企业家、中国酒行业500强人等荣誉。2000年7月，正当事业如日中天之际，父亲因操劳过度，带着他想改变山区贫困面貌的愿望匆匆离开人世。回忆父亲办厂的经过，真是曲折离奇、百感交集。

股份办厂——桥墩啤酒厂的艰难创办

改革开放后，各地都在办企业，桥墩人也不甘落后。父亲经过多方打听，得知有个桥墩人叫朱齐泰的，在福鼎闽东啤酒厂当副厂长，专管技术。大家说啤酒是水做的，桥墩的水是最好的，为什么不办个啤酒厂？再说1985年时啤酒是十分畅销的热门货，父亲就决定办啤酒厂，技术方面请朱齐泰来负责。

办啤酒厂的投资要多少呢，朱齐泰说3000吨级的，预算要38万元。3000吨级是小厂，会不会赚钱，朱齐泰说会赚钱，就决定办吧。当时决定在桥墩招80股，每股5000元共40万元。1985年5000元也是蛮可观的，一般人家拿不出5000元，对象难找。后来允许半股也行，三个人凑一股也行，总之，5000元为一股。

接下来，要选一个当头的，因为是股东厂，没头不行。头要选，选七次，最后要我父亲做头。我父亲不做，原因很多。一是父亲已在卫生院当副院长；二是1984年父亲做兔毛生意亏了，被人骗了44万元，这场官司还没打完；三是他没办过企业，工业生产不懂，尤其是啤酒产品，技术不那么简单。有人对我父亲说：老吴，大家选你是信任你，你一定要当头。父亲开始时也不打算参加，只参半股，兔毛生意钱已亏了，还有什么钱来投资啤酒厂？当时我父亲对大家讲，基建时先让我做头，基建完我就不做了。

1985年11月1日，股东代表签订办厂第一份协议书。这是股份企业，算什么性质？集体不是集体，怕别人说是“地下工厂”，当时就打个报告送给桥墩镇、区人民政府，“请给予批复”5个字，谁批复也不知道，也没处找。二轻局说跟它不相干，要么属乡镇，可属乡镇也不像。当时我父亲心里很烦很焦急。正在这时，县计划生育工作组来桥墩，县工商局温副局长带队，我父亲是第二居民区主任，配合他工作。

我父亲问他：“我这个啤酒厂是股东集资办的，没处去登记，办成了会不会遭打击？你是工商局的，你知道。”

他说：“是否去工商局先办个工商执照。”

我父亲就去办了。1985年12月6日办了个为期半年的执照。我父亲对温副局长说，半年的执照，我连基建也未完成，基建也得一年多，半年给我有什么用？不过这样办也好，我先拿来。父亲想，政府部门总算有批文给我，登记了以后总得给我生产，如果抓去“批斗”，也有个借口，政府是批给我的，手续是这么办的。

不料，基建到中途时，就出了问题。因开头对投资估计不足，办个3000吨级的啤酒厂实际需要120万元，建个糖化楼、征用土地、围墙围起来，38万元就全部花光了。结果停下来，已投进的钱可能付诸东流。再叫股东集资，股东说没钱，说过5000元就够的，为什么还要钱？叫镇政府支持，政府说你没正式批准的，支持的话，也要你先拿出产品来。当时是没办法了，父亲召集股东头人开会，不是说缺 80 万元，而是说只缺十几万，因为一开口就说缺 80 万元，当时就没戏。就这样开了十几个十几万会议，借了又借，说是“借”，实际是“骗”，我父亲叫人家放心，过了年，酒一出来，就有钱的，结果基建总算是完成了。

1986 年 7 月 8 日，基建将近结束，父亲说要选厂长。那时成立了理事会，由理事会选厂长，结果父亲票数占绝大多数。他原先不愿意当厂长，又经不起别人劝说，勉强做了厂长。7 月 13 日凌晨 1 时，开始投料，8 月 8 日，第一批鲜啤投放市场。

渡过难关

鲜啤出来以后，试销时竟没什么效益。因为鲜啤保质期短，一定要装瓶。8 月 25 日，第一批“苍泉”瓶装啤酒进入市场，又没人买，再便宜也没人买。原先，说好酒出来就是钱，要还账的，没想到酒出来了还不是钱。这时债主心慌了，逼债了，股东动摇了，情绪低落了，想退股了。

在严峻的情况下，我父亲组织了在厂里较有威信、基础较好、有资金周转能力的 10 个人。这 10 个人是陈绍准、张世欢、许宜锡、朱方泽、陈绍良、张世禄、吴时济、蔡怀旦、林佳月、朱方书，于 1986 年 9 月 8 日晚在溪滩相聚。

我父亲说:“企业遇到这样的困境，怎么办？我们都是桥墩头面人物，企业如不办，一是造成地方损失，是罪过。二是我们每人的面子也没处搁，以后我们还在桥墩做人不？如果要做人，做事要对得起人，我们 10 个人要拧成一股绳，别人走得，我们不能走，一定要把企业维持下去。”

接下来，我父亲一直在探讨股份企业管理这个问题。要管理这些人，就必须制订股东愿意遵守的制度，制度大家自己订，以公约的形式，订出贪污怎么罚，偷喝酒怎么罚，不干活、不上班怎么样。1986 年 10 月 1 日，通过了股东第一本《职工手册》，规定工作制度和财务制度。

1986年10月间，县乡镇企业局承认，这厂属于乡镇企业局，这才有了“娘”。不料，时隔不久，情况一天天严峻起来，为什么？产品确实卖不出去，当时估计以后慢慢会打开销路的，结果不是这样，出现了产品大批积压，产品卖不出去，工人工资发不出，生产半干半歇，股东想退股，工人有怨气。

1987年4月27日，我父亲召集大家召开了一个紧急会议。大家分析了厂里的情况，认为：第一，内外要一起治，酒没人买，要提高质量，要提高质量得增加必要的设备；第二，安外先安内，先把股东们安定下来，才能争取市场。大家下定决心，忍气求财，做亏本生意。

当时福鼎闽东啤酒在灵溪、桥墩畅销，红极一时，客户要买酒，批发价买不到，桥墩的啤酒却没人买，酒的质量相比究竟怎么样呢？大家认为相差不多，但群众不承认你，不吃你的。

于是，我父亲决定把闽东啤酒零售价买来放在厂里以批发价来卖，亏本卖，但要求一个条件，来买闽东啤酒，必须5箱闽东啤酒搭2箱桥墩啤酒。父亲知道，做生意的人，把两箱桥墩啤酒拿去肯定会卖掉，5箱闽东啤酒卖完，一定会宣传桥墩啤酒。我父亲要借他们的嘴，为桥啤做宣传，扩大宣传面，扩大品尝面。

还有一个，采取“铁军过兵”的方法，在桥墩会市时，叫几辆车拉着桥墩啤酒在街上来来去去，厂里出出进进，让别人以为桥墩啤酒有人买。

花了三个月的时间，啤酒销路在桥墩、灵溪市场终于开始打开，债主来逼债时，看到我们在生产，也放心一些。第二个决策是“背水一战”，再担风险。已经投入这么多钱，还得增加设备，要买一台发电机组，因为桥墩常停电，糖化投料40分钟后会变成醋的，还得再集资。第三个决策是“空城抚琴”，内虚外实。4月27日，向股东宣布，不安心在厂里的股东，一律准予退股，要退的人，不但本钱退还，利息也照给。原先想退股的有50%左右，经这么一说，退股股东动摇了。他们又听到传说：国家要把厂收进去了，成为国营，还听说40万元贷款到了，股退了以后就进不来了。我父亲对他们说，5月1日前允许退股，5月1日后要退，就不给你退了。土来洋去讲服股东，三四十人要退只退了5人。我父亲又动员信心不足的五六人退股，共退了 11 股。通过做亏本生意，增加设备，让人退股，这风险全部由参加会议的人承担。三个决策后，安定了内部，稳定了质量，打开了市场。

制定章程

1988 年 7 月 21 日，苍南县委又组织对股份合作企业进行跟踪调查，发现股份合作企业已出现破产情况。如苍南县 1985 年创办的投资均上百万、股份均上百人的三个啤酒厂，由于存在股东人多嘴杂决策无法集中，投资平等、权利平等、厂长无法指挥，工人一股一个，素质无法保证，整个企业从上到下吃"大锅饭"、端"铁饭碗"等问题，至 1988 年上半年三个啤酒厂中龙港啤酒厂、藻溪啤酒厂已经倒闭，剩下的桥墩啤酒厂由于同样原因，也危在旦夕。

1988 年 8 月，全市股份合作企业规范化工作组进驻桥墩啤酒厂。这个工作组是温州市派出的工作组，工作组由计经委、体改委、乡镇企业局等部门同志组成，苍南县委书记周方权带队。

9 月份，苍南县委决定在桥墩啤酒厂进行股份合作企业规范化试点。试点先是制定企业章程，笔者在起草《苍南县股份合作企业章程》时参考了《欧洲十二国公司法》《西方五国农业合作社的章程与法律汇编》《温州市股份合作企业若干问题的暂行规定》及国家有关政策法规，并结合股份合作企业存在的共同问题与桥墩门啤酒厂的实际，经过三上三下，终于在 10 月 5 日使章程得到通过。

该章程是中国第一个规范化的股份合作企业章程，章程一共 7 章 21 条，第一章规定企业性质为股份合作企业。在第二章股票与分配中规定以股份证书作为股权证；股东不能退股，但可以向第三方转让，税后利润 50% 以上作为生产发展基金记入股东名下，25% 以下用于股份分红，公共积累提取 10%。第三至六章规定了股东大会、董事会、厂长和职工的权利与义务。

一是完善了股东大会和董事会组织机构，进一步明确职责、权利和义务；二是根据合作企业特点和原有的规章制度，结合国家和地方有关法律、法规制定了第一部股份合作企业规范章程。1990 年 2 月 12 日，中华人民共和国农业部的 14 号令就是以桥墩啤酒厂的这一章程为蓝本的；三是评估资产、清资定股、明晰产权，发放股份证书。

1988 年 11 月 2 日至 3 日，市、县体改委在桥墩啤酒厂召开了股份规范化试点工作现场会。县、市有关部门、温州日报、县重点股份企业 200 多人来参加。会议要求全县各地要像搞农业大包干和林业定权发证工作一样，抓好此项工作。提出 1989 年要在全县 1001 家股份合作企业中选择 400 家作为第一批实施规范化企业。

我父亲当时总结厂里有十件难办的事：一是统一难，人人有决策权；二是封官难，当的是假官，拿的是真钱；三是管理难，一股一劳力，来的是老、少、刁、懒的；四是排工难，有的在化验室穿白大褂，有的烧煤一脸黑溜溜，不平等；五是招贤难，招收社会的能人难度大，他们也不来；六是开会难，股东都有自己的工作，各忙其事，开会不来；七是解释难，开会不参加，叫孩子或老父来代替，回去转达后，当事人认为不通，第二天找来，不解释，会说你假官摆什么架子；八是提高难，工人流动性大，任意换人，反正一股一个人，不管老少；九是制度兑现难，股东大多数是朋友、亲戚、地方人，有血缘关系，制度严格，兑现到人的身上难度就相当大；十是假官真做更难，我是假官，要我真做，我又没权，没人支持我，不真做又不行。

为此，周方权书记找我父亲谈话，叫他千方百计要把这个厂搞成搞好，因为厂是全县全市股份制的一面旗帜。

我父亲对周书记说："你说得对，你真官都难做，我假官更难做。"

就这句话，周方权在中央电视二台记者来采访时说："是老吴这句话启发了我，所以我带了工作组到他厂里去。有权是官，股份制内部权力处理适当，所有权和经营权处理清才有权、才是官。通过工作组帮助规范化以后，企业达到十个化：产权明晰化；两权明确化；管理制度化；组织民主化；用人标准化；经营合法化;分配合理化;行为准则化;奖惩分明化;运作正常化。”

12月1日至6日,温州市召开股份合作企业规范化工作会议,推广了苍南的经验,市人民政府颁发了《关于股份合作企业规范化若干问题的通知》。刘锡荣同志在会议上作了长篇讲话,提出:“搞好股份合作企业规范化工作是落实党的十三届五中全会决定的关于继续治理整顿、深入改革的一项重要任务;是巩固十年改革成果的重要任务和迫切需要;是稳定政策、稳定人心、稳定经济、稳定大局的一项重要措施;是推进温州市改革试验,继续深化改革的重要内容和有力措施。”

1989年12月,国务院研究室调查组通过调查肯定了“温州模式”,并认定“股份合作企业是新型的合作经济组织”。为了有利于股份合作经济的发展,各地纷纷要求制定全国性的法规,理顺股份合作经济的有关规定。浙江省乡镇企业局等有关同志,把温州市的“暂行规定”和苍南县的“示范章程”推荐给农业部有关领导。

1991年2月23日,中办秘书局把“温州股份合作经济发展的新趋势”作为主要信息上报,信息中提到至1990年底温州已有股份合作企业2.3万家。由于国家尚未颁布有关股份制的法规,股份制企业的法律地位不明确,从而给工商、税收以及司法部门的工作带来许多困难。2月25日,江泽民同志阅后批示给李鹏同志,由信息反映温州股份经济发展的情况,看来需要制订股份制的法规。这个任务具体落实到国家体改委。

7月15日至21日,农业部农村改革试验区办公室和温州改革试验区领导小组在温州联合召开了“农村股份合作企业研讨会”,150多位专家学者和来自8个省区的实际工作者,围绕周村、温州、阜阳等地股份合作企业所面临的一系列改革、理论、立法问题展开讨论,并就一系列问题形成共识。

1992年10月12日召开的党的十四大提出:“我国经济体制改革的目标是建立社会主义市场经济体制。”这为对以市场经济为基础、股份合作制企业为核心的“温州模式”的全面肯定奠定了理论基础。1993年11月14日十四届三中全会通过的《中共中央关于社会主义市场经济体制若干问题的决定》全面肯定了股份合作制。《决定》指出，要发展股份合作制，小型国有企业有的可以改造为股份合作制，现有城镇集体企业，也要理顺产权关系，区别不同情况可改组为股份合作制企业或合伙企业。

二次创业

1990 年上半年，县政协组织一个考察组来厂考察，带队的邓伦修主席问我父亲今后企业发展有什么想法和思路。

我父亲对邓主席说："听说杭州啤酒厂要搞联营，你能否帮我厂联系疏通。"

邓主席说："可以。胡万里同志在杭州当人大副主任，我联系一下，后天上午 10 点答复你。"

真的，第三天的 10 点钟，邓主席电话来了："胡万里说了，答应尽量帮你，杭州啤酒厂厂长他认识的。"邓主席要我父亲半个月后去杭州，他帮忙疏通。见面之后第二天，胡万里对我父亲说，你的事情已定下，杭州啤酒厂徐厂长已同意了。这是因为对你厂同情，千家万户凑起来的钱，他要支持你。另外，这也是对你个人的支持，说跟你"一见钟情"。

1990 年 12 月 13 日，杭州啤酒厂徐振民厂长、贺副厂长带一班技术人员、工程师到桥墩，和桥墩啤酒厂签订了两厂技术合作协议书。1993 年 10 月，中央电视二台到桥墩啤酒厂拍录了办厂经历和规范化操作过程。1994 年元旦，在中央台一、二套频道同时播出专题片《大潮再起》，报道了桥墩啤酒厂的情况。

自从与杭州啤酒厂联营以后，桥墩啤酒厂一年一年逐步好转，到了 1994 年 3 月 8 日，公开扩股招标。

（作者为《温州商报》记者）

苏卓勋

广州天河区——第一个全面推行农村股份合作制改革的“试验区”

1985年5月，在改革开放的大潮中，天河区在原郊区的母胎中诞生了。天河区组建时，我是四位筹建天河区工委领导班子成员之一。天河区成立后，党组织分工我为常委、副区长，分管农林、农村工作。当时随着城市化的推进，大量土地被征用，集体经济迅速发展壮大，农村商品经济的发展进入一个新的时期。但新的问题也接踵而来：农民除了自营收入外，集体经济收入占有多少？集体积累起来的财产农民占有多少份额？集体经济越发展，这一问题就越突出、越尖锐。天河，面临一场围绕农村集体资产产权变革的浪潮。在这场变革浪潮中，我亲力亲为，改革的艰辛，道路的曲折，现在回想起来，可谓记忆犹新，历历在目。

杨箕村：改革的“头啖汤”

杨箕村位于旧城区的边缘，随着改革开放的深入，大批农田被征用。每次土地征用，都会安排一批农转非指标。开始时，村民为了摘去头上的“农”字帽，招工指标竞争十分激烈，谁能被招工、农转非，谁就是幸运者，大家论表现，比贡献，比关系，能招工转非的，大多是退伍军人、党员或村干部亲属。

但随着城市化的发展，杨箕村利用征地款大力发展乡镇企业，集体经济不断发展壮大，村民的年终分配也逐年提高，到 1986 年，村民的劳动平均收入高达 7600 多元。而早先被招去企业当工人已经农转非的农民，因大部分是一无技术、二无文化的青年农民，在企业里只能干粗、杂、重活，工资又低，每月只有几十元，生活反而没有保障。这部分被招工农转非的村民回村委会请愿、静坐，要求回村当农民，要“非转农”，要恢复农民身份，因为集体资产有他们的劳动积累，提出要把村集体资产瓜分到人。

面对“去与留”，如何处理集体资产等尖锐问题，我们与广州市农委和区农委一道，深入开展调研。通过调研，我们与杨箕村党支部书记张建好等村干部共同探索农村城市化之后，如何解决农民的出路，如何处置集体资产，引导传统农民向现代城市人转化等问题。

为了处理好集体资产的权属，当时参考了“股份合作制”这个概念，提出了农村股份合作制改革的思路，即把集体资产进行评估，按劳动工龄等标准折股量化到人，还股于民。这样，原来招工出去的村民按照其在村劳动时的工龄折成股份，参与农村集体经济的股份分红，以解决“去与留”的矛盾。于是，在市农委的指导下，我们在杨箕村进行农村股份合作经济改革试点。

依靠当时沙河镇党委的努力，冲破了重重阻力，认真地做好思想发动工作，为镇村干部壮胆撑腰，于 1987 年 8 月成立了村股份合作经济联社，联社由股份合作理事会管理，下设经济发展公司，把集体经济折成股份，村民设置人头股、劳动工龄股和发展股，集体经济年终结算，按股分红。这样，社区型股份合作制改革在天河区拉开了序幕，杨箕村成为农村改革的“头啖汤”。接着，全国各地前来杨箕村取经的络绎不绝，农村股份制犹如星星之火燎原全国。

农村股份合作经济是天河区农民的创造。它率先在全国进行农村产权制度改革，解决了农村集体经济的权属问题，为壮大和发展农村集体经济闯出了一条新路子。实践证明，1987 年先将农村集体经济资产“还股于民”第一个“吃螃蟹”的杨箕村，如今已成八亿元村，比改革前增加了 20 倍。

登峰村改革之路

登峰村原属天河区（2005年广州市区域调整时划为越秀区）。在杨箕村进行股份合作制改革的同时，我们又在登峰村进行股份合作制改革试点。

登峰村股份合作制改革的直接原因并不是因为招工的“去与留”矛盾引起的，而是为兴建广州市第一家农民办的登峰大酒店的集资而引起的。登峰村委会为适应城市化发展的需要，决定兴建登峰大酒店，投资预算为2500万元，但缺口资金1000多万元。这缺口资金经村委会研究，决定向农民集资，利率比银行要高几个百分点，村干部带了头认资，满以为村民会踊跃参加，但出乎意料的是村民无动于衷。

经了解，有些村民说:“现村集体资产几千万不知姓谁名谁，集体资产权属不清，我们集资进去，岂不竹篮打水一场空。”甚至有的村民提出要把集体资产分掉。当时村干部一时进退维谷，左右为难。

我们了解登峰村的情况后，认为要解决问题最好的办法就是实行股份制改革。于是，由我代表区政府于1987年3月在杨箕村召开有区农委、沙河镇党委参加的“杨箕会议”，主题是研究如何开展农村股份合作制试点问题。

会议分析了杨箕村及登峰村试行股份合作制的具体情况，提出了改革试点的设想，还特别指出了农村深化改革的方向是实行股份合作制，要将明确社区集体经济产权归属和解决集体经济的资金融通等问题统筹考虑。

“杨箕会议”后，登峰村多次召开总支会议，村干部统一思想，决定通过引入股份合作制，解决集体资产权属不清问题，同时解决兴建大酒店资金不足的矛盾。随后，我们加强指导，登峰村先后提出了两个改革方案，经由群众广泛讨论，征求意见，最后形成了《登峰村合作经济股份制章程》，并提交区政府审议。

过了不久，区政府召开区长办公会议，我详细介绍登峰村开展股份合作制的具体情况。经讨论，会议决定由区政府发文，同意试行《登峰村合作经济股份制章程》，并在试行中逐步完善。登峰村的股份合作经济改革顺利地展开了。

登峰村股份合作经济改革的最大特点是“折股到人，入资配股”，即将原有集体资产折股量化到人是有条件的，你要成为股东，就出资认股，然后才能配股。这样就把农民的闲散资金聚集起来，大力发展集体经济。登峰村的做法具有现代股份制的超前意识，被学者称为“登峰改革之路”。

改革之路不平坦

杨箕村和登峰村的改革，在区内外引起了强烈的反响。一时间，全区农村，特别是老城区边缘的村，都在积极酝酿进行股份合作经济改革。天河区区委、区政府因势引导，在 1988 年 3 月，召开了农村工作会议，我代表区政府做《进一步解放思想，用足用活用好政策，加快我区经济发展》的报告，在肯定杨箕村和登峰村改革的同时，向全区逐步推行股份合作经济改革。到 6 月，农林、银河、林和、棠下等村已着手进行改革的筹备工作。

大约就在这时，中央、省、市的一些部门对天河的改革产生了浓厚的兴趣，先后到天河考察、调研。这年 9 月，广东省委办公厅的《内部通讯》转发了新华社记者张开机在新华社内部通讯发表的题为《广州市天河区实行农村合作经济股份制》的文章。接着《羊城晚报》《广州农村》、泰国《中原日报》、香港《中国工商导报》等报刊都先后报道了天河试行农村股份合作制改革的情况。天河的改革一时扬名全国。

但是，改革之路并不平坦。在经济界，有的学者就认为天河的改革，是瓜分集体资产；有的认为天河的改革姓“资”不姓“社”，不宜推广。在领导层，有的表面说好话，但实质不支持天河的改革；有的思想僵化，为保乌纱帽，不敢表态；有的公开反对天河的改革，如广州市体改委某领导，就明确表态不支持天河的改革。

《羊城晚报》一位记者到天河采访写了一篇热情洋溢支持天河改革的文章，清样出来后，省里的一位领导批阅：还是看一看为好。稿件一压就是数月。这说明，天河的改革阻力不少，压力不轻。

面对各种阻力，天河区委、区政府义无反顾地坚持改革。1988 年 11 月，天河区召开了以推广农村股份合作经济股份制为内容的"天河区农村股份制会议"。会上，我代表区政府做了《认真总结经验，积极推广农村合作经济股份制》的讲话，再一次分析说明实行合作经济股份制的必要性和可行性。并代表区政府对各村下了一个"军令状"，要求有条件的村都要积极推行合作经济股份制改革。

几个月之后，全区就有 12 个行政村推行了股份合作经济。到 1991 年底，天河区行政村和自然村这两级全面实行了股份合作制，有效地解决了历史上悬而未决的集体财产归属问题，完成了一次有惊无险的农村大改革。从而也成为全国第一个在区县级农村全面推行股份合作制的地区，从此也就确立了天河在中国农村经济体制改革中的历史地位。

时至今日，经过多年的改革、提高和完善，在农村集体资产产权变革上仍处在领先地位，有效地促进了农村经济的全面发展，特别是对城乡结合部的农民的生产问题找到了出路。

回顾天河农村股份合作制改革的历程，深刻说明一个道理，只有坚持改革开放，只有以无畏的革命勇气和敢为天下先的创新精神，才能冲破种种思维禁锢和体制的束缚，才能开创出一条新路，创造出人间奇迹。真是创业伴随艰辛，成就来之不易。

（作者时任广州市天河区副区长）

郑国强　第一个 110 报警服务台的开通

我在广州市公安局工作过一段时间，在工作期间，亲历了 1986 年 1 月 10 日，广州市公安局在全国公安系统率先建成开通了 110 报警服务台的工作。如今，“110” 已经成为人民群众安全的保护神，成为公安机关的一面旗帜、公安工作的一个品牌、为民服务的一种精神。

建立 110 报警服务台的背景

随着对外开放、对内搞活经济政策的实行，广州地区经济活跃，市场繁荣，外事活动频繁，流动人口激增，人、财、物大量流动。社会治安情况日益复杂，治安管理的任务越来越重，刑事犯罪活动出现了一些新的特点，犯罪的流动性、突发性、暴力性明显增强，犯罪分子越来越多地利用现代化技术和工具作案，流窜犯罪分子对广州的社会治安和人民群众生命财产安全构成了严重威胁。

严峻的社会治安形势，对沿袭数十年的旧的公安体制形成了挑战，旧的打击犯罪方式和对治安的静态管理模式的弊端日渐暴露。广州市公安局深刻地认识到，要适应迅速发展的新形势，有效打击违法犯罪，及时救助人民群众于危难，就必须充分运用各种现代化技术手段，完善通信指挥和联络系统，畅通人民群众报警求助渠道，及时收集和反馈社会治安的各种信息，增强快速反应能力，这样才能牢固掌握打击各种违法犯罪活动的主动权。开办电话报警服务，建立一套以报警指挥系统为龙头、各警种相互配合、协同作战的快速反应机制就是一个重要手段。

为此，广州市公安局经过周密的调查研究，决定采用“110”作为报警电话号码，并于1986年1月10日率先在全国公安系统建成开通110报警服务台，受理群众对于刑事、治安案（事）件的电话报警和紧急求助电话，对全市实行统一接处警，开创了公安机关受理群众报警和求助运作机制的雏形。1987年6月，公安部对广州市公安局建成开通110报警服务台的工作及取得的效果给予了肯定，并发出通知，要求全国大中城市公安局普遍建立110报警服务台。此后，广州的经验推向全国，助力各地110报警服务台的建立和发展。

1996年3月，广州市公安局110报警服务台经国务院发展研究中心市场研究所正式确认为“全国首家开通110电话报警服务台”，并载入“中华之最”荣誉大典。

建立110报警服务台的成效

广州市公安局110报警服务台的开通，标志着广州公安工作开始由静态管理向动态管理转变，使广州公安机关增加了收集社会治安动态的渠道，增强了对突发性事件的反应能力，有效打击违法犯罪。同时，110报警服务台还树立为社会服务、为群众服务的思想，扩大报警业务受理范围，使更多受危难的群众得到及时救助。开通110报警服务台两个月，就收到了明显的效果。

一是及时处理案件，打击犯罪活动。广州市公安局110报警服务台受理的报警电话中，约有半数属于刑事、治安案件。对于这类报警，广州市公安局各业务部门接到报警台的通知后，都就近调动警力、巡逻警车赶赴现场作先期处理，做到处置案件快。如：1986年2月15日晚上8时，一名歹徒在文明路抢夺了一位香港同胞财物后，向大塘街高华里逃窜，报警台接报后迅速电告出事地点附近的大塘街派出所，该所立即组织干警在7分钟内赶到现场，当即将案犯抓获，及时将财物归还事主。

二是迅速处理事故，确保群众安全。报警台除受理刑事、治安案件的报警外，还接到不少治安、交通事故及其他灾害事故的报警电话。对于这类报警，报警台都及时地通知有关单位处理，消除不安全因素。如：1986年1月24日17时15分，在海珠区前进路有一头疯牛撞伤行人后闯入了居民大院，威胁着群众的安全。报警台接报后，立即通知海珠区分局及附近派出所赶到现场维持秩序、抢救伤者，并与现场民警保持联系，掌握事态进展，同时调派市局治安处、交通处机动队及市武警支队机动队赶赴现场，终将疯牛击毙，解除了后患。

三是为民排忧解难，提供安全服务。报警台在接办各种刑事、治安案件、交通事故等报警的同时，把为市民提供安全服务，包括寻人、寻物、要求安全保护等，作为一项重要工作，想方设法为群众排忧解难，树立了人民警察良好形象。如：1986年2月8日晚上8时，报警台接到香港同胞伍先生来电，诉说当晚自己回穗探亲乘一辆红色出租车时不慎将行李遗在车上，要求帮助寻找，报警台工作人员立即通过各种渠道予以帮助，经过一天一夜的努力，终于在2月9日下午帮伍先生找到失物，让伍先生十分感动，特向报警台赠送了一面“热心为民，精神可嘉”的锦旗。

广州市公安局110报警服务台建成开通后首年，共接到市民群众的报警电话2235起。人民群众自觉地帮助公安机关维护治安，主动同违法犯罪行为做斗争，第三者报警的情况显著增多，在犯罪现场抓获犯罪嫌疑人的比例得到提高，社会治安形势明显好转。随着社会服务联合行动的全面开展，110报警服务台充分发挥自身优势，指挥协同各部门、各警种成功处置了如2008年春运安保、2010年广州亚运安保、2012年广州火车站劫持女童事件以及涉日维稳等重大刑事、治安案件和突发性安全事件，在打击违法犯罪、维护社会治安、服务人民群众中，发挥着重要作用。

据统计，2013年广州市公安局110报警服务台共受理群众报警求助电话

5077991起，是初建立时的2270多倍；指挥和协助基层单位抓获各类违法犯罪嫌疑人8500多名，查获各类涉案机动车300多辆，救助危难群众12万多人。

110报警服务台的社会反响

广州市公安局110报警服务台自建立以来，坚持全心全意为人民服务的宗旨，充分利用先进科技设备，积极完善快速反应机制，不断拓宽服务群众渠道，建立健全报警服务网络，有效整合警务指挥资源，最大限度地兑现“有警必接，有难必帮，有险必救，有求必应”的庄严承诺。不仅对群众的每一起报警案件做到快速反应，而且热情地为群众提供救助服务，做到打击犯罪、维护治安与服务群众并重，从而丰富了公安工作的内涵。

今天，“110”这个电话号码已是家喻户晓，深入人心，被誉为群众的“热线卫士”“急救星”。人民群众的报警内容除了刑事案件、治安案件、交通火灾事故、治安灾害事故之外，遇到危重病人、孕妇临产、寻人寻物、邻里纠纷甚至丢失房屋钥匙急需开启门锁等事情，都会第一时间向110报警求助。110报警服务台尽管因处理一些工作职责之外的群众求助占用了一部分资源和精力，却始终坚持全心全意为人民服务的宗旨，救助群众于危难之中，帮助群众于急需之时，为人民群众办了大量扶危助困的好事、实事，涌现出许许多多感人事例，在群众心目中塑造了人民警察的良好形象，有的被救群众动情地说：“110的恩情不能忘！”有的受助群众激动地喊出：“人民警察万岁！”还有许许多多的群众写信、打电话或送锦旗赞扬来感谢110报警服务台。

110报警服务台始终牢记宗旨，不断创新，继往开来，以实际行动，走出了一条新形势下公安工作与群众路线密切结合的新路子，有效地赢得了广大人民群众的拥护、信任和支持，成为党和政府同人民群众血肉联系的纽带和桥梁，成为构建和谐社会的有机组成部分，在社会上引起强烈反响。在2008年由广东省委政法委、省委宣传部、省依法治省办、司法厅等单位联合组织的改革30年“广东十大法治事件”评选活动中，经公众投票和评选委员会审核评议，“广州公安局全国首设 110 报警服务台”事件，被评为改革开放 30 年以来广东省发生的十大政法事件之一。

（作者时任中共广州市政法委书记）

赵宗信　**第一家中外合资银行——厦门国际银行的诞生**

1985 年 11 月 28 日，厦门国际银行在厦门经济特区隆重开业和成立。这是全国首家中外合资银行，也是国内首家股份制商业银行，新成立银行也要求是直接与国际市场接轨的商业银行。厦门国际银行的创办，使厦门经济特区翻开了改革开放新的一页。

提出创办中外合资商业银行的设想

话得从外资股东说起，李文光和李文明家族是印尼泛印集团的创办人和大股东。香港泛印集团是印尼泛印集团在香港的子公司，也是在香港注册的一家以金融投资为主的上市公司。

李文光向福建提出：以香港泛印集团与福建和国内联合投资创办一家中外合资商业银行。中共福建省委和省政府当机立断，决心抓住这个机遇，把福建和厦门经济特区的改革开放推向银行领域，与李文光和香港泛印集团联合和合作，在厦门经济特区创办一家有国家商业银行投资，也有福建和厦门经济特区投资的中外合资商业银行。

省委和省政府指定和责成分管的张遗副省长负责调查研究和制订方案，并代表福建向国务院主管部门和中国人民银行汇报，争取国家商业银行的支持和投资。其实，张遗早就有在福建创办中外合资商业银行的设想，也曾不止一次地试探过，但是都没有成功。这次中国人民银行于 1988 年 8 月 11 日正式函交，原则同意成立厦门国际银行。与李文光和香港泛印集团几经磋商，也达成了一致意见。1985 年 6 月 18 日，厦门国际银行合资合同在福州正式签订。

合资合同签订后，指定要我负责创办这家新银行。按照银行章程，1985 年 8 月，在厦门国际银行第一次董事会上，我被推选为第一届董事长，任期三年。1988 年 8 月，在厦门国际银行第二届董事会上，我又被推选连任第二届董事长，退休后，我又受聘为厦门国际银行第三届董事会顾问（1991—1994 年）。

厦门国际银行是一家中外合资股份制商业银行。

在 1985 年厦门国际银行成立之前，除广东和福建的几个经济特区之外，全国银行业，包括上海、北京在内，都尚未对外开放，就是几个经济特区，也只允许外国银行设立代表处或办事处，不允许设立直接经营银行业务的分、支行。国内除国家银行和国家商业银行以外，没有其他银行，更没有像国外商业银行那样的股份制商业银行。在福建厦门经济特区创办厦门国际银行，创办一家中外合资股份制商业银行，这是一个积极、大胆的尝试。可以说是全国银行业正式开放前的一个序幕或序曲。

世界各国的商业银行普遍都是股份制的商业银行。随着中国社会主义市场经济的不断发展和逐步成熟、完善，国家商业银行向股份制方向的改革也必将逐步加快。厦门国际银行不过是在全国先走一步。我们要求新的中外合资银行，按照国外成功的商业银行的模式和规范，结合中国改革开放的实际，能够与国外商业银行直接接轨。

这次大胆的尝试成功了。一家新的中外合资银行于 1985 年 11 月 28 日正式开业。

困难和危机

厦门国际银行的成功并不是一帆风顺的。新银行开业伊始，就面临严重困难和危机。开业最初几年，银行的股份和股东也是一再调整和变动，最后，到 1991 年 10 月才真正创办成功，形成现在的厦门国际银行。

合资银行成立时，注册资本为 8 亿港元，第一期实收资本为 4.2 亿港元。中外股东四家，中方股东三家，共占银行股行股本的 40%，即 1.68 亿港元。其中中国工商银行占 15%，为 6300 万港元；福建投资企业公司占 15%，为 6300 万港元；厦门建设发展公司占 10%，为 4200 万港元。中方三家股东均以现金投资。

外方股东只有一家，即香港泛印集团。合资银行成立时，在厦门和香港、澳门两地可以同时开展业务。而且两家子公司都是在当地注册的独立法人，与港、澳及国外商业银行早有业务上的来往。这对合资银行来说是一件非常有利的事，也是其他中外合资银行所没有的一大长处和优势。

当然，合资办银行也不是没有一点风险。为了保护合资银行的利益不受损害，合资合同规定，香港泛印国际财务公司和澳门国际银行在合资前的全部贷款应在合资后一年以内全部收回，不能收回的应由香港泛印集团偿还合资银行。

新银行开业面临的严重困难和危机，就是合资前澳门国际银行的贷款中，有 2 亿多港元的贷款无法收回，香港泛印集团也无力偿还。这一情况，前澳门葡萄牙政府的金融管理机构早有察觉，因此合资银行刚开业，他们的负责人就向我们银行董事会提出，要求合资银行负责解决。这对新银行是一次严峻考验。2 亿多港元不是一个小数，如果我们不敢负责，或者处理不当，新银行都有夭折的危险。

在这一考验面前，我们没有退却。对于新银行应挑的担子，也没有优柔寡断、犹豫不决。我们在香港和澳门认真调查研究西方市场经济的成功经验，结合我国实际和政策，积极主动、沉着应对。最后决心采取以下几条主要措施，排除危机，克服困难。

第一，新银行刚刚开业，积极开展银行正常业务，打开新银行的局面，仍然是当务之急，绝不能有丝毫放松。我们责成银行总经理以及港、澳两个子公司的总经理全力以赴，搞好业务，尽快打开局面，站稳脚跟。

第二，与李文光先生协商，在李先生同意下，调整合资银行中外股份的比例。香港泛印集团从原来占 60% 股份，调整为占 49%。中方三家股东从原来合占 40% 股份，调整为 51%，其中中国工商银行从 15% 增加为 25%，福建投资企业公司从 15% 增加为 16%，厦门建发公司仍保持 10%。调整后，中方三家股东联合成为新合资银行的控股股东。这一调整，对外提高了新合资银行的信用和形象，对内显示了我们办好新合资银行的决心和信心。调整是必要的，也是及时的和成功的。

第三，对香港泛印集团不能履行合同，无力为澳门国际银行偿还不能收回的贷款，我们责成李先生提供足够的抵押品，包括李先生及其家族所控有的全部香港泛印集团股票抵押在合资银行。银行经过董事会同意，将合资合同原定的一年以内偿还的期限延长一年。我们十分重视学习、吸收和运用国外市场经济的成功经验，对每一项抵押品都要求做到法律文件齐全和法律手续完备。后来的事实证明：这是抵押品全部收回，没有受到一点损失的重要保证。

第四，积极协助李先生逐项变卖抵押品，先易后难，分期分批偿还银行。后来，因抵押品变卖处理不及，经董事会同意将偿还期再延长一年。

合资银行开业两年，银行业务开展正常，每年当年都有盈余。合资前不能收回的贷款，偿还了一部分，大部分尚未偿还和得到解决。对我们来说，更大的一个隐患是：香港泛印集团已连续三年出现亏损，也没有分红，并且香港泛印集团经营的失败，也拖累到印尼泛印集团出现危机。为了防止和避免香港泛印集团被其他外商并购，福建投资企业公司与中国工商银行和厦门建发公司一同协商，福建投资企业公司决心抓住机遇，挑战风险，收购香港泛印集团。1987 年 11 月经国家对外经济贸易部批准，福建投资企业公司以市价收购了抵押在合资银行的全部香港泛印集团股票，股票每股面值 1 港元，市值每股不到 5 角港元，总价约

5000万港元，全部偿还给银行。香港泛印集团，按照香港法定程序和手续更名为香港闽信集团，成为福建在香港控股的首家上市公司。从1988年起，我同时任香港闽信集团董事长。

福建投资企业收购香港泛印集团后，处理抵押品又多了一个门路和渠道。香港闽信保险公司（香港闽信集团的全资子公司）先收购了李先生在新加坡的一项抵押品（印尼泛印集团在新加坡的一个公司和公司的资产），新银行收回了1000万港元。最后，闽信集团董事会决定向福建投资企业公司贷款，银行将未及变卖的抵押品全部转让给闽信集团。抵押品处理费时费日需要一定时间，对闽信无碍大局（现在抵押品早已变卖完，贷款也早已偿还清），银行却赢得了时间，提前卸掉包袱，轻装上阵，对澳门国际银行影响尤大。

重新选外方股东

澳门国际银行是澳门本地的银行，也是在澳门颇有影响的一家银行。前澳门葡萄牙政府对澳门国际银行十分关注。合资前的澳门国际银行股本只有1亿葡元（约合1亿港元），不良贷款却有2亿多港元，如果不能及时解决，已经到了破产边缘。合资后，情况就开始好转。合资三年，就转危为安，成为走向健康的银行。前澳门金融管理机构当然十分满意，对厦门国际银行也评价很高。合资后，澳门国际银行发展一直都很顺利，厦门国际银行与前澳门金融管理机构也一直保持着良好的关系。

经过三年一系列的努力和艰苦工作，新银行终于经受住了这次考验。

福建投资企业公司收购了香港泛印集团后，合资银行实际上已经没有了外方股东。在解决了澳门国际银行合营前遗留的问题后，我们立即积极而谨慎地着手选择新的合适的外国银行作为外方股东对象。

董事会分析了新银行的实际情况。新银行已成立三年。作为全国第一家中外合资股份制商业银行，厦门国际银行从开业之日起，在国内外受到广泛关注。不少外国银行来考察过，一致肯定和承认新银行是一家真正的股份制商业银行，也有一些外国银行表示对合资银行有浓厚兴趣，甚至向我们进行过试探。

新合资银行成立时，中国工商银行等三家中方股东和香港泛印集团签订有合营合同，还制订有银行章程（厦门国际银行章程）。银行章程是在新银行第一届第一次董事会全体董事一致通过，并报告中国人民银行审查批准。这样的章程是具有法律效力的。股份制企业的章程对企业来说就是企业的法律。所有股东和董事都必须尊重和遵守公司章程。违反公司章程是要负法律责任的，在法律上也是无效的。新银行成立三年来，完全是按照银行章程办事的。福建投资企业公司收购了香港泛印集团，新银行仍然是按照银行章程办事。一个股份制企业，股东变动，股份变动，经常会发生，但是股份制企业的公司章程是不会轻易修改的。在公司章程中都有一条规定，即本公司章程的制定和修订需经董事会一致通过，银行章程也不例外。厦门国际银行章程第 39 条就明文规定，本银行章程的制定和修订需经董事会一致通过。

按照银行章程的规定，合资银行有健全的董事会制度，有的行政管理制度，每年税后提取不少于 20%—30% 的准备金制度，还有聘请注册的独立的会计师事务所审核银行年度会计报告制度。随后我们又建立对总裁、总经理直接负责的总稽核和稽核制度。新银行虽然是一家规模不大的银行，但从开业第二年（即 1986 年）起，每年都发表银行年报。

我们作为中方股东的代表，还特别重视对外方股东的尊重和合作，以及与港、澳同事和外籍同事的共事和合作。因此，我们银行就像是一个大家庭。

现在我们要重新选找新的外方股东，应该找有利于提高银行信用和增强银行实力的外国银行，同时也应该是认同我们银行的章程、愿意接受银行章程的外国银行。

亚洲开发银行是亚洲的国际银行，对中国出现的第一家中外合资银行自然非常关注。合资银行成立后，亚洲开发银行曾经多次来考察，对银行也颇有好评。我们认为亚洲开发银行如果能够成为新的外方股东，对我们银行来说，是十分理想，也是十分有利的。据我们了解，亚洲开发银行也并不是完全无意入股这样一家中国的股份制商业银行。因此，我们把亚洲开发银行作为首选对象。

另外，我们选择了与福建有多年良好合作关系的日本长期信用银行。这是日本一家大银行，在全世界也是数得上的大银行。我们还选择与新银行有多年良好关系的美国赛诺金融公司。这三家外国银行（金融公司）也都认同我们银行的章程，愿意与中国工商银行等现在四家股东合作，商谈入股办法和入股条件。

1991 年 10 月，厦门国际银行与亚洲开发银行、日本长期信用银行和美国赛诺金融公司在北京人民大会堂隆重签订合资合同。

亚银等三家银行（金融公司）向合资银行投资 2 亿港元，取得合资银行 25% 的股份。厦门国际银行重新成为名副其实的中外合资银行。

从 1991 年 10 月到现在，厦门国际银行的股东和股东的股份，没有再调整和变动过。其作为一家与国际市场直接接轨的股份制商业银行，是 1985 年 11 月开业时一次实现和创办成功的；作为中外合资银行，是到 1991 年 10 月才真正创办成功的。

（作者时任厦门国际银行董事长）

黄贵显　**第一家证券营业部——上海静安证交所始末**

从约翰·凡尔霖要来静安证交所说起

1986年11月10—13日，中美金融市场研讨会在北京举行。美国纽约证券交易所主席约翰·凡尔霖参加了这次研讨会。在会议结束的第二天，也就是14日，总书记邓小平接见了这位美国证券界的大亨，并赠送了他一张上海发行的“飞乐音响”公司股票。很有市场意识的约翰·凡尔霖，接到股票的第一反应，就要将这张股票过户为他的名字，16日就要到上海过户。

我接到约翰·凡尔霖要来的信息有点担心。因为，当时我们静安证券交易所从9月26日开业起，满打满算也只有两个月不到。加上当时人们对外国人的心态还不那么开放。说实话，我们也没有接待过外国人，不知道接待时会出现什么情况。那时静安证券交易所营业面积不大，既要照顾好股票买卖人，又要确保接待中不出差错，我的担心可想而知。

工商银行静安支行领导，给信贷科下属的我们静安证券交易所下达“必须接待好”的指示后，我与我的同事们只有全力以赴加紧准备了。

16日那天，我早早起床，并早早地就把最好的一件中山装穿在了身上。

赶到单位后，看着只有14平方米的交易厅，我满脑子都是怎样接待好、不出问题。当时交易厅显示行情，是一块用黑板做的行情板。图板一般是不动的，如果有了行情，就把阿拉伯数字换成当日行情。我站在交易所里，想着交易所成立后经历的一切，我有太多的话想说。

1986年9月26日成立初时，我们信贷科的同志，在远离静安支行的南京西路1806号，先行搞起了上海静安证券交易所。不过很长时间里，人们仍问证交所具体地点到底是哪儿，有文章把静安证交所说成“两条板凳，没有厕所”。

其实，上海静安证券交易所成立时，还是20世纪80年代中期，市场经济刚刚起步，我们思维中仍有许多条条框框。当时的银行还有许多资料需要对外面保密，信贷科作为银行中的一个重要部门，资料更加需要保密。那时的账册封面上，都会印有“绝密”两字。由于工商银行静安支行信贷科办公是在四楼，考虑保密和其他诸多因素，我们银行与地处南京西路的一家储蓄所谈妥，把它安排给了百废待兴的中国证券业。储蓄所当时有70多平方米，我们把它设计成了四个办公室、一个大堂式的厅（14平方米左右）。

装修是请的静安区下属的一个装修队做的。厕所开在楼上一个小间边，用的是当年还很稀少的抽水马桶。

证券市场选择1986年9月26日星期五正式开张。当时考虑，星期五开张，如碰到意外事件，可以有时间处理。另外，26日这天离国庆节假日期较近，碰到问题，处理时间更加充裕点……开张这天，静安证券交易所人头攒动。有许多人前来卖掉他们手中的“飞乐音响”与“延中股份”股票，但更多的人是前来看热闹“轧闹猛”的。从大清早开始，静安证券交易所门口就排起了长龙。9时开盘后，只有“飞乐”和“延中”两只股票交易的证券交易所的工作人员，仍然忙得不可开交。因为，交易实施除更改原始股票外，还要为买进股票的人开一张银行存折。

下午4时半收盘，原本发行价50元的“飞乐音响”，以55.6元的价格成交了700股，发行50元的“延中实业”，以54元的价格成交了840股，静安证券交易所第一天的成交金额达 8 万多元。

收盘后看到一切都很顺利，原本战战兢兢忙碌一天的“交易手”，终于舒展开了眉头。外国许多媒体，对刚刚走出计划经济的新中国证券交易，进行了大量的报道。

“毫末”之手和“世界最大证交所”主席之手紧紧相握

就在上海静安证券交易所的交易工作顺利地开展时刻，一些被计划经济长期束缚、思想僵滞的人，不断给交易所打电话，说银行在“引导人们投机”“在为新生资产阶级培育土壤”等等。

一个多月后，我们就碰到邓小平送给“世界最大证交所”——纽约证券交易所主席约翰·凡尔霖“飞乐音响”股票的事情。那天，约翰·凡尔霖送给邓小平一枚纽约证券交易所证章（据说证章拥有者在纽约证券交易所可畅通无阻）。邓小平作为回赠礼，则选择了一张上海刚刚发行的“飞乐音响”股票。

11 月 16 日午后，约翰·凡尔霖来到我们静安证券交易所。可能来前在豫园茶喝多了，来的时候，一进门就要上厕所。听到他这样说后，我立即将他引进了交易所楼上的厕所内。我很得意，证券交易所地方虽小，但厕所还是相当干净的。不是什么“只有两条长凳，连厕所都没有的”。

约翰·凡尔霖的过户，像所有客户一样，给开设一张银行存折。当他把手伸出准备拿我给他办理的存折时，我们双手紧紧地握在了一起，我发现他手上戴着一枚显示身份的硕大戒指。

约翰·凡尔霖的跟班，相当于我们的办公室主任，浑身挂满了照相机。那天他给我拍了不少照片，他答应我等回美国后将我和约翰·凡尔霖的合影放大，然后寄一张给我。他们走后很长时间，我没有收到照片，我想美国人怎么也不讲信用啊。后来，还是有人去美国纽约证券交易所硬是向这个“办公室主任”要回的。

记得那天约翰·凡尔霖和他的夫人很客气。在了解了我们只有一台直线电话、一台程控电话时，不仅没有讥笑我们，而且还鼓励我们说，这里的办公条件要比当初华尔街开办证券交易时情况好。他们成立证交所时，交易人是在梧桐树下进行交易的。这样比较，我们的情况当然要比他们好。

自从约翰·凡尔霖来我们证券交易所过户、我们紧紧握过手后，静安证券交易所变得更加热闹了。不仅每天有许多人来交易，而且媒体也不停地前来采访。印象最深的是这样两件事。一件是韩国乐喜证券所给我们发来贺信，并表示愿意和我们合作；另一件是日本的野村证券和大和证券。野村证券是日本相当有名的证券公司。1984 年 11 月 18 日，当工商银行静安支行刚发行完"飞乐音响"的股票时，他们就通过上海的《新民晚报》，了解到了我们的动向，甚至还派专人找到我们，希望能帮助我们规范证券交易。

"大和证券"在得知我们开始买卖第一张"飞乐音响"股票后，就想来拓展中国证券市场，一度还成立了"中国部"。因为"文化大革命"的思维惯性仍在，整个中国还没有完全开放，思想上政治上多多少少的禁锢还容不得我们和"外国人"做更多的交流，"合作"的事也就不了了之。

"毫末"终于长成"合抱之木"

上海静安证券交易所红火一段日子后，交易所很快平静下来。因为当时中国只有两只股票。仅两只股票的交易又能延续多少日子呢？那时候我很着急。

就在证券交易所冷清得让人着急的时候，美国一名摄影记者被上海市政府批准，允许他到我们这里来摄影采访。要面子的我想让一些人扮成客户，让这位美国记者不至于看到冷清的交易所。但后来一想不对，交易所里就几个人转来转去，最终被人家发现作假反而不好，于是就顺其自然了。这天的这位美国记者很友好，他拍完冷冷清清的交易所后，还给我拍了一张照片。他还安慰我说，香港证券交易所里也是人不多的。我笑了笑，香港证券交易所里没有人，那是因为他们使用的是电话交易，我们怎么能和香港证券交易所相比呢？

这件事后，我努力寻找着能让证券交易所“活起来”的方式，终于看到了国库券交易的潜力。

20 世纪 80 年代，由于百废待兴，政府急需财力，连续几年在企业、居民中发行国家债券，即国库券，归还需到六年之后，再加上其不能转让规定，给那些刚摆脱计划经济、有投资机会的人，特别是一些能出国寻找发财致富机会的人出了难题。寻常百姓急需现金，他们买来的国库券一时又无法兑现，于是就有了上海虬江路的黑市交易。

老上海都知道，上海虬江路是专门买卖旧货的场所。20 世纪 80 年代，这里成了上海人自发黑市买卖国库券或转让国库券的场所。百元面值的国库券，但在这里只能拿到六折或七折现金。国库券在黑市里畅通无阻、无序流通，政府信誉下降，我萌生了把国库券买卖引进证券交易所的想法。1987 年 10 月，在股份制联谊会上，我将自己的想法提了出来，《文汇报》记者应延安参加了会议，把我的想法写成篇稿子发在 26 日的“文汇内参”上。这个信息给中央领导看到了，主管金融工作的国务院副总理陈慕华做了批示，让中国人民银行有关部门认真研究。

1988 年 2 月，国务院发文同意国库券上市流通。4 月，1995 年、1996 年发行的国库券，可在全国 61 个城市流通。

记得那时候，全国范围内发生一场姓“资”姓“社”问题的思想激烈交锋。有一天，曾经担任中国证监会主席、当时还是中国人民银行副行长的刘鸿儒悄悄地来到我们证券交易所视察，谁也没有通知。在我们开始营业的时候，他忽然出现在我们面前。当时，他要求我们拿出证券交易中的所有交易凭证。

他看得很仔细，而且逐条疑问都不放过。看完账本，他又立即走到交易大厅，询问一些正在进行交易的平民百姓。在看到证交所买卖证券和国库券，都是出自交易人自愿后，他的脸上才舒展开放心的微笑。

不久，陈慕华副总理前来调研，她的到来，使我忐忑不安，也不知道是福还是祸。她是乘面包车来的。高高大大的她，穿着很朴素，穿的鞋子竟是一双布鞋。在我向她汇报静安证券交易所情况时，她没有表态，不言不语，使原本对她敬畏的我汇报时更是小心翼翼。当我汇报完毕后，她终于含笑地点了点头，当着我们的面，对陪同前来的中共上海市委书记芮杏文说，让我们继续“再试试看”，我们这才终于觉得，上海静安证券交易所“不会关门了”。

陈慕华同意我们继续“再试试看”后，我们静安证券交易所所有同人都更加努力了，力争做得更好、更大、更强，甚至还为一些国营企业发行了新中国的第一只B股。在我们证券交易所存在的七年里，连续五年获全国交易量第一的光荣记录。

1993年，当静安证券交易所结束了自己的历史使命后，在证券交易所里诞生了许多个“中国第一”的纪录。由此，我想到了证券交易所成立后，英国伦敦证交所主席送我的一幅画，上面写着中国的一句古话:“合抱之木，始于毫末。”是啊，老子所说“合抱之木，始于毫末”这句话，不正是静安证券交易所的历史缩影吗？新中国证券业从无到有，发展壮大，“合抱之木，始于毫末”，这句话多么形象。

（作者时任静安证券交易所经理　汪建强/整理）

禹国刚　第一家证券交易所——深圳证券交易所的诞生

在中国改革开放的前沿——深圳经济特区，深圳证券交易所悄然诞生，借改革开放的春风，迅速茁壮成长为全国两大证券市场之一，取得令世人瞩目的成就，并深深地影响了中国的经济生活。

关心和支持中国证券市场的人们回首评估深圳证券交易所几百家上市公司给中国国企改革和国民经济增长所带来的推动效应时，渴望了解深圳证券交易所的发展轨迹。深圳证券交易所究竟是怎样创建的？正式创立之前，深圳证券交易是从成立股份公司和分散柜台交易起步，柜台交易与黑市交易并存，经历了集中交易——整顿股市——铲除黑市——向中央报批、创建规范运作的证券交易所的艰辛过程。

新中国第一只金融股

说起深圳证券市场的起步，最先应追溯到 1986 年。当时，一些企业根据《深圳经济特区国营企业股份制试点的暂行规定》，进行了股份制改造，其中多家企业还发行了股票。1987 年，深圳发展银行发行了股票。1988 年 4 月 1 日，该股票在深圳也是全国最早成立的特区证券公司的柜台上交易了。接着，市国投证券部和市中行证券部相继开业。万科、金田、安达、原野（世纪星源的前身）等也陆续发行了股票，并上柜交易。深圳证券市场的雏形已形成。

股票市场的发展，离不开股份制企业的发展。早在建立特区之初，深圳就建立了多种形式的股份制企业。1982年，深圳宝安恢复县级建制，新县城的建设急需建设资金，而政府财力有限，于是搞股份制企业的想法就提出了。1983年7月，宝安县联合投资公司以县财政为担保，首期集资1300万元，其中国家股200万元，法人股160万元，个人股940万元。发行股票时，在《深圳特区报》刊登《招股公告》，股东遍及全国20多个省份及港澳地区。参照股份制企业的运作方式，建立了董事会、股东大会制度，印制了股金证、股东手册。每年根据经营情况分红派息。尽管这种股票不是真正意义上的股票，但它无疑是股份制企业的萌芽。1991年6月25日，"宝安"公司经营规范之后在深圳证券交易所挂牌上市，成为深交所第6家上市公司。

深圳特区股份制企业主要有以下几种形式：1. 中外合资股份有限公司；2. 内联股份有限公司；3. 特区几家企业合股建立的股份有限公司；4. 国营企业股份制改造的股份有限公司；5. 私营股份公司（包括民间科技企业）；6. 新组建的公开发行股票募集股份的股份有限公司。

1985年8月中旬，李灏冒着如火的骄阳，踏上了鹏城热土，上任深圳市长。李灏（国务院常务副秘书长、党组副书记），长期在中央从事经济工作，了解全国乃至世界的经济形势。1978年他随谷牧等考察欧洲五国后，几乎年年南下粤闽，年年参加召开经济特区工作会议，年年参与起草新文件。到深圳特区领导深层次的改革，李灏有特殊的优势。自1953年从广东调到北京后，李灏先后任职于国家计委、国家经委、中央机关，一下放到一个"大基层"去，对他来讲，不能说不是一个大的转变，尤其是在特区面临许多困难，遭受许多非议的当口上，能否完成托付的任务，感到无把握，思想上顾虑比较多。他的第一个反应是，这项任务最好找比他更合适的同志去。李灏就问："这事定了吗？"当他得知已经基本定了时，作为国务院常务副秘书长，已有36年党龄的老党员，还有什么好说的呢？

不久，中共中央发出通知，李灏作为广东省副省长候选人派到广东深圳特区工作。随即，广东省任命李灏为深圳市市长。这年 9 月，在广东省第六次人大会上，李灏被选为广东省副省长。1986 年上半年，深圳市领导班子作进一步调整：梁湘任中共广东省顾问委员会副主任，免去其深圳市委书记职务；李灏任中共深圳市委书记兼深圳市市长。深圳新官李灏面临着如何筹集特区巨额的建设资金问题。

1986 年，国家财政困难，银根紧缩，国营企业要有发展就要有较多的资金投入，因此，股份制正式提上议事日程。1986 年 10 月，深圳市政府颁布了《深圳经济特区国营企业股份制试点的暂行规定》，并选定了 10 家国营企业作股份制的试点。到 1991 年底，深圳共有规范化的股份有限公司 136 家。

首先出台的是深圳发展银行。1987 年 3 月，深圳市政府决定筹建一家股份制的信用银行，在原有农村信用社的基础上改制而成。5 月，向社会公开发行股票，因当时社会对股票缺乏认识，认为既不能退股又不能还本，也没有市场转让，因此认购并不踊跃，尽管有市领导本着对新生事物的支持而带头认购，也仅完成计划 79.5 万股的 49.9%，实际发行 39.65 万股，实收股金 793 万元。1987 年 12 月 28 日，深圳发展银行成立，第一次股东大会召开。

深圳发展银行以三项首创性改革引起关注：它是中国第一家允许个人入股的银行；是首家公开挂牌上市的金融机构；是第一家发行外汇优先股的银行。组建这家银行，首要任务就是改造老信用社的股份组织。因此，上任后的发展银行领导班子（刘自强任董事长，王建任主持工作的副行长，杨卫东任副行长）第一个任务就是设计新银行的组织架构，发行股票。由于当时中国人民银行不同意把规模搞得太大，深圳信用银行才由特区内 20 个信用社缩编为特区内 6 个信用社组成，同时更名为深圳发展银行。

尽管当时是按国际惯例组建的真正意义上的股份制银行，但鉴于法律、规章不健全，因此，发展银行初建时是在特殊环境下组建的。章程修改已定，凡投资 100 股（每股面值 20 元，经折股，每股面值 1 元，原 100 股变成为 2000 股）以上者便可参加股东大会；股东大会推选董事，董事会推举董事长，任命总经理。尽管股份制有很多好处，但深圳发展银行股票在发行之时，居然是步履艰难。知道什么是股票的老年人，马上就会想到万恶的旧社会，赌博、跳楼、倾家荡产……一个个恐怖的词汇在脑际掠过，不禁从头到脚生出一层鸡皮疙瘩。不知道什么是股票的人，总把它与国库券等而视之。于是那一张张五彩缤纷的股票居然像被遗弃的婴儿一样，无人认购。本来发展银行计划筹集 1000 万元，作为企业的周转资金。工作先从企业内部起步，动员全体员工购买股票，但无论如何企业内部也无法消化这 1000 万元股票。

东方不亮，西方亮，总得想出应急之策。万般无奈，发展银行的老板们只好派出人马四处游说，推销股票。股票是股份制企业的万事之始。那五彩缤纷、光彩照人的股票如果推销不出去，就无异于一堆废纸。更何况没有资金，银行谈何运行？城市居民见了那花里胡哨的小纸片，头摇得像个拨浪鼓：“又是集资，国库券已经买了不少了！”有的人面对股票推销人员，脸上只是掠过一丝不冷不热的微笑，心里却在说：“我还不想倾家荡产，跳楼，上吊！”

股票价格的魔力

经历了千辛万苦，发展银行毕竟起步了。其内容活力更增添了深圳市委一班人的信心，事实明摆着，两种体制两重天，发展银行的效益翻跟斗往上蹿，这还不能证明股份制改革是极为必要的吗？虽还不敢说发展银行的工作尽善尽美，但毕竟是开了一个好头。当发展银行完成扩股之后，市委又陆续批准了万科、金田、安达、原野等五家上柜交易公司。

在不知不觉中，股票成了深圳最紧俏的商品，其热度之高，不亚于当年人们抢购彩电、冰箱。股票的价格也在骤然之间，像脱缰的野马狂奔起来。

深圳股市自 1988 年 4 月第一只股票上柜交易，到 1990 年 12 月 10 日深圳证券交易所开始集中交易前，股市走势大致经历了以下几个阶段。

一、1988 年 4 月至 1988 年底人们对股市心存疑虑，股价徘徊阶段

1986 年 10 月，市政府颁布《深圳经济特区国营企业股份制试点的暂行规定》后，全市开始了股份制改革工作。但是由于股票对普通公众来说比较陌生，人们对股票的投资意识相当淡漠，许多人也担心一旦投资股票而没有运转的交易机构，就会缺乏变现能力。1987 年 5 月正式批准发展银行公开发行 1000 万股票，但由于人们对股票不认识，推销工作十分困难，虽然发展银行发动全体员工四处兜售，请领导带头，也没有完成发行计划。首期发行仅筹到 793 万元人民币。1985 年 9 月 27 日成立了特区证券公司，中国人民银行总行批准深圳国库券转让试点，国库券买卖业务十分活跃，而此间股票价格一直与发行价格保持一致，直到 1988 年 4 月股票上柜交易，公开转让，依然有行无市。由于多数投资者仍属于尝试性的买卖，整个交投不活跃。同年 7 月、8 月后，行情略有好转，深发展在 20—22 元徘徊，年成交量仅 400 多万。

二、1989 年初至 1990 年 2 月的温和攀升阶段

股价虽然稳定，但深圳的股份制发展却没有停步，在积极宣传引导下，深圳于 1988 年 12 月和 1989 年 2 月，先后又批准了万科、金田股票发行上柜交易。股份制确实创造了巨大的效益，此前，发展银行迅猛发展，经济效益十分显著，仅 1988 年一年利润就为其创建时的 3 倍。高额的分红派息送红股远远高于银行利息，更超过了人们的预期回报。因此，股票交易开始活跃，公众投资意识增强。发展银行股票带动了相当一部分公众投资万科、金田股票。投资主体开始多元化。这一时期，已有上柜公司 3 家，证券商 3 家。1989 年全年成交量达 3253 万元。1990 年仅 1 月、2 月分别上升到 495 万元和 920 万元。股份制企业突出的经营业绩以及高分红，股价一路上升，市盈率不断升高，成交量也由过去每日 5 万、10 万上升至每日成交几十万、上百万元，市盈率已达 1—2 倍。

三、1990 年 2 月至 5 月的狂热暴涨阶段

自 1990 年 2 月份以来，市场突然出现意想不到的狂热。公众投资意识突然增强，市场供不应求，交易异常活跃。成交量 5 月份已达 1.1 亿元，6 月份骤增

至2亿多元。3月10日，深圳发展银行开始派发1989年股息，每股派付现金5角，另按2送1派红股，按10配1向老股东配售171.358万股，新股以每股价格3.56元溢价发售。老股拆细，每股面值20元的普通股，拆为每股面值1元，即变为20股。先前被视为"疯子""傻子"的人们，现在都成了十几万、几十万元的富翁。深圳人惊醒了，当初没买股票或者过早抛出者，此时是捶胸顿足，后悔失去了发财的机会。

黑市交易猖獗

深圳的红荔路，再也无法安睡，股票的诱惑力真是无法抗拒，人们在"老三家"证券部里的"白市"里买不到"老五家"股票，在荔枝公园北面园岭小区特区证券部周围便自发形成了"黑市"，而且越是晚上交易越热闹。当时深圳的一景就是：月光下，一边是股票黑市交易；一边是宣传车的高音喇叭告诫人们：小心受骗，不要参与股票黑市交易。

据统计，发展银行派息情况如下：1987年，普通股每股派息2元；1988年，普通股每股派息7元，优先股每股派息12.25港元。万科股份有限公司于1988年11月首先在企业内部发行股票，将公司净资产13246680元拆成股份，票值为元。1989年2月，金田公司面向社会发售股票，面值为10元/股。当年年红股，10股送1股，即每股送1元红股，股民只几个月的时间，就可使100元，变成了110元，这可比存银行的利率高出几十倍。到这年岁末，每股又派息2元。如果按这样的速度，光靠工资过日子的市民们，只要买股票，一年下来，将会收入可观的一笔。于是，观望者们再也没有耐性，纷纷入市，红荔路成了整个深圳人的生活中心，各路股民的集结地。当然，蓄存股票，靠送股分红是条生财之道，但这样的价格一下子像产生了极大的磁力，魔幻般地吸引着人们。金田股票在发售时，一家家证券部的门口，通宵达旦地出现了一条条"长龙"。原计划发行100万股金田股票，5天内全部售完，最后应股民要求，又增发了70万股。于是银行存款纷纷流向股市，不知不觉之中，红荔路已不再是深圳人特有的地盘。“深圳的股市能赚钱！”消息像无线电波似的以深圳为圆心，向全国各地扩散。东莞银行突然发现几天之内储蓄存款少了很多，而深圳红荔路却多了一批东莞的股民。广州的靓仔靓女携款东进，住进旅馆，专职炒股。北京几个青年合股，凑了2000元，派代表前来深圳，要加入股民大军。

从1990年5月起，各路英雄云集深圳，在股票市场大展拳脚。中国的聚宝盆太少了——960万平方公里只有深圳和上海两地才有。各路英雄带来了数以亿计的人民币，信誓旦旦地投入这个聚宝盆，渴望让它繁衍增值。深圳这个弹丸之地，被汇入的各地人马，挤得透不过气来。身处地利人和的深圳人哪里还坐得住，入市的呼声此起彼伏。人们随处都可以看见一些人大叠大叠数钞票的景象。股票，让人莫测的怪物，就是那么一张小小的花纸片，能够使一个一辈子清贫的人一夜之间成了富翁。股票价格的魔力，好似万花筒，变化多端。于是深圳人像被股票套上了“龙头”。随着股份的直线上升，脚步自然加快了节奏，大有人去楼空之势。各个证券部的门前排起了长龙，“老五家”上柜交易的股票被抢购一空，“春种一粒粟，秋收万颗子”，谁不期待有一个好收成。

股市如脱缰的野马不断上扬。场外“黑市”非法交易愈演愈烈。场内“白市”透明度很差，内幕交易时有发生，投资者很难从证券经营机构及时准确地获取成交量值市场信息，股东和投资者的利润难以得到保障。有的证券从业人员假公济私，利用工作之便个人吃差价、拿回扣，中饱私囊。各家证券经营机构信息传递困难，尚未形成统一的市场价格，降低了市场效率。不正常的股市引起了市委、市政府的高度重视。

5月23日，市委书记李灏对深圳市企业股份制改革作批示说：“把此项工作搞得稳妥一点，不宜搞得过快、过急，面铺得太大会造成失控，重要的国营企业必须国家控股，对证券交易工作要健全法规。”市政府多次召开会议，研究股市管理和操作中的问题，针锋相对地采取了一系列措施。诸如：税收政策、涨跌停板制度、柜台交易原则、单位购股办法等多项措施。政府果断的应急措施出台，市场过热现象得到了缓解。但是严格的涨跌停板制度与供求矛盾大相径庭。一方面是每天10%的上限顶格上涨，每日证券商门口门庭若市，股民们几天几夜地排队，如饥似渴地盼望按牌价买上几股；另一方面，股民们的黑市交易以更加隐蔽的方式进行，而且愈演愈烈。一般而言，黑市价格均高出牌价10—65元不等，"老五家"股票市盈率均超过30倍，有的股票市盈率已跃升至近百倍。一支黑市经纪队伍应运而生。

1990年的中国股市尚处于初创阶段，股票数量少而投资者众，供需严重失衡；营业网点较少，交割手段比较落后，效率低；非法场外交易盛行，这是股市过热的主要原因。这期间，许多证券部只见人而无股票可售，排队的长龙昼夜无眠、人声鼎沸、通宵达旦，提前几天排队已不是新闻。在红岭路中国银行证券部出现了另一种新情况。由于出卖股票数量少，而购股票者众，只好按排队顺序依次购买，因此出现三更半夜轮流等候的，席地而卧，靠墙而眠的……不知从什么时候起，又是谁规定的，说是门口左边第一条柱为头号，于是出现了争"龙头"的现象，人群蜂拥往前挤的，中间插队的，护"龙头"的，死命抱住"龙头"的，吵吵闹闹。人们求股票若渴，因此是"八仙过海，各显神通"。于是有门路的去找门路；无门路的去挖门路；无路可走的便挤到了场外——黑市交易。于是各路英雄应运而生，什么炒股专业户、排队专业户、"黄牛"霸市、内幕交易，不一而足。

5月的深圳刚入夏，可是深圳炒股热比盛夏还要热气腾腾。位于红荔路的证券公司由于面积小，股民们为了争买股票，把小小的证券公司挤得水泄不通。熙熙攘攘，汗流浃背，有个别人被挤得上气不接下气，昏倒在地……证券公司四周人头攒动，三五成群，夜以继日，热闹非凡。于是"黄牛"一族应运而生。在五六月股票旺市时期，只要买主愿意给"黄牛"五六十块或一二百块钱，那些"黄牛"就会不辞辛劳，甘流一身汗，啃面包，喝饮料，长时间为顾主排队等候，或在人群中穿梭，为顾主买到一笔股票。而到后来，那些"黄牛"一族变成排队专业户，而且不再满足排队的百八十元，居然出售号码"欺行霸市"。

为了平抑1990年上半年深圳股市的过热现象，深圳市政府于1990年5月底开始出台了几个重要措施，其中一项是中国人民银行深圳特区分行连续三次推出股票限价政策。6月26日的限价政策为：每天委托升幅不得超过上一日收市价的1%，降幅可达上一日收市价的5%。

在“黑市交易”尚未受到有效遏止和实施股票限价政策之下，深圳合法柜台交易在一段时间内变得异常清淡，许多证券经营机构无事可做。资料显示：当时的五种股票经常没有成交，自7月25日至8月5日间，“深原野”在国投证券部没有任何成交。7月中旬，证券公司、中行证券部与国投证券部三家的日均成交总额只有388万元；7月下旬，三家的日均成交总额才150万元；8月上旬，三家证券经营机构的日均成交总额仅110.48万元，甚至出现了有价无量的空涨局面。

为了方便股民买卖股票，证券交易点由几家扩大到12家。各证券部也迁移到宽阔的地方办公，从某种程度上讲是缓解了过去那种挤迫情况。但与此同时，又为另一些家庭提供了机会——炒股专业户。这些家庭更是了不得，创业之初也是启齿羞涩，靠的是自行车、单干，在几家证券部来回跑上一圈，为的是“价比三家”，各证券部总有差价存在。甲处9.8万元进一笔，然后乙地10万元抛出，一趟便可净落2000元，一趟如此，若一天五趟下来，那还得了。

不过这对炒股专业户来说，也是初级阶段。这样干的效率低，不符合“时间就是金钱，效率就是生命”的宗旨。进入20世纪90年代炒股专业户们已不再是身骑脚踏车，一个人跑单帮了，如今是鸟枪换炮，今非昔比。几个人打联手，装备精良。摩托车、小汽车一应俱全。腰挎步话机，神气十足，几个人分头把关。各个证券公司都有自己的人“常驻”，随时通报行情。一声买进或卖出，摩托车、小汽车便一路冒着烟飞驰到指定的证券部，于是“不尽钞票滚滚来”！

但是无意之中，步话机有一天突然接到了交通岗的呼号，炒股专业户们为之怅然，你能听到交通岗的呼叫，那么人家当然可以听到你的呼叫。这是炒股票，保密情报重要，得改进装备，科技早已发达到无止境的地步了，只要你想改装还不是举手之劳。于是步话机改成了无线移动式电话。香港时髦地称为“大哥大”。至于为什么将移动式电话称为“大哥大”真是不得而知，但有一点很清楚，这里电话开户费就是2万多元，而且是“双收费”，也就是打出或是打进都要收费，而且每分钟据说就得收费0.5元，几笔费用合在一起，对常人来说，只能是瞠目结舌。“炒股专业户们”早已是腰缠万贯，这一点投资不过是九牛之一毛。“炒爷”们买进抛出，如此便利，绝非是从证券部购进。因为虽然已有大小12家证券部，但是“买股票难，难于上青天”，证券部也经常是无货可售。于是人们的眼睛纷纷转向场外交易，于是黑市交易便成了举世瞩目的一朵娇花。因为是娇花，身价自然要高，高得让人眼花缭乱。黑市价格往往要比证券公司的挂牌价格高出一倍，甚至更高。按照6月底发展股票的市价为24元，而到了黑市则变成了48元、52元，可是这种价格居然还有人在那里交易。更有甚者，许多新股民本来就是高价位入市，可还没入白市便进了黑市。据有关资料记载：一位妇女曾以290元/股的价格买进100股。这个价格足令人目瞪口呆了，当笔者见到这个数字时都有些手脚冰凉，脊背涌汗，阴森的气氛笼罩全身。然而令人惊奇的是，几天以后，黑市价格居然高到320元/股。有人说现在买股票犹如玩传火盆游戏，鼓声一停，火盆传到谁手上谁就遭殃。与此同时，一些未经批准发行的股份公司瞅准人们求股心切而又“股不应求”这一时机，擅自在社会上招股集资，自印股票，自办交易市场，自办过户……深圳好像有点“乱”了。

整治股市和筹备建立交易所

1990年，深圳资本市场的发展还仅仅处于初级阶段，无论是市场规模、市场功能，还是市场管理等各方面，都远远不能适应特区经济发展的需要。进一步加强对资本市场的研究和领导，加快其发展步伐，已显得格外必要。

一、调整资本市场领导小组

深圳资本市场领导小组及其下属的专家小组、顾问小组自1988年11月成立以来，有领导、有步骤地推动了深圳资本市场的发展。1989 年 11 月，市政府决定尽快筹建深圳证券交易所。为了使市资本市场建设的各项工作更好地协调配合，市政府调整了市资本市场领导小组的成员。

（一）领导小组。小组职能：（1）在市政府领导下，领导和推动深圳资本市场筹建和发展的有关工作。（2）领导专家小组研究、制定发展深圳资本市场的有关政策、法规及工作计划等，并对实施情况进行检查和指导。（3）审议和批准专家小组和顾问小组的建议和报告。（4）定期或不定期向市政府报告资本市场发展情况，提出建议和对策。

（二）专家小组。小组职能：（1）按照领导小组要求，做好深圳资本市场有关政策、法规及工作计划等起草和修改工作。（2）加强调查研究，及时向领导小组反馈资本市场发展中的信息，并提出改进意见。（3）参与企业股份制改造方案的拟定工作。（4）负责有关人员的技术培训工作。

（三）顾问小组（香港新鸿基有限公司）。小组职能：（1）向领导提供有关政策、法规和方案的咨询意见。（2）向专家小组提供咨询，并协助其准备有关方案及健全制度。（3）在必要时参与专家小组的一些具体工作。（4）协助专家小组，培训深圳资本市场管理及运作人员。

经过探索与实践，深圳证券市场取得了一些实质性进展。其主要标志：（1）发行市场已具有一定规模。到 1990 年 9 月为止，深圳特区仅股票发行总额已达 2.7 亿元，包括其他各类证券，总额不下 4 亿—5 亿元。（2）证券转让日益活跃。1989 年仅国库券和金融债券买卖累计成交 8117 万元。1990 年，股票上市量和交易量日益增加，继发展银行股票之后，又推出金田、万科、原野、安达股，日交易量从 5 万元、10 万元直升到几十万元、几百万元、上千万元。随着发行量的增长，交易量将会相应扩大。（3）如果仅就以股票形式出现的股份有限公司而言，那时共有 83 家。其中 13 家属于企业股份制改造，70 家属于新建股份公司。就其注册资本而言，83 家中 1000 万元以上的为 6 家，300 万元以上的为 21 家，300 万元以下的为 62 家。其中国有资产参股 41 家，纯私营参股四家。已经公开发行上柜交易的五家公司总市值近50亿元。另有不少企业已在申请公开发行、上柜交易。（4）继"老三家"证券部（特区证券公司、国投证券部、中行证券部）相继开业之后，深圳已有12家公司正式经营证券业务。（5）出席1989年4月14日深圳资本市场领导小组、专家小组、顾问小组联席会议的深港人士一致认为，发展深圳资本市场是十分必要的，有利条件很多。

当时的工作重点是考虑筹组深圳证券交易所，实现"三公"（公开、公平、公正）交易原则，通过股市更有效地吸引珠江三角洲和其他地区的资金以及外资，搞得好的话，极可能使深圳成为珠江三角洲地区的商业和金融中心，带动深圳经济向新的高度发展。为此，市政府加快了证券市场建设的步伐。

在市资本市场领导小组的指挥下，专家小组集中力量，突击借鉴和移植较成功的国际证券市场上的《证券法》《公司法》《投资者保护条例》等法律条例，并草拟成特区证券市场相关的法规草案及市资本市场领导小组《关于筹建深圳证券交易所的请示》，于1989年9月8日提供市政府研究。

二、整治深圳股市

1990年5月，股票热像锅炉的过热蒸气在深圳升温，四下蔓延。人们被这热浪牵动着，随着温度的上升，多数人感到一种漂浮，像吸入了几许海洛因，梦想着一夜之间像阿里巴巴一样，独占整整一个山洞的金银财宝。然而股市的变化真是难以预测，幸好，至少当时还没有看见股市有什么风险。人们只有一个念头，买！赚钱！市政府再三忠告市民：股票投资风险自担，入市抉择须小心慎重。人民银行深圳分行再三强令采取限制措施，却无济于事，人们还在狂热地炒着股票。中外记者整天泡在狂热的股市上，将撰写出的此情此景，通过内参、报纸等媒介，很快传遍全国，引起广泛的关注。有的说要关掉股市，有的说调查研究后再解决，各种调研、寻访者也就频频而来。这是关系到股市试验能否继续进行的生死攸关的大事，此时已是决定股市幼苗命运的重要时刻。若治理办法得当，则幼苗可救；若治理不得法，则幼苗会随时夭折。

要使市场规范运作，必须从根本上铲除"黑市"交易。如何从根本上铲除

“黑市”交易，使市场规范运作？所谓“黑市”交易，是指不符合证券交易管理规定的场外非法交易，在深圳证券交易所成立之前，这种交易是在合法柜台交易之外进行的交易。

自1990年上半年始，深圳市场的“黑市”交易，即开始显山露水，5月28日，深圳市政府发出《关于加强证券市场管理、取缔场外非法交易的通告》，但人们受趋利心理的影响而屡禁不止。到10月份后，这种非法交易渐渐猖獗起来，交易价格为少数人所操纵，远远高于合法柜台交易的价格。“黑市”交易是一种违反“三公”原则的不法行为，它严重损害了广大投资者的利益，扰乱了证券市场的秩序，并导致了一些不幸事件的发生。

为了彻底肃清“黑市”交易，深圳市有关管理部门出台了一系列措施：11月11日，《深圳特区报》刊文告诫投资者增加风险意识；11月12日，市工商局发布《关于维护我市证券交易市场秩序的通告》，坚决取缔场外非法交易，而深圳证券交易所的开业为杜绝“黑市”交易起了根本性的作用。取缔黑市交易的重要措施就是尽快建立证券交易正规市场。深圳证券交易所已筹备很长一段时间了，进行交易所集中交易的一切准备工作都已就绪，然而由于种种原因，一直未能开业。

1990年11月21日，市政府出台的治理措施包括：（1）坚决查处非法发行的股票；（2）坚持取缔场外非法交易和一些人内外勾结，搞包过户黑市交易；（3）调整涨跌停板每日幅度，涨幅从1%调至0.5%，跌幅仍为5%。在所有措施中，最紧迫的是把深圳证券交易所尽快建立起来，正式开展集中交易业务。

早在1988年5月，当时的深圳市委书记、市长李灏同志率团赴英、法、意三国进行考察时，在伦敦举行过一次有金融界人士参加的座谈会，主题是吸引外商投资问题。欧洲的许多互惠基金及单位信托基金的经理参加了这次座谈会，他们向李灏介绍欧美国家各种基金的数额很大，愿意向中国特别是深圳等沿海城市投资，但是基金的投资方式主要是股票、债券，一般不直接投资于实业。所以，在他们这些投资基金的投资组合中，股票、债券占了相当大的比例。他们建议中国应尽快建立规范的证券交易机构，为他们提供进入中国证券市场的投资场所。

从利用外资的角度看，建立起证券交易机构，可以在证券市场上源源不断地筹得发展资金。从深圳特区的实际出发，要利用政策优势，创建资本市场，通过这个市场，使企业筹得更多的资金，转换企业运行机制，调整特区产业结构，提高经济效益。现代证券市场的特点是：交易量十分巨大，金融创新不断涌现，证券市场具有“风险定价”的功能，从而指导新资本的积累和分配。因此，它对各国经济的发展都具有十分重要的意义。

从欧洲回到香港，李灏会见了香港新鸿基公司董事长冯永祥先生，谈了深圳要充分利用政策优势，创建按国际惯例运作的深圳证券市场的想法。冯先生向李灏介绍了现代证券市场的架构：股票、债券等有价证券属“特殊商品”；这种“特殊商品”要在“特殊商店”——“证券交易所”挂牌“集中交易”；证券公司（或证券部）是“特殊售货员”，在他们的柜台可以接受客户委托，然后通过他们派驻证券交易所的出市代表（红马甲），代客户买进或卖出股票。可见，搞股份制，实行市场经济，少不了按国际惯例运作的证券交易所。

这时，李灏同志深感特区这方面的专业人才不足。怎么办？李灏向冯永祥先生提出了三个请求：第一，聘请冯先生为深圳金融证券业顾问；第二，请新鸿基公司协助起草发展深圳证券市场的总体规划，包括组织架构和法规制订等；第三，帮助深圳培训金融证券方面的专业干部。

冯永祥一一答应了，而且立即付诸行动，在给市体改委参谋起草总体方案的同时，冯永祥派高级助手到深圳，从1988年6月到9月，连着办了四期培训班，传授金融证券方面的专业知识，讲解发展资本市场的基本理论。

市政府和市人行领导知道我几年前在日本专门学习过证券和证券交易，决定从此时起将我从市中行调出来，用我所长，集中精力，专门从事资本市场筹建的技术性工作，所以第一期培训班我也参加了。

按照李灏书记的初衷，是想把深圳的资本市场按照国际惯例搞起来，但1988年，全国仅深圳一地是作为全国的股市试点，这便立刻与国际惯例形成了矛盾。根据国际惯例，国家应有一个专门的对股市进行管理的机构——证券管理委员会。

但是在当时我们国家没有一种全国性的股市气氛。1988 年的深圳股市堪称是国家的独生子。因此，国家不可能专门为深圳一地组建一个证券委员会。所以，1988 年 11 月，深圳市委、市政府决定建立“深圳资本市场领导小组”，负责金融的副市长张鸿义担任这个机构的组长，下设两个小组：专家小组和顾问小组。

专家小组一开始由经济学博士汤学义、周道志和我负责。1989 年春天，汤学义因去香港工作，市政府决定我任专家小组组长，周道志任副组长。我这个在日本学习证券的留学生，经过长期“学非所用”之后，总算可以显显身手了，我的使命是按领导小组的意见，先组织人马，翻译香港的一套法律文件。然后，借鉴移植这些境外的法律法规，结合深圳特区实际，起草特区证券市场相应的法规草案，供市政府研究。从 1988 年 11 月成立深圳资本市场领导小组以来，专家小组一头扎进资料堆，一干就是四五个月。

这时，深圳资本市场领导小组还下设一个办公室，周道志任办公室主任。不论办公室，还是专家小组均是钱无一分，纸无一张。于是，最初我和周道志是在我家的大厅里办公，起草资本市场发展规划等。接着，我于 1989 年春天向中行借了一套家属宿舍和桌椅床铺及被褥等用品，我和周道志在这里办公。几个翻译海外《公司法》《证券法》等资料的研究生，既在这里办公，又在这里食宿。办公经费是市投资管理公司借给市资本市场领导小组办公室的 20 万元无息贷款。我们精打细算，事事节约，花钱不多，这 20 万元存在银行里还有点利息，到深圳证券交易所开始筹备时，这笔钱由我和周道志协商转至深交所筹备小组使用和负责偿还。专家小组的工作得到新鸿基公司的支持，他们说：“你们译吧！译完后给我们一套汉字法规。”

深圳人的大胆举动，颇得海外同人的赞誉。5 个月过去了，《香港证券条例》《香港联交所组织大纲》等，被一一翻译就绪，洋洋洒洒 200 多万字。顾问小组方面，主要是由新鸿基公司派人组成，负责提供各种咨询。各路专家、行家对于股市的混乱、股价的暴涨忧心忡忡。他们呼吁股市须治本，这也正是深圳市委、市政府的决心。深圳股市的成败影响的不仅仅是深圳特区自身，如果深圳股市试验失败，股份制改革将在中国更加步履艰难。相反，如果深圳的试验成功，且不论为改革做出多大贡献，首先应当说给全国的7500亿元游资开拓了一个投资渠道。仅就这一点而言，等于是为中国解决了普遍存在的资金短缺的难题。所以股市的成功意义重大。

但是，在当时对于是否要搞股份制、搞资本市场，还停留在所有制姓“资”姓“社”的争论上，所以这项改革难度很大。深圳提出建立资本市场之后，有人不理解，便打电话向市政府质问:“为什么搞资本主义市场？”为此，市里还让我这个身为专家小组的组长写了一个关于什么是资本市场的简介。后来，有人提出，干脆用证券市场代替资本市场。这个建议结果被采纳了，但证券市场比资本市场的内涵却缩小了许多。

1989年11月15日，市政府下达了《关于同意成立深圳证券交易所的批复》。文件下达后，便成立了深圳证券交易所筹备小组，这时的主要成员只有王健和我。王健任筹备小组组长，我兼任专家小组组长，我们两人共同开展深交所筹建工作。

1989年11月16日，《香港经济日报》报道:“深圳证券交易所明秋启业。副市长张鸿义昨天表示，有关证券交易的四项法规（即《深圳特区证券市场管理暂行规定》《深圳特区债券发行暂行办法》《深圳特区股票发行暂行办法》《深圳市人民政府证券交易委员会组织大纲》）已定稿待审议，而交易所场址亦正筹办当中，如一切进展顺利，证券交易所可望明年开业。”“他表示有关证券交易法规……交易所章程等已定稿审议，另外公司条例及会计制度的拟定亦正积极草拟，广东省以及跨省企业均可申请上市。”

为了集思广益制定出经得起实践检验的深圳证券交易管理的规范文件，在广泛征求深港两地专家意见并进行修改的基础上，张鸿义副市长亲自召集市法制局、市人行、市投资管理公司、市工商局、市财政局、市税务局、市司法局、市体改委、市多家会计师事务所等单位领导同志，以及市资本市场专家小组和深交所筹备小组的有关负责人，于1990年1月22日至23日，对上述证券法规草案进行讨论，反复论证，再次吸收各方面的意见和建议，责成我负责修改。

春节期间，专家小组牺牲休息时间，趁热打铁，全面修改上述法规草案，并重新打印。新的讨论稿出来后，我和王健会同市人行的周道志同志，进行再讨论、再修改。我们计划在 1990 年 5 月份请国家体改委和人行总行有关专家来深圳，同我们一起对草案进行一次讨论、修改，使其既符合国际惯例，又符合深圳的实际情况。最后，再提交市政府以暂行办法的形式对上述草案予以审定，以便使深圳证券市场的管理有章可循，并通过实践的检验使其不断丰富和完善。与此同时，深圳也在加快有关的改革配套工作。当时，市财政局正抓紧统一规范的会计准则的拟定；市税务局正抓紧深圳证券市场税制的拟定；市法制局正在抓紧公司条例修订。

筹建深圳证券交易所伊始，从某种意义上说，和开始组建专家小组一样，钱无一分，纸无一张。有所不同的是当时有我和汤学义及周道志三条汉子，而后来，只有我和王健两个人。我和王健商定：先找财源。由我出面和周道志协商，把市投资管理公司原来贷给市资本市场领导小组的那 20 万元办公经费转至深交所筹备小组名下，用我的私章，配以深交所筹备小组的公章，去银行办理开立新账户和存取款等手续。有了钱，接着找“窝”。市物业集团在国贸大厦三楼腾出的几间仓库成了我们的办公室。

1989 年 12 月，在那几间仓库还未装修成深交所筹备小组的办公室之前，我只好到王健家里商议有关筹建工作。这时，王健的家又成了我们的办公室。就在他家的饭桌上，我们共同起草了《深圳证券交易所筹建方案》。这个方案由我拿到市中行打印。

从几家银行和投资管理公司等单位借来的人员相继到位。这时，深交所筹备小组除了王健和我之外，工作人员已有王卫卫、麻昉、许建和、曾宇标、张桂淑、杨卓鑫等。不久，我们请来了打字员李红。她打字又快，又准确，效率很高。在深交所筹备期间，我估计，她打印的深交所业务规则、报告等资料不下 200 万字。这些资料打印了，改写，再打印，再改写，反反复复，不知修改过多少次。

经过几个月奋战，《深圳证券交易所可行性报告》的第二稿出来了。这是在

1989年3月第一稿的基础上，再经过一年多的社会调查而修改成的报告。1990年3月，这个报告放到了决策者的案头上。

这个可行性分析报告（第二稿），今天看来很保守，但在当时已算是够大胆了。写这个报告的目的，是在获市政府同意后，我们带着它到北京去汇报。

1990年4月3日，我和王健、周道志、麻昉、张桂淑等到香港的联交所、期交所和证监会学习考察，征求他们对可行性分析报告及筹建深交所的意见和建议。

1990年4月23日，《深圳证券交易所股东入股协议书》全部签字完毕。拟注册资本人民币1000万元。经协商，深圳证券交易所由下列单位投资入股组成：

深圳市投资管理公司

深圳市物业总公司

市建行

招商银行

深业投资发展有限公司

中国有色金属深圳财务公司

深圳经济特区证券公司

深圳经济特区发展财务有限公司

市农行信托公司

市工行信托投资公司

市中行信托投资公司

深圳国际信托总公司

广信深圳分公司

1990年5月，我和王健以及曾柯林等人赴京，向中国人民银行总行汇报。接待我们的是时任金管司司长。他在听取了我们筹建深交所的工作汇报后对我说：“老禹，深圳证券交易所这个名字太敏感。依我看，名字暂为深圳证券市场好，可以立即开展工作。”

我问他：“这和菜市场、肉市场有什么区别？”

他回答："你不懂，先用这个名，以后成功了可以更名嘛！"

我恍然大悟，还是司长有策略。

从北京回来后，我们在筹备小组所有的筹建资料上都"改名换姓"，统一使用"深圳证券市场"这一名称。之后，我们又将名称改为"深圳证券交易中心"，既不想再使用"市场"这两个字，也不敢让证券交易的"所"字公开露面。好在1990年12月1日深交所开市之前，又还原到"深圳证券交易所"这个正名上。太鼓舞人心了！

深圳证券交易所正式开业运行

1990年8月22日，深圳市政府任命禹国刚和王健为深圳证券交易所副总经理，由王健主持工作。

1990年11月22日，李灏、郑良玉、张鸿义等市领导一行，到国投大厦15楼视察深圳证券交易所筹备工作。会上，王健和我将深圳股市当时柜台交易的混乱情况，再一次进行了汇报，重申事情的严重性。此外，我们还汇报了交易所的筹备情况，并当场做了表演。我们一边做着表演，一边介绍说，现在一切就绪，完全可以开业。电脑的显示屏不停地出现着各种数据，滴滴答答的闪光吸引着市领导的兴趣。最后，筹备组的人说："看看我们这样做规范不规范？"这样能克服许多弊病。因为实现了自动撮合、自动过户，大量的人为搞鬼便没了机会。实际问题是，乱就乱在这两个环节一直是被人用手工操作。如果这个操作再有一点儿私利混杂其中，搞鬼岂不是举手之劳，直至此时，市领导心里有了底数：股市不能混乱下去。

在这天的汇报中，我还向市领导讲了自己的一些看法："深圳的证券市场乱到目前这种程度，原因就是证券交易所没有尽早开业。我们如果现在把交易所运转起来，把全市交易集中起来管理，现行股市上70%—80%的弊端我们保证把它干掉。"

李灏书记与郑良玉市长说:“今天就是拍板来的。”

我和王健见此状，觉得时机已到，再不能放过这次机会，马上表示:“只要你们敢拍板，我们明天就能开业。”李灏书记与郑良玉市长闻听，心里十分高兴。

趁热打铁，我接着说:“我们做事情当然还要讲一点策略。我们在给北京的报告中要讲明我们是为了集中交易，加强管理，这是符合北京指示精神的。这种开业，定会得到北京支持。”

“你们打算什么时候开业？”张鸿义副市长紧逼不放，急切地询问着我和王健。

“你们今天拍板，我们明天就开业，我们一切准备好了，早就等急了，你们一声令下，我们就冲锋陷阵。”

当天，听到市领导的表态，我和王健都百感交集。我们苦苦期待，终于听到了点将台的鼓声。我们还有什么可犹犹豫豫的呢？我们所盼、我们所求的不就是市里一声令下，便会义无反顾地一头冲上去！

“还是准备得好一点儿！”李灏书记虽然是这样说，但从表情上也能知其心切之情。

“那好，12月1日开业！”我和王健兴奋之情溢于言表。就这样，1990年12月1日成了深交所上上下下日夜企盼的日子。

李灏书记及郑良玉市长遂下最后决断:“此事今天就拍板定了！”我和王健两条汉子，激动得热泪盈眶！

创立深交所，李灏、周建南功不可没

李灏同志多次进京向中央及国家有关部门陈述集中交易、加强管理、根治黑市交易，建立健全有序、高效、安全的证券交易所的必要性，争取中央有关部门的批准。

当时，我国多个城市都要求建立证券交易所，竞争异常激烈。建立深圳证券交易所能得到中央批准的原因是多方面的，比如：深圳得改革开放春风之先，深圳资本市场比较发达等，但是李灏、周建南同志功不可没。李灏与他的同事们努力上面已详述，原电子工业部部长周建南也起了很大作用。1990 年 11 月，江泽民总书记趁来深圳参加特区建立 10 周年庆典之机，约刘鸿儒谈过建立股市的问题；回北京以后，总书记专门请周建南到深圳进行调研。周建南在深圳进行了几个月的认真、全面的研究，最终向中央建议应该建立深交所。

此后，江泽民同志做出指示，同意股市继续试点，但暂限于深圳和上海两个城市。

（作者时任深圳证券交易所副总经理）

尉文渊　**上海证券交易所的创办**

上海迈开了建立证券交易所的步伐

我原是普陀区委宣传部的干部，1979 年考进上海财经大学就读财政金融专业。1983 年大学毕业以后，被分配到北京，在国家审计署工作。1989 年 11 月调回上海，在中国人民银行上海分行金融行政管理处工作。金融行政管理处的工作职责之一，是管理证券市场，我就分管这方面的工作，我与证券市场的联系就此开始。

事实上，在我回到上海的时候，上海的证券市场已经起步，当时有小飞乐、电真空等公司发行的股票在工行信托静安区营业部进行股票的柜台交易，杨百万已经有些名气了。

1989 年底的时候，有王波明、高西庆等几个留美归国的学生在北京联络了国家体改委等几家单位成立了中国证券市场联合研究设计办公室（简称“联办”），在北京推动证券市场发展的工作，他们感到在上海比较具备发展的条件。于是由联办的总干事长经叔平同志到上海与朱镕基市长商量配合浦东开发开放，建立证券交易所的工作，得到了朱镕基市长的赞成，上海由此迈开了建立证券交易所的步伐。尽管中央高层如何决策的情况我不了解，但有一点可以确认的是，在上海建立证券交易所，建立资本市场，是邓小平认可的。

为了推进证券交易所和资本市场的建立，上海成立了一个“三人领导小组”，分别为上海体制改革委员会主任贺高圣、中国人民银行上海分行行长龚浩成、中国交通银行董事长李祥瑞。“三人领导小组”直接对朱镕基市长负责，对上海证券交易所的成立提出意见和方案，协调各方面的工作。具体的筹备工作则由中国人民银行具体负责，这项工作任务就落到了金融行政管理处。于是抽调了人员，成立了一个筹备小组。当时我并没有参与这项工作，而是金融行政管理处的老处长王定甫去具体负责。这个时候，中国人民银行行长找我谈话，说老王离开了，这个处的工作就交给你了。我当时想，我不懂股票这东西，于是也就全心全意地把工作重点放在金融行政管理方面了，主要是金融机构设立的审批、债券和短期融资券的发行审批等等。当时中国人民银行最重要的部门有三个：一个是计划，负责资金、信贷指标的管理等；一个是金融行政，包括全部金融机构和金融市场的管理等；一个是外汇管理。现在，这个金融行政管理处已经变成了银监、证监、保监三个局。

正式开始筹备

1990 年 5 月，上海市长朱镕基带了一个代表团出访，到新加坡、到美国。我的理解是，在西方有关国家对我国实行制裁的背景下，朱镕基市长出访，是要打破封锁，是要宣传我国继续改革开放的政策。朱镕基市长在出访期间对外宣布：上海要建立证券交易所，当年就要开业。

朱镕基市长在海外这么一宣布，给证券市场的筹备工作带来了巨大的压力。因为这个时候，筹建工作基本仍处于务虚阶段，实质性的进展不多。为了加强筹备工作，中国人民银行决定充实筹备工作班子。见此，我对银行领导说，我还年轻，曾经当过兵，吃得起苦，筹备工作我来搞吧。领导们经过商量，觉得我的想法有可行性，让年轻人锻炼锻炼也蛮好的，于是就决定让我来负责具体筹备工作。

我是1990年7月3日接到通知，正式参加筹备工作的，担任了筹备小组的组长，“三人领导小组”下就是我。领导交给我的两件工作是：第一，把证券交易所建立起来。第二，找好接班人，再回来。

筹备工作是很艰难的。当时主要是不懂，就说筹备组人员，我接手的时候只有两三个人，后来才增加到五六个人，到开业的时候，是21个人。学历最高的是我，本科毕业。人员全部是“土”的，都是从中国人民银行系统抽过来的，没有一个是留过洋的，也没有一个是到国外去考察过的。只有我和少数几个人曾经从事过中国人民银行管理国库券和证券的工作，对股票有一个概念，但是对股票是怎样交易的，没有一个人知道，专业工作经历可以说几乎为零。要办这样大的一件大事情，筹备人员的这种情况，说给别人听，肯定会不相信的。

按道理，可以到国外去考察一下以后再来搞，但到海外考察在当时是一个非常敏感的问题，不敢随便提。我是一直到1990年11月中旬，开业前的一个月，才有了机会到香港去考察。到香港考察时，上海证券交易所已经基本成型，马上就要开业了。所以，到香港考察，我心里非常紧张。我们一直在“闭门造车”，如果搞的交易所不像个交易所，那怎么交代呀。

在当时，我们只能闭着眼睛做。手头没有什么资料可以参考，去找旧上海的资料，也只找到旧上海证券交易所的章程，其他的什么也没有。后来，我们请了一些旧上海证券交易所的老经纪人来咨询，但他们也说不出多少道道。因为，那个时候的上海是在半殖民地半封建的国情下，抗战刚结束，内战又开始了。由于连年战乱，民族经济没有发展，资本市场根本就没有形成自己的体系。为此，我们只能自己从一点点的资料中去摸索，从一个个的概念中去理解、去推理。所以，我们交易所的方案既没有抄袭过谁，也没有人为我们设计过什么，完全是我们自己根据基本概念推导出来的。

深圳证券交易所有一个副总经理，叫禹国刚。我对他说：“老禹啊，我的证券知识是看你的书学来的。”

他写了一本书《证券与股票》，是讲概念的。书的封面有一张照片，是香港证券交易所大厅的，使我们了解了证券交易大厅的样式。刚开始时，我们筹备组有人提出，证券交易大厅是否每人前面放一张写字台，现在想来，这实在是挺外行的，但是当时就是那个状况，就像从来没有见过五星级酒店，根本就想象不出五星级酒店是怎么个模样一样。

筹备证券交易所涉及的一个大问题，是选址。当时中国人民银行上海分行龚浩成行长的要求是：交易所要设在黄浦区，黄浦区是上海金融机构集中的地方，我就按这一要求去选址。想着要找一个大的地方，在脑子里面有一个“厅”的概念，于是跑了许多地方，当时筹备小组还没有车辆，只能迈开两条腿走。

我们先在南外滩，55 路终点站那里找。看到有仓库，看到有大房子，就进去看一下。我还到了北京东路的铁路售票大厅、金陵东路外滩口的轮船售票大厅也去看过。旧上海的交易所设在汉口路，那里也去看了，那里现在是七十二家房客，也不合适。不知道看了多少地方。后来准备到邮电局在苏州河边上的仓库里面去选了，我已经快绝望了。

正在这个时候，有同志提醒我说，上海大厦那里可能有合适的地方，可以去看看。于是，在很热的一天，我到了上海大厦，上海大厦总经理带我去看了位于外白渡桥桥堍的浦江饭店旅游餐厅，第一眼我就认为这正是我要找的地方，一个充满了欧洲古典风情的大厅，于是上海证券交易所就选设在这里了。

整个选址的过程大概用了一个半月，终于找到了，我一下高兴了起来。但回去一汇报，大家说，不对呀，浦江饭店位于苏州河北岸，属虹口区。后来，龚行长认为，就过一座外白渡桥，可以看成是黄浦区的延伸。

筹备证券交易所涉及的另外一个重大问题是，股票的交易规则该怎么制定，股票的交易模式又应该是怎样的，什么样的公司能够上市，上市标准该怎么制定，当时都不知道。我们现在知道了，股票交易要 T+0、T+1 什么的，还要电脑交易，但当时都不理解。我们要对证券市场进行策划、进行设计，首先要对证券市场有一个总体的把握，但当时我们做不到，所以难度非常大。筹备工作要吃苦、要受苦，这没有什么，最大的问题是不懂。其中有时也带有想当然的成分在工作。

我当时是没日没夜地工作。白天在外面跑,晚上回到办公室,与大家群策群力商量章程、规则,修改文件,后来许多东西,包括章程、规则什么的,我都动过笔。证券交易有公正、公开、公平的要求,按照这个要求和原理,去推导、制定,最终形成了一套东西。

一开业就实现电子化

在创立上海证券交易所时一个比较大的,并且对后面影响深远的问题,就是交易方式问题。当时,我们看到香港交易所的照片,桌子上放了电脑,但是交易员还要经常离开座位去进行交易,我们看不懂为什么是这样的。等以后到了香港才知道,香港交易所不是用电脑交易,而是个行情资讯系统。

我们在讨论交易方式的问题时,产生了很多不同意见,说没必要搞电脑交易,那个太高级、太难,加上我们没有几家上市公司。确实,当时我们的上市公司很少,柜台交易的只有 2 家,上交所开业时候的 8 家上市公司是硬凑起来的(也就是大家常说的“老八股”)。交易很难形成一个很热烈的氛围,所以还认为应该搞口头交易,打手势。但问题是口头竞价怎么竞法?没人能回答这个问题。

在讨论中,大家的理念逐渐发生了变化,我认为口头竞价是最古老的方式,距今 200 多年前美国的橡树下交易是这样做的,旧上海的 20 世纪 30 年代也是这样做的。过了 50 年,难道我们还要重复历史老古董吗?现在高科技发展很快,我们不能无视科技发展趋势,于是我就下决心要试试电脑交易。

当时从中国人民银行借了 500 万元开办经费,我就用 100 万元开发电脑交易系统。筹备组的谢玮同志和深圳的黎明公司在很短的时间内开发电脑交易软件,因为时间仓促,到交易所开业的时候,系统还没有做测试。等到开业锣声敲响,电脑交易系统成功运转了,大家围抱在一起,开心地笑呀、跳呀。

现在,回过头从技术层面看,上海证券交易所一开业就实现电子化,这是非常重要的。我国的金融电子化是从这里起步的,它产生了重大的影响。现在我们国家，无论是银行、保险，还是其他的商务系统、企业系统，电子化水平最高的是证券行业，从证券交易所，一直延伸到柜台，安全性高，普及面广，效率很高。我从上交所离职的时候，上交所有6000台交易终端能够同时运用，场内4000台，主要是上海本地的；场外2000台，是分布在各省市的，通过卫星传输，可以讲这是一个全球最大的商务在线网络。

实行无纸化交易

在电脑交易的基础上，派生出了股票交易的无纸化。没有电子化，就不可能有无纸化。在交易所刚开业时，交易是电子化的，但交收还是实物化的，我卖给你多少股票，你买我多少股票，成交以后是要交付股票实物凭证的。

那么，它是怎么走向无纸化的呢？

在交易所开业当天，我病倒了，发高热，被送到医院，住了1个月。出院回来以后，我看到交易所每天的交易清算，股票堆了一大堆，客户把股票交给证券公司，证券公司交到交易所，交易所按照买卖双方的记录要配对、背书，再登记，做过户记录什么的，再把股票交给证券公司，转给客户。当时的交收时间是T+4，就是股票成交后的第4天交给客户，但是因为手续繁杂，往往不能按时交收，有的股票甚至弄到后来还找不到了。我感到这样下去不是个办法，要解决。也正在这个时候，上海的“两会”开了，对证券交易所的提案来了，提案反映交易所外面有股票黑市交易，投机倒把现象严重。那个时候，为了控制股票交易的风险，我们搞涨跌停制度，这样一来，股票的涨幅受到控制，场内不能涨，于是有人就进行场外交易。

为了解决问题，我们首先从打击黑市入手。当时明确，没有经过场内成交的，交易所一律不认可。于是就形成了这样一种情况，有没有股票不是唯一的，关键是要在交易所场内有没有交易的记录，未经交易所场内交易的，一律不给予办理股票交易过户，即使手持股票，也没有相应的权益，这个情况就启发我们思考取消股票实物凭证的可能性。当时我想到，现在我们的银行有信用卡，客户在银行有一个账户，不经过现金纸币也一样能进行交易；我们也可以为股票投资者搞一个股票账户，记录股票的持有情况，交易后，就做电子数据更新，来取代股票的实物。为此，上海证券交易所在1990年12月19日开业三个多月后，大概是1991年三、四月间，就决定要搞股票电子账户。不过，当时还没有意识到这是无纸化，只是认为这样做能够解决问题，能够提高效率。开始的时候，是搞了一本像银行活期存款存折那样的本子，交易一笔登记一笔。后来发现不行，于是就换成了磁卡。

实行无纸化的初期，难度是非常大的。因为搞电子账户登记的时候，要求股民把实物股票交出来。那个时候的股民，大部分是老工商业者。上海股民年轻化是1992年以后的事了，当时发认购证，推动了股民的大众化和年轻化。最初的股民大部分是些老人，经历过旧上海的股票市场，知道股票是怎么回事，他们不愿意将实物股票交出来，担心由此会损害自己的权益。没有了实物股票，我说我有1万股股票，怎么来证明呢？工作一时很难做。为此，除了解释、劝说外，还采取了强制措施。你可以不把股票实物交上来，但是不能在交易所进行交易，这样，经过半年时间的努力，1991年10月，终于全面推行了无纸化交易，“老八股”的实物股票绝大部分回收上来了，第九个上市的股票“兴业房产”印好了没有发下去。之后发行的股票就再也没有印刷纸制股票了。

1992年在发行B股的时候，面对香港、国外的投资者，推行无纸化交易也同样经历了一个艰难的历程，说服这些国际投资人难度更大。但是我们下决心坚持，最终在B股上也全面实行了无纸化交易。

后来，在1993年的下半年，在和财政部商讨推动国债市场的发展时，把上交所无纸化交易的概念和体系引入了国债的发行和交易。从此，大家过去几乎人人都持有的5元、10元面值的国库券实物也退出了市场。由此中国国债市场也进入无纸化。

无纸化大大地提高了市场效率，我们A股的交收由T+4跃进到T+1，B股股票交收是 T+1，资金因为是国际间结算的关系，仍旧实行 T+4，如果实物交易，是根本不可能的。深圳证券交易所开始的时候没有实行无纸化，因此它要发展异地业务首先要成立清算公司，解决股票的实物保管、交收的问题。这也是深圳市场初期发展没有上海发展快的原因之一。

无纸化后，怎么让股民放心呢？我们就设想在进行交易后打印一张凭证给股民，于是产生了交割单。这个过程可以说是典型的“摸着石头过河”。后来上海要征收股票交易印花税，税务局感到这件事情难以操作，因为有这么多股民，每天这么多笔的交易，怎么征税以及发放完税凭证？财税部门和我们共同商议，感到可以利用交割单来完成这项工作，于是在交割单上增加了印花税交税条目，并且报税务部门备案，由此交割单成为有效的法定税单。

无纸化是一个非常先进的交易模式，1992 年，我出访美国，有一个节目是参观美国由 33 家银行联合构建的证券联合交收体系。当时我们是准备听课学习的。结果，美国同行说，你们做得比我们好，我们要请你们讲课。这使我们感到意外。因为我们当时总是很自卑的，总觉得我们太渺小，美国非常强大。

升级电子化系统

1992 年以后，随着证券市场的发展，上海证券交易所原来的电子交易系统不适应了。当时，由于放开了股票交易价格，以及新的上市公司上市交易，交易量递增，交易指令输入电脑后半个小时仍没有反应。报进去的单子撤也撤不了。当时股民的投诉多得不得了。

为此，1992 年 10 月我们和惠普中国有限公司签订了电子计算机系统升级、扩容的相关协议，要求两个月完成这项工作。到了当年的 12 月，惠普公司在合同期内按时完成了系统升级工作，我连忙问能够使用吗？对方回答说不行，还需要大约半年的时间进行测试。

听说要半年，我差点急得跳了起来，希望明天就能够使用。但是对方说，这是讲科学的，不能乱来。他们向我解释测试是按照交易的要求来进行的，我说我懂了，我来帮助你测试，这将大大缩短测试时间。

于是我要求，每天3点大盘收盘以后，红马甲一个也不准走，全部留下来，让交易所把系统切换到新的系统中去，让红马甲像在进行真的交易那样去操作，打数据。我告诉大家，你们原来的操作是有指令的，现在你们想怎么买就怎么买，要求以最苛刻的条件进行操作，你们的任务是把系统打死，谁把系统打死，奖励1000元。我的想法是要形成真实的交易环境，这样对系统可能存在的问题就能够找出来了。

第一场打下来，真的出问题了，国债买卖输入不进去。一查，毛病出在交易数量的设定上，国债是1000元面值一手，而股票是100元面值一手。有5个红马甲发现了这个问题。

第二场又发现了T+0交易程序设定的错误，无纸化使T+4变成了T+1。当时，我并没有想到要去改变它，因为它的效率已经是当时全世界最快的了。然而在这次电脑系统升级后，软件工程师告诉我，我们的系统有了这样一个功能，就是实时进行股票账户的交易数据更新，就是说在买入股票后马上就能够进行反向操作卖出，这也就是我们所说的T+0交易。我拿不准，咨询了一下有关领导的意见，大家认为这没什么不好，于是我就决定上海证券交易所实行T+0交易。

在模拟测试时，有交易员发现买进了100手股票，卖出最多只能是99手。问题在哪?一查，原来是系统设定上存在疏漏，按照我们的交易制度，不能“做空”，卖出股票的数字只能“小于”或“等于”买入数，但实际上编写的软件缺少了“等于”数这个概念。我们仅用了两天时间，就完成了新交易系统的测试，立刻就投入了使用。

从那以后，上海证券交易所的交易能力大大增强了，到1994年已经做到一天150多亿元以上的成交额了。

我感到，上海证券交易所电子化系统的建设，是我们中国资本市场的一笔很宝贵的财富，我们在发展初期就有非常高的定位，非常超前的意识，比较彻底地解决了中国资本市场发展的技术基础问题。邓小平说，科学技术是第一生产力，我对这个问题的感受是比较深的。没有电子化的这套系统，很难想象上海的证券交易能够扩展到西藏、新疆，扩展到全国各地，能够承受现在每天数千万笔这么大、要求这么及时的交易量。

再说无纸化，现在我们上市的股票有几万亿股。如果还是搞实物的话，不仅市场效率很低，也会造成巨大的社会资源浪费。人民币要防伪，股票与人民币相比它的权益性还要高。国库券过去我们的印刷、运输、保管和警卫等所发生的费用，要占到整个发行金额的3%—5%，股票就更加高了。就算1张股票是1元钱的成本，1万亿股就是1万亿元呀。1990年到香港去考察，看到香港的证券公司的仓库里堆满了保管箱，感到看不懂，实际上这就是实物化与无纸化的区别。

电子化的系统也大大提高了为投资者服务的水平，原来老的股票发行、增发和配股、红利发放都是靠证券公司柜台进行操作的，投资人排队去领钱、交钱、办手续。不仅时间长，每次都有许多错误，投资人很艰难。现在都通过电子化的交易和账户系统很好地解决了。现在新股民是很难体会电子化交易之前的老股民们所经历的痛苦的。

对传统管理体系的冲击

上海证券交易所的成立，冲破了很多禁区，对中国的改革开放产生了重要的作用。

证券交易所最初在建立时，在意识形态问题上议论比较多。因为在当时人们的思想中，证券交易所是资本主义经济制度的产物。开了证券交易所，再开下去是否就要开赌场了。当时，我曾接受过不少国外媒体的采访，海外的很多人士反映中国的政治像迷宫一样看不懂，在人们普遍认为中国要往后退的时候，却突然开起了证券交易所，步子跨得比原来还要大，这让人想不到。

证券市场之所以敏感，首先涉及生产资料公有制这一敏感问题。当时，根据

《宪法》规定，经济是公有制主导，现在企业上市，就意味着企业的所有权通过其股权形式，谁都能够随便买卖，任何人都可以持有。特别是国有企业发行股票，吸纳社会资本，国企的产权变成了商品，这是过去所绝对不允许的。即使是按照当时我们对改革的认识，发展证券市场也不能去影响以公有制为主体的这一指导原则。所以，早期的股份制公司都强调国有股或法人股占大股，国有股份是不能随便买卖的，这就形成了现在国有股减持的历史遗留问题。这就是在意识形态领域"左"的思想的反映，它片面地去理解公有制占主导地位的问题。

其次，在分配领域。当时大部分人对买卖股票存有偏见，党政机关领导干部不得买卖股票，认为你不参加劳动也可以通过买卖股票投机获取差价，也可以不劳而获地通过股票分红来食利，与我们长期以来劳动创造价值、按劳分配的原则形成了很大的冲突。

最后，对传统的计划经济管理体制产生巨大的冲击。资本市场一开，那种高度集中统一的计划经济管理体制、资源分配体制被冲破了。它意味着企业可以通过市场去筹集资金；资源配置也可以脱离国家高度集中的管理体制，通过市场流动完成。这个问题我们现在感受不到，但是在 1990 年、1991 年矛盾非常突出。比如，当时是地方划块管理的，资金异地流动受到严格控制，金融机构是不能异地去发展的。然而，证券交易所开业第一天，就有浙江凤凰这样的外地公司在上海挂牌交易，上海以外的投资人也可以在上海市场自由参与投资，上交所开业时的 16 家会员中就吸纳了北京、浙江等外地的金融机构作为会员。这都是对传统管理体系的一种冲击。

大家都了解 1992 年上海文化广场的股票大超市，这个事情的发生就是与原有传统的计划经济体制的束缚相关联的。因为，在 1992 年发放股票认购证以后，股民迅速增加，而股票交易网点严重不足，外地的金融机构参与了上海证券交易所，但是在上海不准开设营业部。

上海证券交易所所在的浦江饭店旁边设立的是爱建证券营业部。我经常凌晨一二点下班回家，看到许多投资者在证券营业部门口排队，五六月他们干脆拿着躺椅，睡在那里，我问他们为什么通宵排队？投资者回答说是在排队领委托单。因为跑道太少，证券公司每天只能完成有限的交易委托，往往保证大户，不管散户。如果领不到委托单，只能花 250 元的黑市价格去购买上交所规定的 1 元工本费的委托单。

金融主管部门按照规定管理金融机构的设立问题，无可厚非，但是市场存在这样严重的问题，也必须想办法去解决。商量来商量去，正在这个时候，《上海证券报》刊登了一封读者来信，建议是否搞一个临时的证券买卖场所，以缓解广大股民买卖股票的难题。我想，这个建议可以啊。有同志建议，文化广场空着呢，可以用。我去看了，也认为可以，于是就开出来了。

文化广场是一个很简陋的证券网点，但它能够方便买进卖出。没有行情显示屏，就广播播报行情，我也曾经播报过行情，什么现在场内电真空 9.5 元等等。有同志不理解，当时问你们怎么可以这样做，我说，你不了解历史，因为当时投资者连买进卖出的渠道都没有呀。文化广场培养了一大批的股民，我们后来吸收的外地会员单位也大都是从文化广场出来的。文化广场坚持了半年，小平同志南方谈话对当时体制改革产生了巨大推动作用，到文化广场关闭的时候，上海的证券营业部已经从先前的 10 多家，发展到了 60 多家。

创办《上海证券报》

在上海证券交易所的筹办过程中，《上海证券报》的创办也有一段故事。

1990 年，当我还在人民银行金融行政管理处工作，就有办金融报刊的想法。那个时候，上海一年国库券的交易额才 2 亿—3 亿元，非常少，交易又不活跃，发行有困难，只能够摊派，由单位在职工的工资里面扣除。政府一直主张要提高大家对国库券这种金边债券的认识，我感到，我们总不可能靠到外滩去摆摊宣传。证券是一种大众投资行为，需要利用大众媒体，宣传普及相关知识，于是我在金管处就开始推动这项工作。先后找了多家报纸，但都没有谈成。后来，去找刚刚复刊的《新闻报》谈，贺宛南同志当时是《新闻报》经济部的主任，结果得到他们的支持，决定半个月给我们一个版面。文稿怎么解决呢？大家都不懂，于是初期的稿件大部分是我们金融管理处的干部写的。

这样，证券大众传媒的萌芽就从《新闻报》开始了。1990 年夏天《新闻报》推出了第一个证券专版，是专题介绍国库券的。后来，我到了证券交易所筹备小组工作以后，觉得国库券需要推动，股票更需要推动，现在懂得股票知识的人很少，你要民众参与，必须要普及这方面的知识。由此，我把办一份上海的证券报纳入了整个筹备工作计划之中。

到 1991 年三、四月，由于当时报刊整顿，根本就拿不到公开发行的刊号，于是我们就办了一个内刊《上海证券交易所专刊》，是 8 开的报纸。我亲兼总编，和几位同志一起操办，写文章，搞版面，第一期出去了，我们定价是 1 元，外面黑市却卖到 10 元，印 1 万份，马上就销完了。那个时候，对证券行情是不准报道的，你出版一份报纸，反映投资者关心的内容，当然受欢迎了。以至于出现了这样的情况，在印刷厂门口，来自苏州、杭州等地的报贩，推着行李车，在等我们报纸的出版，一到手，就立即拿到各处销售。

市场迫切地需要，我们就按期出版，先是月刊，试了两期后，改为周刊，先是 4 版，后来改为 8 版。报刊出版管理部门发现后，找我谈话说，这是严重违反内部报刊出版规定的，要马上关掉，当然我们没有关，后来发行量达到了二三十万份。此后，我同新华社上海分社商量，最后决定，由新华社去申请刊号，由两家联合办报。这样，《上海证券报》创办了。到 1995 年，上海证券交易所不再参与办报，《上海证券报》就移交新华社上海分社主办。

《上海证券报》创办以后，对普及证券知识起到了积极的作用。

（作者时任上海证券交易所总经理　袁志平 / 整理）

贺 涛 第一家粮油期货市场的建立

回顾 20 世纪 90 年代初中国第一批期货交易所的创建，我作为初创者和亲历者之一，仍感到思绪万千。我主持了上海粮油商品交易所的整个筹建工作，与我的同事马荣庆、劳光熊、王和生、陈融、汤克均等，创建了上海粮油商品交易所(以下简称上海粮交所)。

要找到替代计划流通和计划价格的方式

1984 年，国家对粮食市场开始逐步放开。当年 7 月，我从上海财经学院毕业，回到上海市粮食局工作。9 月下旬，时任上海市粮食局党委书记应飞同志决定筹建“上海市粮油贸易中心”，从事计划外议价粮油的交易。他把筹建任务交给我和几个同事。在布置任务会上，他讲了一段我至今记忆深刻的话。

他说:“国家决定对粮食流通体制进行改革，对粮食流通要逐步放开。过去我们是用统购统销计划经济的办法组织粮食流通，粮食放开后怎么流通，我看关键是要找到一种替代计划流通的方式。现在各地都在搞贸易中心，上海也要搞粮油贸易中心，但不能搞倒买倒卖，能不能把贸易中心搞成组织议价粮食流通的交易市场。我 1982 年随姜习副部长参观芝加哥粮食期货市场，它们搞会员制，在场内公开交易，场外不能随便交易。新中国成立前上海粮食市场也是场内公开交易。芝加哥粮食市场的方式我们能不能搞？我们创办上海市粮油贸易中心，就是要找到粮食放开后替代计划流通和计划价格的方式。"

于是，我们到处寻找收集芝加哥粮食期货交易市场的资料，收集新中国成立前中国机制面粉上海交易所的资料，构思"上海市粮油贸易中心"建设方案。但是当时很难找到芝加哥粮食期货交易市场的资料。正当我们为此发愁时，由于全国各类贸易中心泛滥，国务院决定对贸易中心进行整顿和关停，"上海市粮油贸易中心"没有建成就在整顿中停止了筹建。

"上海市粮油贸易中心"虽然没有建成，但是应飞同志提出的"要找到替代计划流通和计划价格的方式"这句话，给我留下了一连串问题和思考。芝加哥粮食期货交易市场究竟是怎样交易的，成为我经常关注和探索的问题。1986 年以后，我陆续从报刊、参考资料中收集到一些美国和国外期货交易的资料，还收集到 20 世纪 20—30 年代中国期货交易的资料。后来我又看到了几本最早介绍期货交易的书籍，其中唐雄俊先生《美国金融市场新知识》一书给我印象最深刻。尽管这些资料和书籍介绍的大都是期货交易的概念，但不管怎么说，给我提供了研究期货交易最早的钥匙和启蒙材料。我常常在思考应飞同志的话：我们能不能也搞芝加哥这样的市场？我们要找到一种替代计划流通和计划价格的方式。

上海有意创办国家级市场　商业部积极支持

1990 年 4 月 18 日，李鹏总理在上海宣布中共中央、国务院开发开放浦东的重大决策。同时，上海提出要建设成为国际经济中心、金融中心、贸易中心和航运中心。浦东的开发开放，拉开了中国改革开放新的一幕；浦东的开发开放，再一次唤起了我对建立像芝加哥那样的粮食市场的思考。1990 年 10 月，我参加上海市财贸党校第三期中青年干部培训班，在党校五个月的脱产学习期间，我花了许多时间，仔细研究了以往收集的期货交易资料。

1990年底，我向当时的上海市粮食局局长王树威同志写了一份书面建议，提出：上海粮食行业要抓住浦东开发开放机遇，从计划经济体制彻底转到商品经济体制上来，积极融入上海国际经济中心、金融中心和贸易中心建设。为此，建议在浦东建立大型粮食市场，开展现货交易和期货交易，发挥上海国际贸易中心作用。

我的建议提出后，王树威局长等市粮食局领导非常重视，将我的建议整理成报告，报给当时上海市政府分管财贸的副市长庄晓天同志，庄晓天副市长表示积极支持的态度。

在此之前，国务院发展研究中心、国家体改委和商业部期货市场研究工作小组也在研究国内开展期货贸易工作。它们已有了在郑州、武汉、吉林建设粮油期货市场，在石家庄建设生产资料期货市场的初步方案。但当时它们没有在上海建设期货市场的设想。

我感到上海建立期货市场的条件要优于其他城市，历史上上海是中国的经济中心和金融中心，曾经在20世纪20—30年代就是期货交易市场的所在地，而浦东开发开放将会提供更加有利的条件。在得到上海市政府和市粮食局领导支持搞期货贸易的情况下，我主动同商业部中国粮食贸易公司刘东平（时任中国粮食贸易公司总经理）、沈思义、朱玉辰等同志联系，希望争取商业部支持在上海创办期货市场。

在同他们交流当中，我得知商业部中国粮食贸易公司正在根据白美清副部长的指示，研究全国粮食市场体系建设问题。白美清副部长指出："建立和发展我国社会主义粮食市场体系的指导思想和基本框架是：根据计划经济与市场调节相结合原则，按照经济规律和经济区域，逐步建立一个网络齐全、功能完备、交易灵活、高效统一的运行机制，以适应粮食商品生产的发展和深化粮油流通体制改革的需要。这个市场体系，以星罗棋布的粮食初级市场为基础，以区域性的批发市场为骨干，以国家级粮食批发和期货市场为龙头，构成互相联系、互为补充的完整体系。"

当时，郑州粮食批发市场已经国务院批准开业，它们重点开展现货中远期合同交易业务。同时商业部还在考虑再开办一个层次较高的国家粮食批发市场。上海各方面是具备有利条件的，但是上海在计划经济时代给人印象比较保守，因此商业部一直没有明确提出过。

我同商业部中国粮食贸易公司沈思义、朱玉辰等同志沟通后，很快，中国粮食贸易公司总经理刘东平以及专门负责市场建设的领导沈思义、朱玉辰等同志就向我们转达了商业部副部长白美清同志的意见：上海有意创办国家级粮食批发市场（由于当时对期货市场有不同意见，因此在许多场合和文件中用此名称代替期货市场），建议上海市粮食局向市政府汇报，如果上海市政府有这个积极性，商业部会积极支持的。

得到商业部中国粮食贸易公司这个反馈后，我立即向上海市粮食局王树威局长做了汇报，并由市粮食局向市政府领导汇报了商业部领导的意见。

在商业部与上海达成在上海创办粮油期货市场口头意向后，为进一步推进此事落实，创造在上海建立粮油期货市场的条件，经商业部白美清副部长同意，1991年5月13—16日，由商业部中国粮食贸易公司和我所在的上海市粮油贸易公司（我时任上海市粮贸公司经理）在上海联合举办"中美期货交易讲座"，时任美国芝加哥期货交易所第一副总裁劳伦茨和副总裁格罗斯曼等出席。此次讲座由沈思义、朱玉辰和我具体操办。国内各省粮食系统的贸易公司经理和各地批发市场筹建负责人及国内学者近百人参加了讲座学习。会上邀请美国芝加哥期货交易所的专家介绍了美国期货交易的历史、作用及基本交易原理，国内参加讲座的企业经理和学者们热烈讨论建立期货交易市场问题。此次讲座社会反响很大，推动了国内对期货交易的关注。

此后一段时间，由于上海市粮食局领导班子调整等原因，创办上海粮油期货市场的推进工作停顿了一些时间。1991年7月，上海市粮食局班子调整后，由陈士家同志接替王树威任局长，我担任上海市粮食局局长助理，分管粮食市场建设等工作。我到任后，继续与商业部中国粮食贸易公司进行联系，争取在上海创办期货市场。

1991 年 10 月下旬，商业部在湖南长沙召开全国粮食批发市场座谈会。会上商业部传出信息，初步拟定在上海建立粮食期货市场，但要上海市政府明确表态。上海市粮食局陈士家局长连夜向庄晓天副市长汇报，并取得市政府领导书面表态意见，随即传真给了参加会议的上海市粮食局领导和商业部。座谈会期间，1 月 26 日商业部副部长白美清同志就在上海筹建期货市场做了讲话。

白部长讲："商业部经过反复酝酿，最后决定选择在上海建立期货市场，是考虑上海客观上具备不少条件。我谈几点意见：一、上海办期货市场，起点要高，特点要突出。上海是我国最大的港口城市，具有金融、贸易中心和货物集散地的特点，在上海办市场要发挥上海的优势，把这些特点与办市场结合起来，市场的规划和筹建工作要体现改革的要求和精神。对上海市场的名称我想了很久，叫'上海粮油商品交易所'，这个名字很好，有新意，是新起点。二、要认真搞好调查研究，制订方案。听说你们请了旧上海搞市场的人员开座谈会，很好。听听他们当时是怎么搞的，是怎样开展交易的，怎么投机的，是如何避免风险的，有些可以参考。三、现在提出关于建立上海期货市场有两个方案，一个是分两段走，逐步到位。另一个是一步到位。两个方案，你们论证一下。我意见，请你们回去以后，组织班子先搞方案，局长要向市长汇报，建议市长办公会议讨论。办市场一定要成立由市长挂帅的领导小组。如果市长没兴趣，不亲自挂帅，单有部里的积极性是搞不起来的。我打算 11 月到上海来一次，具体听取你们的汇报。"

1991 年 11 月 5 日，上海市粮食局将白美清副部长在长沙会议上的讲话精神向上海市副市长庄晓天同志做了汇报。庄晓天副市长对商业部选定上海创办粮油期货市场，表示了积极的支持态度，并要求上海市粮食局速办。

同日，上海市粮食局成立"上海粮油市场建设"调研组，由我担任组长，王和生同志担任副组长，汤克均等同志参与。调研工作迅速展开，我们连夜拟订建立上海粮油期货市场的方案。好在此前，我收集了许多期货市场的资料，做了大量准备，此时拟订方案派上了大用处。我们于 1991 年 11 月 8 日写出了关于新建上海粮油批发市场的设想，作为筹建上海粮油期货市场方案的第一稿。很快于11月22日，在第一稿基础上修改形成了《上海市粮食局关于筹建上海粮油商品交易所方案》，方案当时提出：上海粮交所立足中远期合同交易，争取在不太长的时间内实现合同的标准化和合约转让，向期货交易过渡，最终建设成在国家统一领导下，服务全国，面向世界，国内外贸易兼有的现代化、多功能、高层次的粮油商品交易中心。该方案对交易所的发展目标、性质、功能、组织形式、交易规则、风险控制、实施步骤提出了设想。当时为什么提“向期货交易过渡”，主要是听取一些专家学者和政府部门意见时，有不少人对期货交易明确反对。为回避这些问题，所以采用了上述提法。

11月8日，初步方案拟就后立即报给了商业部中国粮食贸易公司。11月13日晚上在京西宾馆，上海市粮食局局长陈士家等就初步方案内容，向商业部副部长白美清同志做了汇报。白美清副部长再次表示商业部全力支持上海建立国家级粮油商品交易所。

那天晚上，白美清副部长谈了如下意见：

“第一，商业部与国家粮食储备局全力支持上海把粮油商品交易所办好。上海市政府领导态度积极，上海市粮食局做了努力，我们会积极支持你们。

第二，上海搞粮油商品交易所起点要高，经营范围要广一点，除了粮油，今后逐步发展到其他农产品。上海粮交所要发挥它应有的作用，在全国要有影响力。

第三，认真做好粮油商品交易所的咨询论证工作。商业部也准备组织专家到上海来，与上海的同志一起进行可行性研究。

第四，积极做好粮油商品交易所的筹备工作。搞粮油商品交易所，要从粮食系统的发展战略来看，起点要高一点，想得远一点。

关于会员，可以把全国几大总公司及省市粮食系统的一些主要公司都发展进去。中央要成立协调小组，地方也要成立一个领导小组。粮油商品交易所还要排个时间进程表。全国性的交易市场要经国务院批准，我们要向国务院写报告。以上问题先请你们向市政府领导汇报。”

不久商业部部长胡平率商业部各司局、各公司领导来沪，于1991年12月10日与上海市政府领导签订了《关于发展商品流通和建设商品流通设施的合作意向书》，此意向书由商业部副部长傅立民与上海市政府副市长庄晓天签署，关于建立上海粮交所项目作为整个合作意向中的一个重点项目。意向书签订后不久，上海市粮食局将“上海粮食市场建设”调研组转为“上海粮油商品交易所”筹建处，我担任筹建处主任，王和生任副主任，汤克均、金炎等作为最早的一批筹建骨干。市粮食局陆续对筹建处充实了一些力量，先后参加筹建处的有马荣庆、陈融、劳光熊、陈建平、宣月清、黄幼杰、王丰利、陈伯奇、华莳蕻、樊友乐等同志。

上海办期货市场起点要高

上海粮交所筹建进入紧张的阶段，尽管已有了初步方案，但真正要制订一个起点高又可实施的方案，碰到了许许多多的问题。会员制问题、交易品种问题、标准合约问题等很快统一了思想，得到了解决。但涉及几个焦点问题，不论是筹建处内部，还是政府部门及专家都有针锋相对的看法。关键焦点集中在几个问题上：一是期货交易起步还是中远期合同起步；二是是否实行每日结算；三是是否开放自然人参与交易，是否允许投资和投机；四是交易所能否作为股份公司上市。

关于期货交易起步还是中远期合同起步，是筹建阶段的争议焦点。交易所筹建处两个方案都写了，但倾向于从期货交易起步。这既想体现上海粮交所的高起点，又考虑以适应上海建设国际金融贸易中心的发展。但当时征求中央有关部委和上海市政府有关部门意见时，多数都不倾向直接从期货起步，主张从中远期合同交易起步，引进一些期货交易机制。主要理由是中国市场化程度较低，大家对期货还不熟悉，不具备条件。由于这是涉及交易所筹建的大前提，是所有交易规则和管理制度的核心前提，因此在筹建过程中对此进行了较长时间的反复论证。

我和筹建处的同事比较坚持从期货交易起步，但由于政府部门多数不倾向我们的意见，为不影响筹建进度，我们拟订了两套交易和结算规则及管理制度，准备一旦开办期货交易通不过，就先从中远期合同交易起步。这个问题最后是在1992年10月27日汇报论证会上，白美清副部长拍板的，会上决定上海粮交所直接从期货交易起步。

关于是否实行每日结算制度（“逐日盯市”制度），这是当时争议的另一个焦点问题。实际上每日结算制度是当时区分期货市场还是现货中远期交易的主要标志。1992年前后开业或正在筹建的交易所（批发市场），都没有采用每日结算制度，有的甚至用保函代替保证金。其实这对控制市场风险是极为不利的。

当时争议主要在交易所筹建处内部和部分专家之间。一部分同志力主从期货交易起步，一开始就实行每日结算制度；也有一部分同志担心，每日结算制度太复杂，我们所有人都不熟悉期货结算，是否有能力设计出每日结算的制度和方式，还担心我们如果实行这么严格的保证金结算制度会不利于市场交易。但是我们几位主要人员非常坚持，决心要搞出国内第一套期货每日结算制度和方法。

我和马荣庆、劳光熊等同志夜以继日研究结算制度和结算公式，逐字逐句地讨论，用数据反复测算，并同计算机软件编制人员反复讨论。在大家奋力工作下，终于设计出了国内期货市场第一套保证金每日结算制度和方法。而且这套制度构成了较严密的风险控制体系，这个体系由保证金制度、每日结算制度、头寸限制制度、分层风险管理制度等构成。特别是对保证金实行按总持仓收取，严格控制了交易风险。到今天来看，这些设计思想和制度，对控制风险仍然有效。

关于是否允许自然人参与期货交易，这个问题在政府部门之间争论很激烈。当时已经开业的批发市场和正在筹建的交易所，规则只允许企业法人参与交易，自然人不允许参与。我们在筹建时一直在考虑，期货交易需要投资者和投机者参加，扩大市场参与主体，增加市场的流动性，也使市场有风险转移和承担者。同时，我们根据商业部和市政府领导提出的，上海粮交所在各方面要有更多突破。因此，我们在方案设计中提出允许自然人参与期货交易，这在当时是交易制度方面的很大突破。交易法规征求政府有关部门意见时，当时多数政府部门认为自然人信誉差、实力弱，不倾向自然人参与期货交易。我们反复做政府部门同志的工作，宣传期货市场需要投资和投机资本，转移和分担价格风险，并宣传粮油的特点不同于其他商品，粮油是小生产，需要通过市场与大流通结合。当时，上海市政府法制办非常支持我们，从法理上帮我们寻找依据。最终，以上海市政府令形式，由黄菊市长签署发布的《上海粮油商品交易所管理暂行规定》中明确规定：公民可以客户名义参与期货交易，实现了大宗商品交易制度的重要突破。

关于交易所能否上市。上海粮交所筹建是浦东开发开放中的举措，当时缺乏建设资金，商业部和市政府领导提出，由商业部和上海市政府安排一部分，其余要由社会集资，由商业部所属企业和全国粮食部门共同投资。共同投资怎么搞？我向市粮食局陈士家局长、高慧芝副局长等领导提出，组织股份有限公司，上市发行股票。当时这个想法得到了市体改办副主任蒋铁柱等同志的大力支持。于是，上海市粮食局专门向市财办、市体改办写了《关于筹建上海粮油商品交易所股份有限公司和申请发行股票》的请示。但当时上海市粮食局内部多数人对期货交易所上市盈利前景不看好，影响了对上海粮交所的上市决策。最后由为上海粮交所配套服务的部分功能，如写字楼、住宿、餐饮等服务性业务上市，即上海良华实业股份有限公司作为 A 股上市公司。

建立期货市场对上海长期发展是必不可少的

上海粮交所的筹建过程，凝聚了许多领导的心血和智慧。时任商业部副部长白美清同志（后商业部并入新设的国内贸易部，白美清同志任国内贸易部副部长兼国家粮食储备局局长）倾注了最多的心血。他于 1992 年 5 月 20 日、6 月 18 日、7 月 30 日、10 月 27 日，1993 年 6 月 14 日多次听取汇报，亲自组织论证会，对上海粮交所筹建和开业的重大问题及时做出了明确指示。尤其是白美清副部长决定上海粮交所直接从期货起步，使上海粮交所成为国内第一家真正的期货交易所。上海市副市长庄晓天同志代表上海市政府对上海粮交所筹建给予了全力支持，许多重要突破与他的支持是分不开的。时任市长黄菊同志签发了《上海粮油商品交易所管理暂行规定》，成为全国第一个地方政府发布的期货交易管理规则。时任上海市副市长孟建柱接替庄晓天副市长工作后及时要求上海粮交所立即开业，使上海粮交所发挥了改革先锋的角色。

在上海粮交所筹建的关键时候，时任上海市委书记吴邦国同志对上海粮交所筹建指明了重要方向。1992 年 6 月 25 日下午，市委书记吴邦国、副书记陈铁迪在上海物资贸易中心召开市场工作座谈会。参加座谈会的有我和上海金属交易所总裁余国聪、上海市物资局局长李厚圭、副局长周晓红、上海棉花交易所筹备组负责同志、上海市纺织局的负责同志等。会上，余国聪总裁汇报了上海金属交易所筹建过程和一个月的运行情况，我汇报了上海粮油商品交易所的筹建情况，周晓红副局长汇报了准备筹建上海煤炭市场的情况。

我在汇报中谈到，上海粮交所所在地浦东良友大厦预计 1994 年底才能建成，准备 1993 年初先在浦西良友饭店借地开业；交易品种打算开展粮食、食用油脂、饲料粮等品种期货交易；交易方式用电脑交易以及立法等情况，吴邦国同志中间几次插话。

他说:“先借个地方开起来，1994 年太晚了，时机错过了。交易品种饲料粮包括进去，粮油大宗商品都要包括进去。用电脑交易好，中国这么大，说话各地都听不懂，再打手势交易更麻烦。立法问题，现在搞，肯定会有许多障碍，因为不懂期货市场的人不少，不易通过。先交易起来，经过实践后再立法，搞得成熟了，有基础了，立法就行了，现在我们的市场还刚开始。”

当我汇报到现在国内还没有真正的期货交易，目前对期货交易要不要上还有不同看法，我们想期货上快一些。

吴邦国同志说:“上海市场起点要高一些，要发展期货。”

最后，吴邦国同志谈了几点意见:“第一，市场要搞。没有市场，怎么把企业推向市场?市场无论如何要办好，走在全国前面。上海有条件，要把它当大事抓，要把大的国家级市场尽量形成在上海。小平同志讲，上海要发展成贸易中心、经济中心，要当大事来抓，抓在全国前面。第二，国家级市场还要与国际接轨。不要小打小闹，要立足全国，与国外接轨，产品经济过渡到市场经济快得很。会员要大企业，有信誉、有资本的，想方设法把它们吸引到上海来。包括交易所搞大楼要配套，搞最好的，多投点资。千万不要小打小闹。第三，专业干部要培训，懂了胆子就大。全部培训（指出国）不可能，但一定要有专家，人才要出在上海，要花点精力。第四，交易所内部管理、人员使用、工资分配，甚至职工住房，市场要照市场的办法办，不要像衙门。好的人才不要留不住，不需要的人不要跑不掉，千万不要搞成行政化。新的东西，要新的办法，新的东西可以尝试一下，其他部门不要干预。市场办得好，对上海发展影响很大，还能带动一系列工作。”

吴邦国同志在插话中特别指出：“以后我们搞社会主义市场经济，搞市场是本质的东西。现在改革开放，搞‘自主’‘放开’‘简政放权’等，搞市场比这些还重要。上海到 20 世纪末，国民生产总值年增长达 10%，但全国都上去了，资金、原材料就紧张。所以，上海要在较长时间维持较高的增长速度，就要形成一个有利环境。建立期货市场对上海长期持续发展是必不可少的，搞期货风险大，但期货市场肯定会有前途的。”

吴邦国同志的讲话高瞻远瞩，不但为我们当时建设期货市场指明了方向，而且为上海长期持续发展指明了方向。

上海粮油商品交易所起步以期货交易为主，这个模式要定下来

1992 年 7 月 30 日，由上海市粮食局局长陈士家带队，我和其他四位同志一起去北京，向商业部副部长白美清同志汇报上海粮交所筹备情况，并对筹建方案进行论证。参加此次汇报会的有国家体改委、农业部、中国人民银行、国家粮食储备局、商业部经济研究所、基建司、财会司、粮食管理司、粮食综合司、规划调节司、世界银行项目办公室和中国粮食贸易公司的负责同志。

我在会上汇报了上海粮交所筹备情况以及几个主要问题：第一，交易模式问题；第二，交易品种问题；第三，发展会员和交易参与者问题；第四，交易结算

问题；第五，起草向国务院的报告和交易管理规则问题；第六，建设资金问题；第七，争取优惠政策问题。汇报中我提出：对交易模式，倾向于从期货起步；对交易品种，倾向于主要粮油品种，包括大米；对会员发展，建议面广些，包括国营、私营和中外合资企业，粮食行业和非粮食行业及金融机构；对期货交易倾向于允许个人参与交易。在会议讨论过程中，有些部门负责同志不倾向于从期货起步，坚持要从现货中远期合同交易起步；有些同志认为大米（粳米）是国计民生重要品种，不倾向引入期货交易；大多数同志比较赞成会员吸收面广些，但对允许个人参与交易意见分歧较大。

在我汇报和各部门讨论后，白美清副部长谈了重要意见，他说：

"筹办上海粮交所，前一段时间你们抓得不错，部里对你们的工作很满意。下一步继续加紧筹办，力争早日开业。要根据国际惯例与中国实际情况相结合原则，迅速制订交易所有关规章制度。具体有几条：第一，交易模式问题。起点要高，既可期货交易，又可现货交易。第二，交易品种问题。可以先小麦、大麦、玉米。粳米是否也可以考虑。第三，发展会员问题。发展会员要与建立经纪行、经纪公司结合考虑。对象可以以国营企业为主，广泛一点，不限粮食系统，可以向多种经济成分发展。工厂也可以参加，个人可以委托经纪行交易。一定要有风险承担者，首先国营企业承担，逐渐发展到多种经济成分，投机者与套期保值要进一步研究。第四，结算要搞好。同银行联合，搞期货、现货交易必须兑现。结算中心可以采取各银行联合搞股份制的办法，要与金融市场联合起来，从实际出发。第五，做好各项准备工作问题。向国务院的报告，由商业部、上海市政府、国家体改委三家联合报告，争取10月批下来。交易所管理委员会要搞，先由商业部、上海市政府再加体改委，可以部门少一点。交易所有关文件修改，请咨询小组帮忙。第六，交易所借地开业问题。可以先放在浦西良友饭店，力争明年（1993年）第一季度开业。这个事你们研究。第七，资金问题。第八，优惠政策问题。要请（上海）市长、秘书长、财办主任帮助解决。有许多事要按程序办，是办不成的。最后，请你们回去向市政府汇报。"

我们从北京回到上海后，迅速根据白美清副部长的要求，对各项筹备工作进行落实。1992 年 9 月 8 日，上海市粮食局将商业部 7 月 30 日论证会及落实情况向上海市政府副市长庄晓天同志做了汇报，参加汇报会的领导有市财贸办公室主任张俊杰、财贸办副主任沈思明、上海市粮食局局长陈士家。

我在会上汇报了几个问题：第一，上海粮交所初步拟定在 1993 年春节前后借地开业。第二，我们已起草了《关于开办上海粮油商品交易所的报告》，以商业部、国家体改委、上海市政府名义上报国务院，争取国务院 10 月批下来。第三，我们已起草了《上海粮油商品交易所管理暂行规定》《上海粮油商品交易所章程》《上海粮油商品交易所期货交易规则》等五个规章制度，送商业部及市场咨询领导小组审查。市场咨询领导小组反馈意见中建议交易所管理暂行规定和交易所章程这两项规则附在向国务院报告后，请国务院对报告一起审批。其余规章制度由上海市政府或上海粮油商品交易所管理委员会审批。第四，拟订交易模式问题，有两个方案：方案一，以中远期合同交易开始，引入期货市场机制，实行合同标准化和合同转让。同时选择现货交易数量多、价格波动大、交割运输条件好的品种开展期货交易（同时开展期货、现货两种交易）。方案二，直接选择几个品种开展期货交易，不搞中远期合同交易。上海粮交所筹建处倾向于方案二，但征求商业部、市场咨询领导小组和上海市政府有关部门意见，多数同志倾向于方案一。第五，发展会员问题。交易所实行会员制，我们建议发展会员要与建立经纪公司结合起来考虑。对象以国营企业为主，向多种经济成分开放。个人可以委托经纪公司交易。允许合法投机者参加交易，可以起到分担风险和制造市场流动性的作用。投机者允许多种经济成分与个人参与。第六，组织领导问题。上海粮油商品交易所的领导机关是商业部和上海市政府。经与商业部商量意见，由商业部、上海市政府、国家体改委、国家粮食储备局和市有关部门组成交易所管理委员会，行使政府对市场的管理、监督职能。第七，争取优惠政策问题。第八，建设资金问题。

听了我汇报后，庄晓天副市长谈了几点意见："第一，关于交易所建设资金问题，按原来与商业部商谈的各半承担的原则解决。第二，关于交易所的组织领导问题。按商业部领导意见办，成立交易所管理委员会，由上海市政府、商业部、国家体改委、国家粮食储备局、市财贸办、市体改办、市粮食局、市财政局、市工商行政管理局、市物价局等部门领导参加，由上海市政府和商业部领导任主任。第三，关于争取给予交易所优惠政策问题。你们说的几条优惠政策，都要写进向国务院的报告内，力争支持解决。第四，关于借地开业问题。我赞成，如有问题，我再协调。第五，现在正研究粮食购销价格全部放开的问题，交易所借地开业的时间表要尽量争取提前，以便适应粮食流通体制改革发展的需要。”

庄晓天副市长的意见，反映了上海市政府对建设上海粮交所的积极支持态度。我很快将这些意见向商业部做了汇报反馈。对于交易所至关重要的交易模式问题，我们交易所筹建处还想争取放弃中远期合同交易，直接从事期货交易。我内心明白，白美清副部长和庄晓天副市长是支持我们意见的。但由于国务院有关部委参加论证会的多数同志比较坚持从事中远期合同交易，因此，白美清副部长在总结时是留有余地的，庄晓天副市长在听取汇报时不便直接表态。

为了尽快解决这个问题，1992 年 10 月 27 日白美清副部长约请商品期货交易咨询小组和商业部有关司局及国家粮食储备局的有关领导和专家，就上海粮交所试办期货交易再次举行论证会。会上，我就上海粮交所运行方案做了汇报。方案提出，上海粮交所直接从期货交易起步，并就规则制订、会员发展、期货结算、期货品种、市场管理提出了具体方案。我在汇报中对中远期合同交易问题没有提及，还就向国务院报告的起草内容做了说明。

最后，白美清副部长总结讲道:“上海粮交所筹建工作从去年（1991 年）长沙会议以来，在上海市政府和商业部领导下，在国家体改委和上海有关部门的帮助支持下，经过一年多的努力，做了大量工作，取得了很大的进展。‘粮食等重要农产品，要在现货交易的基础上，逐步向远期合同和期货交易发展’，建立和完善社会主义市场经济体系，一定要引进期货交易机制，这是方向，一定要积极、稳妥地下功夫搞好。”接着他明确了几点意见:“第一，上海粮油商品交易所起步以期货交易为主，这个模式要定下来，不能动摇。郑州粮食批发市场开办以来，三级市场有了很大的发展。随着粮价的放开，市场机制的作用将更加明显，需要一个期货市场出现。在上海，特别是在浦东试办一个期货市场，有利于国内外贸易的衔接，同国际期货交易的接轨，对促进上海国际经济、金融、贸易中心的形成，有着十分重要的意义。通过规范化的期货市场，逐步形成套期保值、转移风险、价格导向的机制，对指导生产、保护生产、引导消费、加强市场宏观调控将发挥积极作用。第二，期货交易要抓住两个环节。一个是发展会员，一个是发展经纪公司和经纪人。会员需要有资信保证。可以吸收个人经纪人进来，没有各种人参加，交易不热闹，没气氛。第三，期货结算也是个关键。光有交易所结算部不够，也可以委托银行搞，没有银行参加，资信程度不会高，可以搞股份制办法。第四，期货交易品种。先从几个品种开始，由少到多，先搞进口小麦、大豆、玉米、优质大米等若干品种。期货合约设计要搞好，要便利交割和交易。第五，加强期货市场的领导和宏观调控管理。由上海市政府和商业部建立交易所管理委员会和监督委员会，加强对交易所、会员及经纪公司交易活动的管理、监督，使期货交易活而不乱，活而有序。为保证期货交易有序不乱，要草拟一些法规，由上海市政府批准试行，规章主要写期货，要按期货机制设计。第六，由上海市政府、商业部、国家体改委三个单位向国务院写个报告，题目为《关于在上海粮油商品交易所试办期货交易的报告》，在原来稿子的基础上进行修改。”

这次会议非常重要，白美清副部长最后肯定了上海粮交所从期货交易起步的方案，并对几个关键问题做了明确，奠定了上海粮交所筹建开业的重要基础。

国务院批准前，可先试营业

1993 年 1 月 6 日，商业部、国家经济体制改革委员会和上海市人民政府联合向国务院上报了《关于开办上海粮油商品交易所、试办期货交易的请示》，该请示报告由白美清副部长代表商业部、高尚全副主任代表国家体改委、庄晓天副市长代表上海市政府签发。请示初稿由我和汤克均及金炎三位同志起草，中国粮食贸易公司总经理唐新元、市场处张永生等做了重要修改。请示提出：

> 在上海浦东开办上海粮油商品交易所、试办期货交易，是贯彻中央关于开发开放浦东战略的需要，这对充分利用上海的综合优势，带动长江三角洲和整个长江流域地区经济发展，把上海尽快建成国际经济、金融和贸易中心，推进国内市场与国际市场接轨将发挥重要作用。请示还提出：上海粮油商品交易所试办期货交易，先从交易量大又适合开展期货交易的少数粮油商品入手，在积累经验、不断完善的基础上，逐步扩大到其他农产品的上市品种。尽快把上海粮油商品交易所建设成为既符合国际惯例又有中国特色的商品期货市场，力争在20世纪末使之成为远东的期货交易中心。

商业部、国家体改委和上海市政府请示报国务院不久，政府换届，国务院一直没有批复。国内贸易部和上海市政府及我们交易所一直在等待国务院批复后开业。1993年5月3日，上海市副市长孟建柱视察上海粮交所。当我们汇报到，上海粮交所万事俱备，只等国务院批复时，孟建柱同志要求我们尽快向国内贸易部汇报，争取立即开业。

1993年6月3日，时任国内贸易部部长张皓若到上海视察，听取上海粮食工作汇报。上海市粮食局局长陈士家和我一起向张皓若部长汇报了上海粮交所筹备工作情况。

我汇报说："上海粮交所筹备工作全部就绪，现只等商业部、国家体改委和上海市政府联合给国务院的请示批下来就可开业。请内贸部再帮助协调，争取尽早批下来。"

张皓若部长当即表态："不要等了，在国务院批准前，可先试营业。正式开业放在国务院批准后。"

其实当时国务院对审批期货市场是非常慎重的，而且当时政府部门和理论界对期货市场看法并不一致。如果继续等待批复，很可能就错失了市场发展的时机。

张皓若部长的果断表态，使我们一下解决了等待交易所开业问题。

为此，1993 年 6 月 14 日，上海市粮食局局长陈士家和我专程到北京，向白美清副部长汇报上海粮交所准备开业工作。

听取汇报后，白美清副部长说："上海粮交所在上海市政府、内贸部（商业部）、国家体改委支持下，进行了很好的筹备。现在已具备开业条件，我同意张皓若部长的意见，赞成先试运转。6 月 25 日后哪天开，请你们自己定。正式开业时间等国务院批文下达后，由内贸部与上海市政府商定。第一，上海粮交所要成为坚持规范化、标准化、高起点、严管理、有特点的交易所。交易所的各种设计要向规范化靠拢，起到发现价格、转移风险的作用，促进生产指导消费。起点要高，从期货起步。要强调管理，规章要严格执行。要强调有粮油的特点，粮交所既要有一般交易所的共性，又要有自己的特性，把这个交易所办好。第二，要逐步完善，不断总结向期货市场高级阶段发展。要避免两种情况：既要避免市场混乱，又要避免市场冷清。为了完善市场，向高级阶段发展，要抓住一个重要因素，要引进一部分合法投机资本和投机者参加，特别是要有金融资本参加。还要抓住两个重要保证：一个是实物交割保证。鉴于中国期货市场初期，交割数量可能较大，交割库上海不要集中过多。另一个是结算保证。清算可采用多种形式，你们结算部形式是初级形式，要逐步向股份制结算公司过渡。第三，加强管理和组织领导。要着眼于效率，着眼于落实。理事会要能开展工作，先少而精，逐步充实。第四，你们要研究上海粮交所如何增强辐射力，要与其他市场联网，经济中心是自然形成的。第五，关键在人才。期货市场搞得好不好取决于人才多少。交易所、期货公司要把人才培养好，通过实践培养，还要吸取国内外经验，密切关注其他交易所。商品交易所要由单一向综合发展，由商品市场向金融市场发展。"

回上海后，陈士家局长和我立即把内贸部张皓若部长和白美清副部长的意见向孟建柱副市长做了汇报。孟建柱副市长表示赞同内贸部领导的意见，立即开业。

孟建柱敲响了国内期货市场真正启航的锣声

张皓若、白美清两位部长的果断决定，使直接从期货交易起步的上海粮油商品交易所拉开了国内期货市场的大幕。1993 年 6 月 30 日，国内贸易部和上海市政府联合组建的上海粮油商品交易所试营业。上海市政府副市长孟建柱出席试营业仪式，并为上海粮交所敲响了开市的第一响锣声。这一下锣声，标志着国内首家直接从期货交易起步的交易所启航了。瞬间，大型电子显示屏上和各交易席位上的电脑终端显示出上市品种和开盘价格。第一批进场会员有 43 家，分别来自全国 14 个省市。首批上市交易的期货标准合约有：白小麦、红小麦、大豆、玉米、籼米、粳米、豆油、菜油等八大品种。

1993 年 7 月 10 日，上海市政府黄菊市长签发第 39 号政府令，发布施行《上海粮油商品交易所管理暂行规定》。这是全国第一个地方政府发布的期货交易管理规则，它为上海粮油商品交易所的有序运营奠定了基础，也为中国期货市场初创阶段的期货交易提供了管理示范。

上海粮交所开业，我担任总裁；王和生、陈融、马荣庆、劳光熊担任副总裁；汤克均担任总裁助理，后提任总经济师。1994 年 6 月 18 日，上海粮交所召开第二次会员大会，选举陈士家（上海市粮食局局长）担任理事长；唐新元（中国粮食贸易公司总经理）和我担任副理事长；朱玉辰等担任理事。

中国领导人有决心把中国建成一个向市场经济发展的国家

上海粮交所期货交易的诞生，迅速引起了国内外的高度关注。到 1993 年 8 月，上海粮交所实时交易信息与美国道琼斯 / 德励财经资讯有限公司和英国路透社资讯网络正式联通，通过两家公司的卫星系统向全球播发上海粮油期货市场的即时交易行情。同时，异地会员和客户的远端信息站也陆续在杭州、北京、南昌、厦门、成都、海口等十几个城市开通。1994 年黄菊市长在元旦献词中，把上海粮油商品交易所同上海证券交易所、上海金属交易所列为 1993 年上海三大要素市场，称其为上海的改革开放和金融贸易中心建设发挥了重要作用。

1993 年 10 月 21 日，美国农业部长迈克・埃斯彼访华，美国驻华使馆指名要求安排访问上海粮交所。这是当时克林顿政府上任后首位访华的部长，而且当时美国政府和社会普遍缺乏对中国的了解。我向美国客人介绍了为什么要创办期货市场以及期货市场运营的情况，这位部长也提了许多有关期货市场和中国粮食政策的问题，我一一做了回答。原定迈克・埃斯彼部长参观访问时间为半小时，由于美国客人对中国这个新兴的期货市场和农产品市场价格的兴趣，结果双方交谈持续了一个半小时。他最后说：上海粮交所十分成功，这是中国政府的一个大胆试验，它清楚地说明了中国领导人有决心把中国建成一个向市场经济发展的国家。上海粮交所的建立也向世界发出了一个信号，中国在整个世界贸易体制中占有十分重要的位置。当时，中国已开始申请加入世界贸易组织，这些话从一个美国政府阁员口中说出，在当时是很不容易的，可见上海粮交所的影响。

1993 年 12 月 30 日，时任中共中央政治局委员、中共上海市委书记吴邦国同志视察上海粮油商品交易所。我向吴邦国同志汇报了上海粮交所开业以来的运营情况。吴邦国同志听取汇报后步入交易大厅，观看屏幕上的行情，与交易员亲切交谈，并欣然为上海粮交所题词：“培育期货市场，促进粮食经济发展。”在视察过程中，吴邦国同志说：上海粮交所初创很成功。上海期货市场已经走在全国前列，希望你们进一步借鉴国际经验，敢闯敢试。解放前上海是冒险家的乐园，但也培养了一种冒险精神，改革开放也要有敢冒风险的精神。政府部门（指市财办等）要支持期货市场，要支持改革，促进市场经济的发展。

1996 年 12 月 30 日，上海粮油商品交易所浦东新址落成，作为第一个搬迁浦东的交易所，为浦东金融机构聚集起了先导作用。

（作者时任上海粮油商品交易所总裁）

彭振戈　见证新中国第一次选美

记得开放之初，美国夏威夷华人团体组织了“夏威夷水仙花皇后访问团”回大陆观光、探亲。由于该团有夏威夷华人选美的“皇后”和“公主”，所以，该团所到之处经常被老百姓围观。那时候国内的人们对国外的选美活动充满了好奇。

选美大赛设面试笔试

1985 年初，广州市团委为了配合“两个文明建设”和“五讲四美三热爱”活动，一帮热情而有理想的共青团干部策划了一次选美活动，叫做“首届羊城青春美大赛”，这在中国的大城市还是第一次，虽然基本上没有外国选美的经验可学，但他们办得很有特色。不过由于有关方面的干涉，这次选美的图片在国内不许见报。文字报道也只有《羊城晚报》在大赛结束以后登了一篇简短的消息。我所在单位是对外发稿的，没有受到限制。

1985 年 2 月 3 日晚 7 时开始的预赛在回民小学里举行。在广州解放中路 428 号回民小学的大门上有一幅红色的标语：“美在你身上。”550 多位俊男靓女陆续来到这里参加首届羊城青春美大赛的预赛。

预赛先进行笔试，笔试分十三个室举行，时间为一小时。要求回答的内容，包括政治、时事、文学、历史、地理、哲学、政治经济学、数学、化学等共五十条填充题。例如问最近当选的美国总统是谁，《王子复仇记》的作者是谁，《蓝色多瑙河》是哪国作曲家写的？他叫什么名字？

面试是由“考官”对每位参赛者从表达能力、形体气质、容貌仪表以及普通话水平等方面进行考核，容貌占总分一百分的15%。广州服装公司时装表演队的演员们虽然服饰华丽、步态大方，但文化水平低，在表达能力和涵养方面被扣了不少分。白天鹅宾馆的谢若绮穿一身蓝色的丝绒连衣裙，潇洒而端庄，脸上带着稚气，开口一笑很是动人。她和考官以英语和日语问答更是语惊四座，最后她唱了一首日本歌博得满堂喝彩，当场被列入参加初赛的名单。

第二天，我准备发稿的时候，摄影部主任看了我的照片后说：“这预赛的场面还不好看，你等到决赛的时候再拍就漂亮了，那时候再发稿吧。”

但我认为这次在小学教室里的选美比赛才更有特色。于是，我去找新社长方远生商量，让我试着发一张。没想到，这张照片发出去以后，立刻有香港七家大报同时采用。海外传媒纷纷向我社约稿。我立刻忙了起来，把剩下的照片都发出去仍供不应求。

好在很快，通过了预赛的130多人于2月14日又在广州市少年宫参加初赛。由考官对每个人依次进行详细的面试，从上午9点到晚上10点才结束。这次，我又发了不少图片稿。

当时中国第一家中外合资的五星级大酒店——中国大酒店的公关部经理常玉萍小姐主动联系我，并与主办单位广州市团市委谈妥独家赞助决赛的场地。常玉萍小姐是香港人，毕业于香港中文大学新闻系，她穿着时尚，精明干练。可能因为她是新闻科班出身，所以很善于和国内外的新闻媒体打交道。她已经看到了香港报纸刊载的我发的稿子，所以对我的工作给予了最大的方便。她还请来了香港的美容化妆专家和发型专家来广州免费为参加决赛的十男十女扮靓。趁那次机会，我给每个参加决赛的选手都拍了造型照。那一次也是香港的公关小姐、美容师、发型师这些新兴行业在中国第一次亮相，我也给他们拍了工作照。

选美惹争议

初赛之后，选美比赛突遭非议。经主办单位多方努力才使这次选美幸免于夭折。但正因为有争议，国内又限制报道，使这次选美更染上了神秘色彩，街谈巷议有赞有弹、沸沸扬扬。在年轻人中赞多于弹，在中老年人中则褒贬参半。

有位中年的士司机曾对我说:“选美选出来做什么呀！嫁给谁呀？当初林彪的儿子林立果不是也搞选美？”

我向他解释了半天共青团市委的好意，他也还是摇头。

我的同事老廖就非常赞赏选美，他说:“这种活动起码可以丰富大家的生活，茶余饭后大家对那些参加比赛的靓仔靓女评头品足一番也很有意思呀！其实那个电视艺员侯玉婷还不是经常被评来评去，现在已经没有什么好谈的了。”

决赛于元宵节（3 月 6 日）晚上 7 点半在广州中国大酒店丽晶殿举行。还不到 7 点，场内 700 多个席位已坐满了观众，门口还挤满了没有拿到请柬的来客。

当晚的评委除主办单位团市委、省电台、省电视台和羊城晚报的代表外，还有文学家、舞蹈家、画家、社会学家和经济学家，其中有广东的著名散文家秦牧、岑桑等，香港知名人士霍英东先生也携家眷、好友前来观光。

可惜，原来准备的泳装表演被腰斩了。所以在整个决赛的各项比赛中，只有一套运动装是主办方提供的，而礼服和表演服装都是选手们自备的。

首先是参赛选手配对表演集体舞。集体舞是省舞蹈学校的教师帮助编排的。郝敬华与谢若绮、汪子健与张南萍这两对配合得和谐自如，动作潇洒大方。

接下去是选手自报家门，因为事前都排练过，所以个个神态自若。他们每人自报家门以后分别来到司仪面前回答两个问题。司仪是广东省电视台节目主持人吴捷玲和李伟健。第一个问题都由候选人的职业说起。

吴捷玲问当花园酒店的执勤经理的郝敬华:“你对你下面的工作人员第一项要求是什么？”

郝敬华微笑着回答："我第一项要求就是要会微笑，使顾客来到我们花园酒店有一种宾至如归的感觉。"

郝敬华自己的亲切微笑确实给人一种亲切、文雅的感觉。这位黑龙江籍身高一米八二的大汉，原是广东省手球队队长。

第二个问题是由选手自己从司仪台上的许多信封中抽出来的。

服装个体户关明珠抽到的题目是：你在这里想向观众说点什么？

她眨一眨大眼睛、甩了一下烫得很新潮的头发说道："我们个体户对社会的贡献希望能够得到大家和社会的承认，也希望得到国家、集体给予我们以温暖。"又一次博得全场的笑声和掌声，这位泼辣姑娘有个性。

李伟健说："关明珠你真不愧是个体户里的一颗明珠。"

在整个回答问题的过程中妙趣横生，有些还用英语与吴捷玲对答。

最后是自选才艺表演……

经过电脑计算分数后宣布终选结果，气氛有点严肃紧张，全场鸦雀无声……

划时代意义的评选

当宣布"羊城之星"女子第一名谢若绮的名字时，她潇洒自如地走向观众挥手致意，她身穿自己当晚第三套服装——蝙蝠袖连衣裙，衬得她一米七二的身材更潇洒、新潮而又不失文雅。男子的第一名是身材最矮的汪子健，他激动得好像要流出眼泪来。这位前空军地勤兵现在是广州铁路局中心的防疫员。

秦牧先生看了选美决赛以后评语是："健康、文明。"

岑桑说："今晚每一分钟的节目都挑不出毛病。"

一位德国记者说："你们的选美确实很有特点，对内在的美要求比较高，与外国的选美不同。今天的晚会很丰富多彩。"

我的工作是往海外发稿，当时广州只有邮局可以发图片传真，而一到晚上邮局下班以后就发不了了。于是我提前将为 20 名参加决赛的小姐和先生们拍的照片附上文字资料，发了出去。决赛当晚（1985年3月6日晚10时）的结果一出来，外边的报馆编辑就可以“对号入座”了。结果，第二天的香港各大报纸的头版头条甚至报眼的位置都登的是我的照片。连英文的《南华早报》《亚洲周刊》，还有日本的《朝日新闻》都以大版篇幅刊登。而大批香港记者的稿子都发不出去，只好用作后续报道了。我的这批稿子还被新加坡、马来西亚、泰国、美加等地的华侨报纸刊登。

现在中国开放了，资讯发达了，像我当年那么“威水”的事不会再有了。我所发稿件大概创造了纪录，前后有海外的30多家报刊、杂志、通讯社采用照片300多张次。我觉得，老百姓从参加选美比赛的青年身上，包括他们的谈吐举止以及笑容和服饰，所看到的改革开放的信息，比首长们的大会发言和红头文件还多，而且还更亲切。

最近又与当年在团市委工作的朋友聊起此事。他不无感慨地说:“你就好了，但我们却挨批了。”我记得，当时国内只许《羊城晚报》登了一条消息，照片一律不许见报。我的稿子成了全球独家。

1989年，广东电视台以常玉萍为原型拍摄的电视连续剧《公关小姐》曾风靡全国。这都是后话了。如今，中国小姐已经戴上了“世界小姐”的皇冠，但当年“羊城之星”的评选仍有它划时代的象征意义：是“个性解放”的开始，是“身体革命”的起步……

（作者笔名安哥，时任中国新闻社广东分社摄影记者）

刘周晰

第一家开在境外的经贸窗口——香港雁荡有限公司

国家批准、香港注册，雁荡有限公司在港开业

1984年4月，经国务院批准，温州市列为全国十四个沿海城市。同年，国务院下发文件，规定“十四个进一步对外开放的沿海港口城市原则上可在港澳设一个综合性企业机构”。1985年，温州市人民政府行文浙江省外经贸厅，要求转报外经贸部，批准温州在港设公司。1986年7月，外经贸部发文批准温州市人民政府在香港设立雁荡有限公司。

香港雁荡有限公司的职能是：“作为温州市人民政府在港澳地区的经贸、信息窗口和办事机构，为促进温州市的出口、吸引外资、引进先进技术和设备，开展合资、合作经营、补偿贸易等工作服务。”

香港雁荡有限公司1986年12月7日在香港注册。1987年2月20日与浙江省人民政府驻港澳窗口富春有限公司同日正式开业。浙江省省长薛驹和温州市市长卢声亮率团专程到港祝贺。温州市副市长方善足任董事长，市政府原派驻香港光大实业公司工作的杨国良任总经理。

因为雁荡有限公司肩负着办事机构、信息窗口、经贸公司和其他工作多重任务，故公司所有的内派干部都要温州市人民政府提请省外经贸厅转报外经贸部审核，最后由国务院港澳办批准派出。在通过严格的政治资格和业务水平的双重审查后，时任温州经济技术贸易公司副经理陈玉平和温州轻工工艺品外贸公司副经理陈宪林作为首批选派人员，于1987年到港分别担任公司进口部和出口部副经理。

公司开业时租用香港骆克道洛克中心11楼C座的几十个平方米办公。注册资金仅为50万港元。在1988年温州经济技术开发总公司总经理朱斌出任第二任董事长时，其规模未能得以扩大。而第二任总经理蒋水松在港履职不到一年，于1989年5月因故被提前召回温州之际，公司仍处于亏损经营状态。

市委决策、市府直管，雁荡公司董事调整股份重组

1990年6月1日，我如常去市外经贸委上班，江圣德副市长通知即去市委组织部。韩文德部长说，昨晚市委刘锡荣书记召开书记会议，专题讨论有关香港雁荡有限公司领导调整，考虑现任总经理蒋水松其妻已去法国，故其本人不宜再赴港履任，决定刘周晰去香港主持雁荡有限公司工作。韩要求本人表态。我说，“太突然、无思想准备、感谢组织信任，但只作临时赴港打算，要求现职务不免、关系不转，速定接任人选”。下午，江圣德来外经贸委说明，市委考虑要找政治可靠，又懂外贸的人去港，这次赴港要做好留几年的准备。

2日，外经贸委大会，宣布刘将赴港工作。领导交代，“香港雁荡有限公司总经理位置重要，也很敏感，好多人想去，人选各方面都能接受也较难。在港要依靠新华社香港分社、富春公司，搞好与温州同乡会的关系”。11日，市府温政发〔1990〕54号文发出，要求刘周晰赴港执行业务培训，6月底赴港，有关生活、学习安排和在港费用负担由香港雁荡有限公司安排落实。

由于当时外派人员要经国内有关部门审查批准，还要征得新华社香港分社同

意。故在等待批文之际，我向公司前总经理杨国良、蒋水松了解雁荡有限公司开业以来的经营情况，在任进口部副经理陈玉平告诉我，1990 年 5 月止，雁荡有限公司亏损港币 9 万余元。在此同时，我参与了香港雁荡有限公司的重组工作。

9 月，市委、市政府关于强化全市对外开放和外向型经济发展的〔1990〕19 号文件，明确香港雁荡有限公司的职能和领导关系。香港雁荡有限公司行政由市政府直接领导，业务归市外经贸委管理。10 月 3 日，根据市政府要雁荡公司重组董事会，要扩股的要求，市外经贸委主任会议专题讨论香港雁荡有限公司扩股事宜。而后与有关企业协商，经筛选，敲定温州国际信托投资公司、温州海螺工业公司、温州味精厂、温州橡胶塑料总厂等作为第一批扩股对象。6 日，市外经贸委将香港雁荡有限公司扩股报告呈送市政府。

1990 年 10 月 10 日，我与陈宪林及已被批准外派的温州经济技术贸易公司副经理赵忠烈辞别温州同飞广州，晚转火车到深圳，11 日上午过罗湖关，赴香港履职。

1990 年，香港还在港英政府管制下，与内地是完全不同的两个社会、两种制度。中共港澳工作委员会以新华社香港分社的名义活动，共产党员身份不能对外公开，对内称 A 员。国家有关部委、省市自治区和开放城市驻港办事机构一概以公司名义开展活动。

为了适应环境的变化和角色的变化，抵香港后，我们放下行李即去洛克中心召开公司会议，传达市委 19 号文件布置工作。当月一边熟悉公司业务一边对外联系，先后去香港富春有限公司向冯夏森董事长汇报；接洽旅港温州同乡会王国桢名誉会长，黄崇川理事长，王大兆、杨麟振副理事长，赵家园秘书；受市政府委托代表温州市参加旅港温州同乡会五周年庆活动；拜会新华社张浚生副社长、杨声副秘书长和范正翘部长；会晤香港文汇报张云枫总编；商洽浙江兴业银行中国业务部经理黄贤。与在港培训的温州市五机化医进出口公司副经理蔡振林、海螺制伞厂厂长李建平、乐清市工业公司派出的蒋成信、高天乐和郑元孟等座谈，了解他们的在港感受和进出口业务方面的实践。

11月5日，温州市人大常委会主任卢声亮和统战部长陈乾勋为加强与香港有关方面的联系专程来港。卢声亮、陈乾勋在我司陪同拜会新华社香港分社、香港招商局、富春公司等高层，会见并与南怀瑾老先生座谈后，卢主任、陈部长来雁荡公司，听取公司当前情况和今后工作思路的汇报，对公司的工作思路予以肯定，特别提出雁荡公司要当好推动金温铁路合作的联络员。

香港的新闻信息灵通。由于温州模式名闻天下，香港的媒体对温州的改革开放也特别关注。11月16日，香港文汇报记者专题采访雁荡公司职能任务和温州发展外向型经济的情况。17日，文汇报《中国经贸》就在头版以“雁荡升格驻港机构，扩大温州窗口作用，高层重组总经理职由刘周晰暂代”予以报道。21日，文汇报《中国经贸》刊出“地方铁路大型电厂正筹建，温州引进外资完善基建，刘周晰称增加海外设点拓展出口”的采访报道。

12月，公司到深圳取回温州市人民政府温政机〔1990〕114号文件，该文件任命江圣德（副市长）为香港雁荡有限公司董事长，屠锡清（外经贸委主任）、何开镕（财政局长）等为副董事长，刘周晰为常务理事。收到市政府任命刘周晰为香港雁荡有限公司总经理的传真。

媒体的曝光、明传传真发港，使我们在资本主义的环境里时刻感到被关注着。组织上要求外派人员冷静应对，时时处处事事小心。以后新华社香港分社的重要会议都在深圳开，港英政府的有关部门、“台湾”及外国驻港情报机构往往根据海关出入境大陆窗口公司负责人的进出动态来分析需要的信息。

主持公司工作后，我与在港人员进一步统一思想，雁荡公司要在香港站住脚、有作为、积极发挥窗口公司的作用，就要扩大经营规模、购置必要的固定资产。我司要求在港购置公司办公用房的请示，董事会、市政府12月正式同意。我们即比价中介公司提供的房源，并咨询浙江兴业银行和杨麟振律师行，于月底办理了302万港元购置荣华商业大厦13楼的法律手续，并立即开始装修。

1991年1月15日，以省委常委、温州市委书记刘锡荣为顾问的经济考察团专程到港。当天晚上，我们陪同刘书记一行拜访南怀瑾老先生，参与有关金温铁路项目会谈。在港十多天里，刘书记活动安排非常紧凑。除了多次参加金温铁路项目会谈和签约，我司联系并陪同刘锡荣书记一行先后拜访会晤了新华社张浚生副社长、华润集团周传儒常务副总经理、富春公司冯夏森董事长、浙江兴业银行崔书明总经理、善高公司徐起超董事长、中旅集团黄振声董事长、温州旅港同乡会王国桢名誉会长和黄崇川会长等，就温港合作有关事宜沟通信息交流情况，提出意见建议。

使我们感动的是，17 日下午刘书记带领省计经委重点办主任杨国章、外资处处长姚金禄、温州计经委主任章华表和联络办副主任李景山等来洛克中心，听取雁荡公司工作汇报和情况说明。刘书记要求正视雁荡公司初创的艰辛和当前的困难，对公司今后的工作思路予以充分肯定，对总经理提出了殷切期望。中午他在公司和我们一起吃 12 港元的快餐盒饭。晚上刘锡荣和章华表来京城大厦我们住处，提出雁荡公司要团结、稳定、落实责任制、调动积极性。19 日晚上刘锡荣书记和章华表主任再次来京城大厦，刘书记说，前两任总经理在任时，工作努力但公司的作用发挥得不够。现在雁荡公司行政归市政府直接领导，我对雁荡公司总经理提出明确要求，老刘要“事不过三”。他的话给我们莫大的压力和动力。

值得一提的是，刘锡荣的表姐陈怡芬在香港志晓船务公司任总经理。我陪刘书记去合和中心拜访时，我们一起吃自助餐。当他表姐得知表弟夫妇上班中午吃食堂，而两个小孩经常吃冷饭后，就买了一个微波炉送给表弟。在刘锡荣坚持不带后，陈怡芬把微波炉送到雁荡公司。后来我们通过雁荡山号轮船运回温州，但不久又被退回香港。此事令我们公司员工非常感慨。而烈士遗孤、在任领导的言传身教，更使我们受益匪浅，在港英政府管治的香港努力开创公司工作新局面之际时刻绷紧神经。

经过一个月的简单装修，1991 年 2 月 6 日，香港雁荡有限公司乔迁洛克道荣华商业大厦 13 楼办公。

充当桥梁、适应需求，发挥温州第一家境外经贸窗口公司作用

香港雁荡公司自开业起，就致力发挥贸易桥梁和窗口公司的作用。进入20纪90年代，其效能日趋明显。

其贸易桥梁作用体现为：

（一）充当经贸跳板，推进温州商品出口。如派员协同苍南金乡徽章厂厂长陈加枢去英国推销，终使英国皇家部队佩戴该企业制作的徽章。

（二）适应温州企业需求，拓宽进口渠道。温州产业发展需要什么，我司就千方百计从世界各地提供什么。如从韩国、"台湾"进口塑料粒子；从德国、以色列进口化工添加剂；从"台湾"、意大利进口制鞋生产线；从日本、德国进口机械、电器设备；从澳大利亚进口蓝湿皮；从东南亚进口橡胶；从泰国进口饲料；等等。后来还扩大到为吉林、辽宁、山东等地进口大型设备。

（三）根据温商要求，发展转口贸易。20世纪90年代初期，正是全球各地的华侨华裔走出厨房、走出地下作坊，转型到国际贸易和其他新产业之时。为此，我们以转口贸易的形式，协助他们发展。如由我司与温籍法国贸易商签约，从印度进口牛皮，送深圳加工成皮衣，再由雁荡公司转口到法国销售。法国欧洲时报曾专题报道，"温州投资香港公司创业五年成绩显著，香港雁荡公司董事访问法国，协助华商开拓香港转口贸易"。

窗口公司的一些职能表现为：

（一）宣传温州，向香港新华社经常通报温州社会经济发展动态；与香港媒体如文汇报、大公报保持联系；有的放矢拜访和商洽香港名企和华润集团等大陆国企；密切联系旅港温州同胞。

（二）为温州外向型企业担负实习培训任务，从1990年起，香港雁荡公司为温州的外贸专业公司和三资企业培训了数十名进出口业务骨干。

根据市委的要求，承担起为市党委系统、各县（市、区）委组、宣、纪主要

负责人及全市重点镇负责人赴港考察培训的任务。1995 年，40 多名干部分四期到港参加“开放性经济管理与决策知识培训班”，每期在港十天，每天都安排讲座或不同类型的考察，使这些不直接从事经济工作的基层领导初步了解香港经济和国际市场。

（三）为温州赈灾筹款。如 1994 年 17 号台风正面袭击温州，造成人民生命财产的巨大损失。雁荡公司闻讯后，率先捐款 10 万港元。并在第一时间建议新华社发动中资企业赈灾，同时将温州灾情通报欧美侨团商会和香港各界，得到新闻界、金融界、工商界和江浙同乡会、温州同乡会等方面的热烈响应。一星期里，捐款单位来电告知我司的善款已超 500 万港元。

（四）自费接待来港和中转的公干人员。据不完全统计，自 1990 年 10 月至 1994 年 12 月，雁荡公司自费接待温州来港人员计 244 批，1179 人次。其中省级 8 人次，市级 45 人次，县级 272 人次。

（五）雁荡公司还积极为市政府制定外贸战略献计献策。我们在港期间，先后呈报“搞好温州进出口工作的几点意见”“关于充分发挥香港雁荡公司职能作用的十条意见”“大力拓展东欧市场的建议”等报告，得到市政府和有关方面的采纳。

既当配角，又当主角，全力协办温州在港澳的展销推介活动

从 1991 年起到跨入新世纪，温州市十分重视利用香港这个国际金融中心、国际贸易中心、国际信息中心的地位和作用，每年都要在港澳地区举办大规模的经贸活动。

其中的主要活动有：1991 年 9 月，江圣德副市长带领 35 人赴港参加’91 浙江省经贸洽谈会；1992 年 11 月，江圣德带领市外经贸系统和各县市区外经贸委、外贸公司 50 多人参加’92 浙江投资暨贸易洽谈会；1993 年 6 月，市长等带领温州市 172 人到澳门举办“温州市出口商品暨经贸合作项目洽谈会”；1993 年 11 月，蒋云峰副市长带领市外经贸系统和各县市区 28 人参加’93 浙江省经贸洽谈

会;1994 年 8 月,市长、副市长等带领 118 人统一出境,在香港举办’94 香港温州市出口商品暨经贸合作项目洽谈会;1995 年 4 月,蒋云峰副市长带队参加’95 浙江经贸洽谈会。此后,还举办温州投资环境和项目介绍会,香港“浙江周”等活动。

所有这些活动,都成为当年雁荡公司的中心任务。邀请客户、联系嘉宾、安排接送、落实住宿都要事先到位,主要领导在港的日程和工作安排更是精心周密、马虎不得。事实上,雁荡公司既要做好服务、当好配角,还经常要当主角,作为外方为贸易合同、投资项目签约。

如 1993 年 6 月在澳门办展,1992 年下半年就开始准备,常务副市长蒋云峰、副秘书长章时趋、市外经贸委办公室副主任吴朝骞和我专门前往澳门做前期准备工作,而后确定时间、场馆。但开展时却赶上台风在珠江口登陆,我们在展览馆前的大气球都被台风刮跑。幸而我们邀请的全球客户大多提前到达,基本没影响业务洽谈。而投资项目事先准备充分,签约比较顺利。这次展销会,香港雁荡有限公司既作为协办单位参与联络协调服务、宴请客商等事务,又作为外方与温州的 8 家企业签下了投资合作协议或合同章程。我曾作小诗《澳门办展遇台风》记录此事:“几番踏勘大三巴,执礼濠江兼杂家。外宾有宴呈红酒,展客无暇献绿茶。项目引资挑实在,商品出口选精华。风狂楼醉人声沸,成就姻缘东主夸。”

’94 香港温州市出口商品暨经贸合作项目洽谈会则是温州人在港独立举办的大型展会,温州来人涉及面最广、领导干部最多。

8 日下午先举行’94 香港温州市出口商品暨经贸合作项目洽谈会新闻发布会。市长介绍温州经济发展和“质量立市、科技兴市、依法治市、流通活市、文明建市”情况。而后在华润大厦会展中心举行开幕式。常务副市长蒋云峰主持会议,新华社副社长张浚生等剪彩,全国政协副主席霍英东等发来贺信。新华社经济部部长陈克强、浙江省外经贸厅书记杨祖成、港澳国际董事长李耀祺、香港富春公司董事长冯夏森等 600 余人参加。

这次活动规模大、影响好、成果多。雁荡有限公司的付出和会内外的安排得到代表的普遍赞扬。公司近几年来取得的业绩也得到蒋云峰董事长在港召开董事会议的高度肯定。市长在深圳总结时指出："本次展销会，香港雁荡公司花了很大精力、花了很多财力，安排得很好，我们大家都满意。"

融资返投、形式多样，在境内外创办合资合作企业 45 家

1990 年温州全市实际利用外资只有 247 万美元，在全省落后。引进外资少、外资企业少，不利于引进先进技术设备、不利于企业技术改造，还不利于企业出口，进军国际市场。

为此，市领导非常焦急，1991 年 2 月召集市外经贸委、香港雁荡公司和温州国际信托投资公司负责人讨论利用窗口公司引进外资形式和方法。为有利于融资引资的实施，拟定香港雁荡公司扩大股份，物色股东后，报市政府批准。决定调整充实香港雁荡有限公司温州办事处，报浙江省外经贸厅审批。

从 1991 年 3 月起，香港雁荡公司和温州国际信托投资公司组成合作引资中方对象选择小组。香港雁荡有限公司先后参加这项工作的有刘周晰、陈玉平、陈宪林、赵忠烈、徐钢和陈成焕等，温州国际信托投资公司参加这项工作的有邱淦、倪津荣、孙德胜、金士治等。这个小组根据温州市计委、经委、八大工业公司和各县市区提供的企业，逐一走访、洽谈、宣传、发动，而后根据成熟程度，提出合资合作意向、编写项目建议书、可行性研究报告。

1991 年 4 月以来，合作引资中方对象选择小组先后与温州味精厂、温州肥皂厂、苍南帆布总厂、平阳冷冻厂、瓯海县制衣厂、瓯海制革二厂、温州乳品厂、瓯海医疗仪表厂、市化工防腐设备厂、温州塑料助剂总厂等企业洽谈、磋商。

1991 年 9 月，为配合’91 浙江省经贸洽谈会在香港举行，我司特意派员到深圳，与温州外经贸委杨国良带来的一批企业洽谈、签约。在深圳签约的有中外合资温州爱尔达制衣有限公司、中外合作温州兴达助剂有限公司、中外合资温州

健达医械有限公司、中外合作温州发达有机氟塑料有限公司、中外合作温州永达锁具有限公司等。

1992 年 5 月，市政府召开专题会议，讨论关于发挥雁荡公司投资职能、促进温州三资企业发展的方案。明确计委、经委、外经贸委、外管局、温州信托投资公司和雁荡公司的职责。为了加快招商引资和返投资工作的进度，建立了外商投资项目联合审批会议制度，由分管副市长为召集人，市计委、经委、外经贸委、工商、财政、外税、外管、海关、安全和项目主管局的负责人参加，每周星期五办公、一条龙服务。此举改串联为并联，大大提高了项目审批进度。

香港雁荡公司一方面积极贯彻落实市政府的工作部署，另一方面了解省政府对加强企业技改、由省计经委牵头、富春公司配合、外管局协助举办返投资项目的原则及举办返投资合作企业的路线图。努力把好雁荡公司在温兴办的合作企业效益要好、能够出口这个关。

为了树立范本、宣传造势，1992 年 9 月 7 日，香港雁荡公司及"九达一宝"合资企业在《温州日报》刊出整版广告。8 日，香港雁荡有限公司合资合作企业联谊会暨发达化工、力达乳品、永达锁具、健达医械、宏达激光图像公司开业典礼在温州华侨饭店举行。市外经贸委主任屠锡清主持，刘周晰总经理介绍公司发展近况，中外合资富达染料公司总经理陈锡龙发言，市人大主任卢声亮、市政协主席陈国均等先后发表热情洋溢鼓舞人心的讲话，充分肯定香港雁荡公司的发展业绩，提出温州要借助发挥雁荡经贸信息窗口，加快对外开放步伐。江圣德副市长和部委办局领导、各方代表 200 余人到会，气氛十分热烈。12 日，《温州日报》发表《从贸易起家、到投资为主，雁荡公司不断发展壮大》的报道文章。24 日，温州电视台播出《魅力——温州纪实》"香港雁荡公司联谊会实况"，反响热烈，多方来电。

借助大好形势，我司趁热打铁。充实公司驻温州办事处力量，指令加快物色合资合作对象。同时，积极联系香港金融界，提供项目审查，争取资金支持。此外，我司向市政府请示，要求再次扩股，增加鹿城、瓯海、龙湾三区和乐清、瑞安两市为香港雁荡有限公司新股东，以利于增强公司自身实力、增强公司在香港融资能力，也有利于温州项目的加快实施。

此后，我司先后与温州制药厂合作成立力泰隆制药公司，与温州第二制药厂合作成立康隆制药公司，与有机化工厂合作成立元隆化工公司，与温州橡胶工业集团合作成立顺隆橡胶公司，与温州仪表厂合作成立长隆仪表公司，与温州催化剂厂合作成立宏隆催化剂公司，与温州电化厂合作成立光隆化工公司，与温州农药厂合作成立昌隆化工公司，与温州药化二厂合作成立明隆化工公司。

与平阳化工厂合作取名永发化工公司，与平阳制革厂合作取名顺发制革公司，与平阳纺织厂合作取名恒发纺织公司，与瑞安健美胶鞋厂合作取名荣发制鞋公司，与瑞安万隆化工总厂合作成立双发化工公司，与乐清永固金具厂合作成立固力发电器公司，与乐清无线电厂合作成立通发电子公司，与瑞安橡胶厂合作成立鸿发鞋业公司。

与包装机械总厂合作取名均盛机械公司，与温州药化二厂合作取名瑞盛制药公司，与温州开关厂合作取名亚盛电器公司，与温州压电元件厂合作成立达利盛电器公司，与温州第三针织厂合作成立金得盛针棉织公司，与温州旅游用品厂合作成立兴盛旅游用品公司，与苍南水晶材料厂合作成立盛利水晶制品公司。

与温州旧城改造指挥部合作成立万家利液化气公司，与力西特集团合作成立力利制革公司，与平阳皮件厂合作成立宝利皮革制品公司，与苍南毛纺总厂合作成立得利纺织公司，与乐清长城电子厂合作成立长城电子电器公司。

至 1993 年 8 月，香港雁荡公司在温投资企业达到 39 家，总投资额 4136 万美元。合资合作企业名称为 9 达 1 宝、9 隆 8 发、7 盛 5 利。

为了改变利用外资处于后进的状态，温州市委、市政府对这项工作是花大力气抓的。对于香港雁荡公司投资企业的中方，从推荐、筛选、洽谈、签约、审批到开业，市计委、经委、外经贸委和各工业总公司的主要领导和分管领导都有明确的工作责任；大部分县市区的主要领导如兼任龙湾书记的王思爱，鹿城区长陈久忠，瓯海三任书记陈荣、陈艾华和黄德余，乐清市长林绍濂，瑞安市长陈启富和平阳书记董希华等都亲自发动、积极促成。

到我 1995 年 12 月调回温州时，雁荡有限公司已形成本部在香港、支点联欧美、重点在内陆、有 45 家关联企业组成的无名有实的集团公司。

经贸并重、投资创业，雁荡公司步入快速发展轨道

香港雁荡有限公司从 1991 年起至 1995 年，经营额年均增长 72%，实现利润每年翻一番，固定资产原值增加 15 倍，所有者权益达到 3000 万港元，经济实力明显增强。人均创利水平名列香港中资企业前茅。

香港雁荡有限公司的较快发展得到市委市政府及香港有关方面的肯定，也得到温州和香港媒体的关注。1994 年 8 月 13 日《温州日报》头版报道：牵线搭桥、引资金技术进故乡，联姻创业、促销售触角伸海外；“在港争得好风光”。1994 年 9 月 10 日，温州电视台播放《闯香港的温州人》，专题介绍雁荡公司外派干部的工作、生活、环境、抱负和工作业绩。

1995 年 2 月，国务院办公厅委托新华社编辑的 1994 年中文版《中国年鉴》出版。介绍创新和发展业绩的专稿《快速发展的雁荡有限公司》被载入史册。我作七律一首记感：“北地传真绩入围，春潮汹涌撞心扉。登高步步图宽远，落子盘盘见细微。遇战乱时谋险局，于和平处握商机。自如吐纳成新象，大业初煌手一挥。”

1995 年 2 月 16 日，《温州日报》专题报道雁荡公司——《特别快艇驶向国际商海》。

（作者时任香港雁荡有限公司总经理）

夏荣强　第一所中外合作办学的盲人特殊教育机构

改革开放，使中国经历了前所未有的发展与腾飞，使中国的面貌发生了翻天覆地的变化，使中国人民感受到从未有过的欣慰和自豪，使中国在世界舞台上从未像今天这样享有崇高的威望。

作为亲历改革开放的13亿中国人民中的一员，我欣喜地看到改革开放在促进我国教育事业发展方面所展现的丰硕成果，在我国残疾人特殊教育中外合作办学方面也写下了浓墨重彩的一笔!

创办海德里盲人学校中国福州分校

1988年9月，我肩负着全国广大有志学习英语的盲人朋友们的重托，怀着提高我国盲人的英语文化素质和水平、进而提高我国盲人的国际地位的坚定信念，在东海之滨美丽的历史名城福州，创办了我国现代史上第一所盲人特殊教育中外合作办学机构——海德里盲人学校中国福州分校。

海德里盲人学校中国福州分校（以下简称分校），是美国海德里国际盲人免费函授学校设办于中华人民共和国的一所函授分校，也是我国唯一一个面向全国盲人提供免费英语函授教学服务的民办非企业残疾人特殊教育中外合作办学机构。

分校的服务宗旨是：为盲人有一个光明的、鼓舞人心的未来而努力！

分校办学目的是：为使我国广大有志学习英语的盲人，也能像健全人一样有机会学习外语，不断提高我国盲人的英语文化素质和水平；开拓和促进我国盲人与国际间盲人的友好交往，增进友谊，进而更加提高我国盲人的国际地位；拓宽盲人的就业渠道，培养和推荐具有高水平英汉翻译能力的盲人从事英语翻译工作；积极向我国需要盲人外语人才的机构和盲校推荐德才兼备的盲人英语人才。

分校创办之前，由于没有盲文版的英语教科书等学习资料，我国盲人想学习和深造英语十分困难。分校的创办，结束了我国盲人学习英语无门的状况，为我国广大有志学习英语的盲人开辟了一条学习和深造英语的绿色通道。

发展历程

办学 20 年来，分校已走出了一条令人瞩目的发展道路。从办学初期仅有 3 位办学人员，发展到今天的 15 位教职员工；从一开始仅开设四门英语函授课程，发展到如今开设有 21 门各类英语学习和英文版专业知识方面的课程以及盲童家长指南课程；从办学第一年的 63 位盲人学员，发展到今天的 2500 多位在册学员；从当初仅有两台盲文打字机，发展到如今拥有 23 台套现代化的办公、教学和盲文教材生产打印设备。

20 年前分校创校初期，仅向盲人学员提供若干门单一的英语课程函授教学指导服务。如今，分校不仅扩大了函教服务的课程范围，而且还开拓和完善了分校的其他各项服务。

分校的盲人英语图书服务中心已粗具规模，不仅向学员提供有声读物的免费借阅和翻录服务，而且还开展盲文英文图书和大字版英文文学作品的免费借阅，现已成为我国唯一一个具有三种类型图书、面向广大盲人开展免费借阅业务的综合性盲人英语图书服务机构。

分校的学员英语交流俱乐部更富有特色。它不仅为盲人学员提供了一个将所学英语知识运用到实际中去的广阔空间，而且还开展国际交友活动，让中国盲人通过这一窗口了解世界、促进交流、增进友谊，不断提高我国盲人的国际地位。

为了方便分校盲人学员与分校的联系，为了让社会各界更好地了解分校的办学、服务及发展情况，分校从2000年以来，陆续开通了800免费咨询服务电话，建立了自己的国际互联网站并开设了由美国老师和分校指导教师为盲人学员提供英语口语培训和函教指导服务的远程教室。

如今，分校的教学工作，已从传统的单纯函授教学形式，发展到通过信函、800电话、电子邮件以及远程教室分校指导老师和美国口语老师零距离直接对学员进行学习辅导的立体、全方位教学模式。所有这一切，都为分校在新世纪与时俱进、开拓进取，奠定了一个更加坚实的发展基础。

分校为我国31个省、市、自治区以及香港和澳门特别行政区的数千位盲人英语爱好者提供过服务。录取参加学习的盲人学员中，已有3000多人次获得了单科结业，领取到由美国海德里盲人学校总校统一签发的单科结业证书。不少盲人学员正在用他们所学的知识服务于社会，与国际间的盲人建立了友好交往和友谊，谱写着自己人生的崭新乐章。分校也已成为我国有志学习英语的盲人学习、深造和提高英语文化素质和水平的专业殿堂，成为中国盲人与国际间盲人进行友好交流与交往、增进友谊的桥梁和纽带。

今天，我们又在进行新的创新思维，一个“中国盲人高级翻译培训班”正在应运而生。在这一培训班为期两年的全日制强化学习和实践训练过程中，10名18岁左右的年轻盲人在中、美老师的共同打造下，将被培养成为改革开放以来我国第一批年轻的中国盲人翻译人才。海德里盲人学校中国福州分校将继续以自己不懈的努力和创新型的开拓，为拓宽我国盲人就业的新渠道而继续做出自己积极和应有的贡献！

（作者时任美国海德里盲校中国福州分校校长）

吕瑞明

第一次中外合作编演剧目——京剧与歌舞伎同台演出

中国京剧与日本歌舞伎的艺术结合

在中国京剧院创演的对外国际合作交流剧目中，成就最为突出的是中国京剧和日本歌舞伎合作同台演出的大型神话故事剧《龙王》。它是 1988 年由我和日本资深剧作家奈河彰辅（本名中村芳三）编剧，日本松竹株式会社出巨资 10 亿日元制作。日本著名歌舞伎艺术家市川猿之助倡议、策划，按照我提出的剧本故事方案，双方酝酿构思写成剧本。参加演出人数日本歌舞伎 100 余人，我们京剧 60 余人，由李光领衔，董志华、袁国林、李欣、沈健瑾、寇春华、常贵祥等主演。中日两国的两大民族古典剧种同台联合演出同一剧目，在中日戏剧史上是第一次，因此该剧可以说是具有历史意义的开创性的演出。

从 1989 年 3 月开始，该剧在日本东京、名古屋连续演出了 110 场，轰动东瀛，日本 NHK 电视台于 1989 年 9 月、1994 年 1 月曾两次通过卫星向世界播放，被誉为国际文化交流的创举。该剧的演出收入（根据我们与松竹株式会社的契约约定的演出报酬），为我们国家创外汇收入 5000 万日元，当时折合人民币约为

350 万元（交给了我们剧院），这也是当时创纪录性的演出收入。因而该剧是社会效益和经济效益皆大丰收的国际合作剧目。

该剧编剧的起始，是在 1988 年初，接到了日本歌舞伎艺术家市川猿之助倡议将他们的超级歌舞伎与中国京剧合作编演同一剧目的来函。

市川猿之助的祖父猿翁对中国有着很友好的感情，远在 1955 年中日尚未恢复邦交时，不顾日本右翼反华势力的阻挠和反对，亲率庞大的歌舞伎团在我国进行了友好巡回演出。翌年，我国梅兰芳大师率阵营强大的京剧团回访了日本。市川猿之助当时还在庆应大学读书，看了梅兰芳大师以及李少春等名家的演出，便深深地爱上了京剧，成为一位铁杆儿的京剧戏迷。以后他继承了他家族的衣钵，成了歌舞伎的名家之一。

在当时歌舞伎像我国的京剧一样，缺少中青年观众，不景气的时候，他独出心裁，将传统的歌舞伎与现代化的舞台声、光、电等技术条件相结合，创建了以大投入、大制作为标志的超级歌舞伎，立即成为日本新老观众都很欢迎的新歌舞伎品种，红极一时。这信息我较早就听说了，所以接到他邀请合作的信函后，立即表示同意。但在回信中我提了一个问题，即他们大制作的大布景、大道具不能与写意性的京剧在舞台呈现上相矛盾……总之，我一直不同意把写实性的布景道具用于京剧的演出中。他立即将他们一个新戏的全部录像寄了过来，我一看，放心了。他们大制作的布景基本上是风格化的，与写意性的表演很协调融合。室内景虽较写实，但很别致、壮观，并仍有写意性的意蕴，也很适合京剧的写意性表演。

剧本的选择

我们表示同意合作后，他们立即将一个名为《国姓爷合战》的剧本寄了过来。这是一个日本净琉璃戏的剧本，创作于日本明治维新前闭关锁国的时代，直到今日，日本仍在演出。内容是写郑成功的事迹。我一看剧本，心凉了半截。郑成功是中日混血儿，父亲郑芝龙原是海盗出身，在日本长崎县娶了一位日本妇女，生了郑成功。其剧本竟把郑成功写成是在日本武士道精神下成人，回到中国，挽救了当时的南明王朝，并将汉奸吴三桂写成英雄人物。当然，这并不一定是有意歪曲，主要是在当时日中两国都处在闭关锁国时代，信息欠通而写出的剧本。

当市川猿之助得悉我们不同意这个剧本时，他立即和他的夫人藤间紫（日本著名舞蹈家，兼话剧、影视剧表演艺术家）及其经理人藤间文彦来到中国。我们在人民剧场贵宾室进行了会谈，我详细介绍了所了解的郑成功的事迹。我讲，郑成功确是中日混血儿，他七岁时回到中国，是在我们儒家思想熏陶下成长起来的。他的母亲很久才得到日本藩国的同意，回到中国福建，这时清军攻进中原，又攻过长江。

当时明朝皇帝逃避到江南，史称南明王朝。清军攻到福建，郑芝龙时为南明的高级将领，竟投降了清军。而他的日本夫人因受到清军的侮辱，愤而尽节自缢身亡。郑成功痛心至极，怀着国仇家恨，愤而到孔庙祭拜孔子，烧了（一说脱了）儒生的青衫，表示要弃文就武，拿起武器，与其父决裂，抵抗清兵。南明皇帝本姓朱，为了嘉奖郑成功，便赐他姓"朱"，全名称"朱成功"，因而称他为"国姓爷"。后来因清军实力强大，郑成功难以取胜，便搜集许多船只，渡海将当时占据我国台湾的荷兰人赶走，收复了台湾，建立了新王朝。直到清朝康熙年间，经过几多斗争，台湾终于回归祖国，实现了全中国的统一。

市川猿之助听到这些史实，恍然大悟，决定共同另行选择题材，进行合作。在京期间，他们观摩了《野猪林》等戏，对我们京剧艺术革新的主张尤为赞赏，更增强了他合作创作的信念。

在接下来选择题材过程中，我想到《封神演义》中哪吒闹海的故事，如果能有一个日本传说中的神话人物，与哪吒结成生死相依的朋友，共同演绎一个抗击龙王的故事，那将是一个很有戏剧情节的合作题材……时在欧洲演出的市川猿之助，看到我提出的这一方案，十分赞同，表示说这是"高明的提案，拨动了我艺术创造的心弦"，并提出了一个名叫海彦的日本渔民传说人物，与哪吒结成伴侣……几经研究构思，终于写成了《龙王》这一大型神话故事剧剧本，开始与演出出资的制作人松竹株式会社方面缔结契约。

几经商谈，我们以中国京剧院的身份缔结的契约，最终对我们剧院是十分优厚的：我们不参与经营，不负责盈亏，每场演出收入 45 万日元吧（记不太清），约合人民币 3 万多元（是我们平日演出收入的七八倍），由日方付给中方演员每日餐费 7000 日元（近 500 元人民币），住宿需提供星级宾馆（实际住的是东京银座的五星级东急饭店）。松竹株式会社社长永山武臣，对中国人民一向表示友好，对中国京剧十分赞赏，也很有远见与气魄。据市川猿之助的经理人藤间文彦对我讲，松竹是上市大公司，他们搞这样的大型合作演出，事实上也是某种社会舆论宣传，因此，本着“基本不赔钱，小有盈余”的主张来进行投资制作。

编创演出中的波折

该剧在编创过程中，包括剧本商谈、契约协商、进行排练等，市川猿之助曾四次率不同人员来到北京，亲自参与，倾力而为。戏的编演虽是很成功，但也并非一帆风顺。

初排的录像寄到东京后，市川猿之助给我打来紧急电话，希望刚出医院的我到东京进行协商。原来，由于京剧导演组方面意图用“耍龙灯”的方式代替“哪吒打败龙王三太子，抽其龙筋”的表演；在音乐设计方面，又加入了时尚的日本流行歌曲的旋律及宝冢调等。他认为这种革新不妥，希望京剧艺术革新应该是《杨门女将》式的……同时也暗示希望由他来做总导演，来协调配合双方的表演，恰当地运用现代化的舞台声光条件和大布景、大道具等。

由于我在开始排练前就理解到国际艺术合作中，“越有民族性才越有世界性”的理念，就曾嘱咐过导演组，一定要充分运用民族传统表演、音乐等，譬如音乐中我们的大锣、鼓板、唢呐、海笛、胡琴等，我们习惯了的甚至以为陈旧的东西，到国际舞台却是陌生的、新奇的，因此诸如电子琴之类，绝对不要加到我们的乐器中，表演上也不要滥改。因为我有言在先，所以回来后上述的一些偏差很快就纠正过来了。同时，考虑到两个剧种合作，又是与声、光、电等现代技术条件相结合，因此确实需要有个总导演进行策划协调。

经研究，大家认为这次合作，在经济上我们是只管赚不管赔，总导演责任重大，所以在尊重我们京剧导演意向，保证京剧艺术质量，舞台演出时间中日双方各占一半的前提条件下，我们赞同由市川猿之助来做总导演。这样做了回复，市川猿之助欣然接受了这些要求。

市川猿之助这个艺术家很聪明，也很正派，很重感情。他理解到京剧的表演魅力，所以在实际排演中，一直以维护京剧、歌舞伎双赢的态度，互助互谅，竭诚合作，终于保证了《龙王》的演出成功。但是说心里话，我们京剧的表演太精彩了，虽说是“双赢”，但日本广大观众，对京剧艺术仍是表现了过多的惊喜和赞赏。

在演出过程中，也出现过一些波折。一是日本新制作座团长真山美保与市川猿之助有艺术上业务上的矛盾，曾进行一些干扰。诸如，在演出中，她专派来一些演员买票看戏，为李光的表演大声叫好，以弱化市川的表演；在邀请我和部分演员到她剧团做客时，在欢迎宴会的舞台上，不断地降下一幅幅祝贺京剧在《龙王》演出成功、中华人民共和国万岁等条幅，在这过程中竟降下了一幅写有“京剧演出成功，使市川猿之助的歌舞伎走向正途”的条幅，并当场对我说，这是她们的观点，与中方无关。这些做法，对我们与市川猿之助的合作会造成一定程度“间离”，而她在政治上又是日中友好人士，很难应付。另外，在这个戏的排演过程中，有一个曾与市川猿之助关系较好的翻译，与我们团内的个别人员串通，意欲将市川猿之助当作“摇钱树”，尽力拉拢，摆脱我和我们剧院，将来自行组团与市川合作等等。

这些事搞得我十分头疼，只能一一破解。我与市川猿之助进行了深入沟通和解释，为防止破坏，提出要松竹株式会社解雇这个翻译。最终这个翻译当众向我道歉，并写出书面检讨……最后，令人意想不到的是，市川猿之助在演出将结束时，专门设宴招待我们技导组的同志（其中包括曾想摆脱剧院另行组团与市川合作的人）。

赢得日本艺术家的友谊

宴会上，市川先生明确表示：“《龙王》之所以成功，首先要感谢吕院长，是他提出的方案编演了这个戏；是他化解了我与京剧导演组的矛盾；更重要的是，他提议我做总导演，因而保证了演出的成功。”我们与歌舞伎的这次合作演出，终于取得了圆满的结果，并赢得了我们与日本艺术家们的友谊。

市川猿之助对我的艺术观点和写作，以及真诚相处的工作态度相当倚重和信服。1993 年底我从中国京剧院院长的岗位退居二线，做艺术顾问。后来，他开始创演《新・三国志》系列剧，特地聘请我做艺术顾问和剧本监修。这个系列剧从 1999 年开始编写，到 2005 年连续演出了六年，每集演出两年，每年演出约 180 场，在日本非常轰动。每集都是他先把翻译成中文的剧本寄给我听取意见，每年都邀请我两次赴日，一次讨论剧本创作，一次观摩演出。我那时已 70 多岁了，长途旅行不便，他和制作方松竹株式会社便提出由我家人（我儿子吕钧）陪同前往。在每集演出的剧情说明书中，登载有我作为监修对剧本的分析文章，我每次写给他们的剧本意见信函，都原文刊载在市川先生编写的《超级歌舞伎》出版书籍中，同时也登载在他们演出公司的年鉴上，表现出对我这个年长的中国剧作家的信任和敬重。

作为一个退休的年老的剧作者，依然还能以个人身份为国际艺术合作做出点滴贡献，这是我感到十分欣慰的事。至今市川猿之助先生在重病痊愈后，每年都和我互寄贺年卡，以此纪念我们的深厚友谊和美好祝愿，这也是我在友情上的重要收获。

（作者时任国家京剧院院长）

郑元亨

第一家期货交易所——深圳有色金属交易所创办始末

1991年6月10日，在深圳市华富路海外装饰大厦一楼，当中国有色金属工业总公司副总经理、交易所理事长沃廷枢宣布新中国第一家期货交易所成立时，全场兴高采烈，掌声雷动。当宣布聘我为交易所总经理时，我在掌声中感到任重而道远。朱悦宁副市长在致祝词中说："深圳有色金属交易所的成立，顺应了我国经济发展的大方向。认准了大方向，就要义无反顾地办下去。"

从交易所成立到1998年底交易所被撤销改制的7年半时间，我一直担任总裁职务，如果加上从介入期货业务和策划、筹建交易所的时间，我有12年的期货情结。这12年，是我退休之前的12年，是我亲历深圳期货市场变化的12年，也是令我终生难忘值得回忆的12年。

师傅引入门　期货结情缘

改革开放后，为加速我国有色金属工业的发展，经国务院批准，1983年4月1日成立了中国有色金属工业总公司（下称有色总公司），对全国有色金属企业实行人财物、产供销、内外贸统一领导和管理。邱纯甫任理事长，费子文任总经理。

有色总公司成立一年后，即着手在深圳创办公司，经过紧张的筹办，中国有色金属工业总公司深圳联合公司（下称联合公司）于 1984 年 11 月 1 日正式开业。有色总公司副总经理吴建常任董事长，司徒怀任总经理，联合公司为正局级建制。

经营有色金属进出口是联合公司的一项主要业务。在与外商贸易中，经常接触到期货业务。司徒怀总经理是一位卓有远见和开拓精神的企业家，他认识到期货的重要性，较早研究期货。为了培育人才，开拓期货业务，从 1985 年开始，他分批组织并亲自带队到欧美学习期货，培训人才。1986 年起，联合公司已在香港设立公司，开展国际期货贸易。在他的带领和启发之下，我对期货有了初步的印象。

1987 年 10 月，我参观了伦敦金属交易所，参加了他们的年会。这家我慕名已久的具有 115 年历史的期货交易所，只有不足 100 平方米的交易厅，只有十多位在圈内比手叫喊的交易员，每 5 分钟一个轮回，交易铜、铝、铅、锌、锡、镍、白银 7 个品种。但它所形成的价格信息，却即时传遍全世界，影响整个国际市场的买卖。参观之后，深受启发。

我接触期货业务是从铜精矿的来料加工开始的。1987 年，当时国内铜冶炼企业缺乏原料，按有色总公司领导的要求，联合公司连续几年从国外进口大批铜精矿、锌精矿，搞来料加工，解决冶炼厂缺乏原料的困难。为了回避从进口原料、加工成品到运输出口这一周期之间市场价格变化的风险，必须通过国际期货市场进行套期保值。第一年进口 2 万吨铜精矿，因加工厂返铜时间及其他条件限制，没有套期保值，亏损了 600 多万元。1988 年进口 3 万吨铜精矿加工，适时做了套期保值，赚了 800 多万元。1989 年进口了 6000 多吨锌精矿加工，运用套期保值，也取得了较好的经济效益。

当时，作为司徒怀总经理的副手——分管来料加工的副总经理，我在参与领导这项业务的运作中，体会到期货市场套期保值、回避风险的重要性。

1989 年 6 月，我和联合公司钟庭科副总一行四人，在美国培基公司的安排下，到美国接受证券和期货培训，比较系统地学习证券期货知识，参观了芝加哥期货交易所、纽约商品交易所。

出国之前，我因参加单位篮球比赛折断了小趾骨，正在治疗期间。因接受单位安排培训计划的时间不能改变，我只好拄着拐杖飞到太平洋彼岸去学习。6 月 28 日下午，在洛杉矶机场验证入境时，工作人员见我扶着拐杖站队，特作为伤病号优先免予排除验证入境。同行的三人，也借了我的“光”受到优待。

这一次学习，是我历次出国中最艰苦难熬的一次。白天赶路去参观听课，紧张繁忙。晚上回到住地，伤脚肿痛，精疲力竭，只好自己用自带的中草药冲热水浸洗，使之消肿减痛，第二天能穿上皮鞋继续行路。这次在美国 20 天，虽然受了不少煎熬，却学习了知识，开阔了眼界，这些经历，对我以后参与创建交易所有非常大的价值。

建立联营中心　探索期货市场

我刚到深圳工作后，听说有色总公司领导曾计划在上海办一个有色金属交易中心，因条件未备，没有办成。现在，总公司有意在深圳把这个交易中心办起来。1985 年，我开始着手联系各有色企业，筹办联营展销中心。8 月底，我和张兴山、郑日清两位助手，带着起草好的协议意向书，在西北地区的白银有色金属公司、连城铝厂、兰州铝厂、青铜峡铝厂；在中原地区的太原铜厂、郑州铝厂、洛阳铜加工厂；在北京地区有色总公司的有关部门，共花了 20 多天时间，行程一万多公里，同企业洽谈办联营中心。

在有色总公司和企业的支持下，由全国 30 多家大中型有色企业联营投资的中国有色金属工业总公司深圳联营展销中心（下称联营中心）于 1986 年 8 月 24 日正式开业。有色总公司供销运输部何玉良主任出任董事长，董事会聘我担任经理，挑起了建立有色金属交易市场的重任。

1987 年 4 月，联营中心举行“发展战略”研讨会。国家物资部刘炳发副部长、有色总公司叶志强副理事长和一批企业领导到会发表高见。叶志强提出，“伦敦有个金属交易所，你们要敢想敢干，办成一个东方有色金属交易所”。大家都很赞成这个看法，希望联营中心大胆探索，朝这个目标迈进。

1987年11月5日，我在向联营中心第三次股东大会和第一届第四次董事会的工作报告中明确提出：“到1990年，联营中心要为股东提供良好的交易环境，让股东吸引各自的客户到这里来洽谈、订货、交易，初步形成有色金属交易所的雏形。”

1988年12月20日，我们邀请美国培基投资公司东南亚地区负责人杨亮瑜先生到联营中心讲授期货基本知识和国际期货市场交易情况。司徒怀总经理主持报告会，介绍杨先生是专门负责期货和证券交易的专家，曾被邀请到中南海讲课。这次授课，对许多人来说，是一次期货知识的启蒙教育。听课之后，对期货市场的功能与作用、合同标准、交易方式、结算方法、交割手续有了一个比较全面的了解，为日后我们创建交易所奠定了一些基础。

1989年4月16日至17日，联营中心股东大会，除讨论年度工作、董事会换届，还专门研究加快市场建设问题。我在工作报告中提出：“首先建立铜、铝、铅、锌、锡的初级期货市场。”管焱彬副经理作《关于建立初级期货市场》专题报告。有色总公司吴建常副总经理在讲话中肯定了这两年联营中心探索建设有色金属市场的成绩，要求认真调查，切实工作，加快步伐。

1990年5月19日，联营中心第六次股东大会和第二届第二次董事会对建立交易所做了具体研究，管焱彬作《建立有色金属初级期货市场的模式探讨》专题报告。会议决定：责成联营中心按国家有关规定把加速有色金属市场的筹建，作为一项重要的任务来抓。这次会议，对加快创建交易所起到重要作用。会后，我和联营中心领导班子研定，抓紧办好两件事，一是指派马陈武带一个调查小组，全面调查广东，特别是珠江三角洲地区有色金属的供求情况，写出专题报告；二是做好举行建立交易所研讨会的准备工作。

1990年8月28日、9月4日、9月11日，联营中心连续举行三次“中国有色金属工业总公司深圳联营展销中心建立有色金属交易所研讨会”。除全国有色金属企业领导分批参加外，还邀请深圳市市场领导小组办公室王穗明主任、市工商局市场处张学勤处长、市体改委王福谦处长以及法制局、中国银行等单位有关负责人参加。何玉良董事长指派张宣生处长专程来深圳协助组织研讨会。经过三次研讨会的论证，基本达成共识，认为在深圳特区创建有色金属交易所是可行的，应该大胆试验。深圳市各有关部门在发言中都表示大力支持。

认定大方向　敢为天下先

自联营中心成立后，我们一直在探索建立一个有色金属市场。但办什么样的市场？如何办？谁来办？谁来管？这些问题一直在我脑海中考虑。随着改革开放的深入，计划经济比例越来越少，市场经济比例越来越多；随着对期货市场认识的加深，我悟出了一条简单的推理：中国改革开放必定要走市场经济之路，市场经济必定要逐步建立和健全市场体系，市场体系离不开期货市场。19 世纪 40 年代建立的芝加哥期货交易所和 19 世纪 70 年代建立的伦敦金属交易所，100 多年来，交易兴旺，长盛不衰，证明期货市场的生命力。于是肯定，中国一定要办期货市场。深圳是特区，是“试验田”，我们要敢于在“试验田”里种下第一棵期货市场的树苗，让它发育成长。认定了这个大方向，对办期货交易所就更加有信心了。

1990 年 10 月中旬，我和管焱彬、彭刚上北京向何玉良董事长和有色总公司办公厅高洪桥主任汇报联营中心三次研讨会情况，商定加快筹建交易所具体工作。这次汇报后，商定几个问题：一、市场的名称不打“中国”头衔，叫深圳有色金属交易所；二、成立筹备领导小组，何玉良为组长，司徒怀、郑元亨为副组长，下设办公室专人负责；三、实行会员制，成立理事会；四、隶属关系挂在有色总公司；五、由联合公司呈报，经有色总公司批复后，到深圳市政府办理手续。10 月 17 日，有色总公司副总经理沃廷枢主持各专业局、人事部、政研室、有色报社领导会议，听取我汇报筹建交易所工作，取得了他们的大力支持。

当时，国内各地办起了许多生产资料专业市场。国务院多家部委支持建立起来的引进期货机制进行管理的郑州粮食批发市场已在10月12日开业，影响很大。而我们以有色金属系统的企业为主在深圳特区创建的有色金属市场，一举打出了“交易所”的牌子，提出进行期货交易，的确有点“敢为天下先”的胆识，这也许就是深圳经济特区“试验田”给予我们的动力。11月我派管焱彬、彭刚、李红军到郑州粮食批发市场参观学习。

1990年12月30日，有色总公司以“（90）中色计字第1102号”批复：“同意在深圳建立深圳有色金属交易所，全民所有制性质，具有独立法人资格，实行会员制。”

1991年1月18日，联合公司以“中色深联总字〔1991〕第14号”向深圳市人民政府提交了《关于开办深圳有色金属交易所的请示》。

从1991年1月至5月，联营中心组织人力，分工负责，认真落实各项准备工作。一、起草《深圳有色金属交易所章程》《深圳有色金属交易所管理暂行规定》《深圳有色金属交易所交易规则》；二、对在华富路海外装饰大厦一楼购买的700多平方米房产进行装饰，同时请中南工业大学管理系的专家进行计算机系统设计与安装，为交易所提供交易场所和办公室；三、分批组织人员到香港接受期货培训，准备管理人才；四、同市政府有关部门加强联系，办理企业批文和登记注册；五、加强同联营中心股东和企业联系，落实交易所会员单位。在这段时间里，我们夜以继日，拼命工作。起草章程和管理规定、交易规则时，无本可参，无样可依，只能参考伦敦金属交易所和香港期货交易所的做法，结合我们的实际，自编一套，反复讨论修改。管焱彬、熊晴川、彭刚和我等人，经常为此讨论修改到深夜。因为有一种使命感在驱使我们，总觉得满身是劲。

1991年5月23日，市政府办公厅（深府办复〔1991〕388号）批复：“同意成立有色金属交易所。”6月4日，交易所在市工商局办妥登记注册，领取了营业执照。这时，我们的各项准备工作已基本就绪。

1991年6月10日上午，交易所举行第一届理事会第一次会议（16家理事单位，18名理事），有色总公司副总经理沃廷枢出任理事长，何玉良、司徒怀为副理事长，聘郑元亨为总经理、管焱彬为常务副总经理、张兴山为副总经理；讨论通过章程、交易规则、管理规定。

1991年6月10日下午，举行深圳有色金属交易所成立大会，宣告新中国第一家期货交易所在深圳经济特区诞生了。当理事长宣布聘我为交易所总经理时，我感到高兴，更感到任重。高兴的是我们经过几年的努力探索和开拓，终于成功地创建了交易所，而且，我担任总经理，有机会、有舞台让我来干我想干的事情。任重的是，要办好交易所，除了管好搞活市场外，更有认识的统一和提高，观念的更新和对旧的规章制度的改革与突破，这需要毅力与勇气，也需要群体的团结奋斗。我深有感触，赋出一首七言诗：

改革开放辟新路，认定方向无反顾。
期货交易今首创，征途万里始迈步。
崇山峻岭敢攀登，惊涛骇浪能砥柱。
众志成城业兴旺，历尽坎坷见坦途。

协调各方关系　尽快开市营业

交易所成立后，还不能马上开市。因为一个专业市场，必须有章可循，有法可依。我们正等待上报的《深圳有色金属交易所管理暂行规定》和《深圳有色金属交易所交易规则》由市政府审批颁发之后开市交易。按某位领导的说法，“先挖渠而后放水，水才能流畅”。

这时候，有些部门提出了不少问题，影响到交易所的开市。归纳起来是：一、物资部门认为生产资料市场应由物资主管部门来办，6月7日，国家物资部体改司向市政府提出了这方面的书面意见；二、有的提出交易所会员需要工商局批准并颁发许可证才能进场参加交易；三、工商局认为，必须由他们派人进驻交易所参加管理，并对交易合同加盖公章，合同方能生效；四、场内交易如果价格放开，在外省很难行得通，应与物价部门协调。这些问题，有的是认识上的不同，有的是现行制度的限制，也有的涉及部门之间的权益。如果这些问题不能及时得到解决，将影响到交易所的运行。我们认为，只有政府出面，统一认识，才能协调解决。

7 月 10 日，何玉良、陈胜年（有色总公司供销运输总公司副总经理、交易所副理事长）、张宜生专门向国家体改委市场流通司司长杜岩，国务院发展研究中心市场流通部副部长乔刚和研究员常清汇报交易所情况。他们肯定企业可以联合办专业市场，对我们办交易所表示支持。乔刚和常清还准备来交易所看一看。7 月 24 日上午，乔刚在交易所举办的出市代表培训班上讲话，他说："深圳有色金属交易所的创办，是件很有意义的事情。但要充分认识到目前的环境和困难，努力把交易所办好。"下午，乔刚同市场办领导季纲岭、王穗明到交易所听汇报，对交易所的性质、机制、管理、监督、价格等问题讲了许多的看法。乔刚说："交易所办在特区，但特区对交易所和期货市场并不完全了解。在运作之前，宣传很重要，要普及期货知识，消除自觉和不自觉的抵制。"7 月 26 日，我同常清、张宜生到市政府同吴镝（市经发局副局长）、季纲岭、王穗明、王福谦再次协商交易所问题。

1991 年 7 月 31 日，李广镇副市长在市政府会议室主持会议，专门研究交易所的问题。参加会议的有吴镝、季纲岭、王穗明、王福谦、市工商局局长龚培连、市法制局马乃钰处长、市物资总公司黄子深副总经理及交易所领导。

经过热烈的争论，统一决定几个问题。一、交易所由有色总公司供销运输公司和联合公司出资联办，深圳市物资总公司可以投资加入参股；二、交易所会员由理事会审批，工商局发营业许可证；三、工商局不必派人入场参加管理，交易合同也不必由工商局加盖公章；四、交易所成立监事会，由经发局、工商局、法制局等部门派人组成，吴镝任监事长；五、章程由交易所制定，交易规则和管理规定由市政府审批颁发；六、场内交易价格放开。最后，李广镇强调："交易所一定要办，越快开业越好，一定要办好。""抓紧管理规定和交易规则的审批。"

李广镇最后讲认识问题："一、有色金属交易所我们不懂，但这里是试验田，不能等待别人办了，我们再办。我们是特区，做任何事情都要有突破，才有改革。二、适合发展商品经济，适合社会利益和企业利益，就应该有突破，不能只考虑部门的权益。三、深圳有色金属交易所将影响全国有色金属交易，因此，要看到它的重要性。伦敦金属交易所，其貌不扬，但影响全世界的有色金属交易。四、交易所应有吸引力，把会员吸引到深圳来交易，为企业提供优质服务。"

这次会议，是市政府对交易所的莫大支持，解决了许多具体的问题，增强了我们办好交易所的信心。

1991 年 9 月 21 日，深圳市人民政府颁发了《深圳有色金属交易所管理暂行规定》(深府〔1991〕386 号) 它是我国第一个由地方政府颁发的期货市场管理的行政法规。9 月 23 日，交易所试行营业。陈胜年主持试业仪式，市经发局叶连捷局长及市场办、市府办公厅等部门有关负责人、深圳商报记者等一批人亲临现场。有 17 家会员的出市代表入场交易，当天成交铝 50 吨，锌 100 吨，镍 10 吨。虽然交易量不多，但它标志着市场的新生。1991 年 12 月 7 日，深圳市人民政府办公厅又颁发了《深圳市有色金属交易所交易规则》(深府办〔1991〕236 号)。交易所的交易和管理制度均已向社会颁布，市场有章可循，有法可依，可以准备正式开业了。

1991 年 12 月 22 日，交易所在北京召开第二次理事会，总结成立 5 个月来的工作，并作出以下决议：一、同意深圳市物资总公司投资 100 万元参股交易所；二、补选深圳市物资总公司副总经理黄子深为交易所副理事长；三、聘物资总公司推荐的张洛辉任交易所副总经理；四、决定交易所正式开业时间为 1992 年 1 月 18 日。

1992 年 1 月 17 日，深圳市人民政府为交易所即将开业举行新闻发布会，李广镇副市长主持，100 多名媒体记者参加。当时，记者提问最多、最集中、最热烈的问题是：交易所能不能投机？投机合不合法？价格能不能放开？企业参加交易受不受限制？这些问题现在看来很简单，但在当时是非常尖锐、敏感的。会后有人同我开玩笑，劝我要小心，别当“投机的头子”。

1992 年 1 月 18 日，交易所举行隆重的开业典礼。华富路海外装饰大厦一片热闹，彩旗飘扬，气球升空，纸花遍地。深圳市郑良玉市长、有色总公司邱纯甫理事长、费子文总经理为开业剪彩，接着，郑良玉市长和交易所总经理进入交易厅，为正式开市交易敲响第一槌。上午 10 时半，在香蜜湖度假村举行庆祝酒会。国家有关部委领导、省市有关领导、企业领导、国内外嘉宾、新闻记者共 700 多人参加。美国芝加哥期货交易所副总裁威廉·格罗斯曼在致辞中说：“深圳有色金属交易所的开业，是中国经济体制改革的一块里程碑。”

当天下午，广东省张高丽副省长亲临交易所参加座谈会，并作指示。

在交易所上市的有铜、铝、铅、锌、锡、镍、镁、锑八种有色金属，先做远期合约，尽快研制期货标准合约。交易量最大的是铝，其次是铜、锌、锡、镍少量，其他品种没有交易。从 3 月份开始，交易所即组织由管焱彬副总经理等成员组成的专业小组研制特级铝标准合约，9 月 28 日，第一张商品期货标准合约——特级铝标准合约成功推出，10 月 9 日正式上市交易。它标志着真正期货交易的开始。1993 年 6 月 28 日，一号铜标准合约推出上市。1993 年 1 月 14 日，深圳市政府颁布《深圳经济特区有色金属期货经纪商管理暂行规定》。1993 年 11 月 1 日，锌、铅、锡、镍的标准合约也挂牌上市。从 1994 年起，100% 为标准化合约交易。

勇于实践　不断创新

期货交易与现货交易的根本区别在于实行统一结算和注册仓库的实物交割。开业后，我们一手抓市场的交易和管理，一手抓修订完善内部管理制度。如保证金管理、结算、实物交割等方面的制度，调查落实注册仓库。从 1992 年 9 月起，先后在广州、上海两地设立七家注册仓库，实行“一手一位一单”的标准仓单交割。加强通信和信息设施。从 1993 年起，实时交易信息已与路透社、美联社、中国广播卫星通讯公司联网，转播到全世界各地。同时，还通过有线通信建立异地远程传输信息网点30个，为300家企业传真即时价格快讯。为了加强管理，交易所设立会员自律管理组织，成立交易、合约、交割三个会员专业委员会。这些有效的措施，对搞活市场、规范管理、稳步发展起到重要的作用。

交易所开业第二天，1992年1月19日，邓小平同志到深圳。"小平南方谈话"发表之后，极大地鼓舞了中国人民建设社会主义市场经济的积极性。交易所是改革开放建立市场经济的新生事物，引起了国内外极大的关注。国内各地上门参观者，一批接着一批，准备回去也要办期货交易所。1992年这一年，国家体改委主任陈锦华，副主任高尚全，上海市委书记吴邦国，福建省省长贾庆林，国务院副总理田纪云，物资部部长柳随年，原国家经委主任、中国企业协会会长袁宝华等领导先后到交易所来视察。7月2日，田纪云副总理在王众孚常务副市长陪同下视察交易所，挥笔题词："办好有色金属交易所，为发展商品经济服务。"12月2日，袁宝华主任视察后题词："敢为天下先。"

这一年，伦敦金属交易所主席约翰·沃尔夫、香港期货交易所总裁黎嘉俊、日本东京谷物交易所理事长森·本治、加拿大温尼伯市商品交易所总裁西门施等一批国际期货专家也前来交易所进行考察。据统计，全年接待参观者12000多人。开业第一年，会员发展84家，交易量43万吨，交易额63亿元，交易所略有盈利。

1993年，全国各地出现了一股办期货市场的热潮，深圳市政府也计划把特区的期货市场扩大，增加农产品期货交易。根据市委常委会议精神（深常纪〔1993〕第6号）和李广镇副市长指示，市政府办公厅1993年4月7日批准，同意在深圳有色金属交易所的基础上，创建深圳期货联合交易所，指定由市贸发局牵头，交易所配合，开发院派人参加筹建。吴镝、王穗明亲自蹲点交易所抓这项工作。经过半年的筹办，1993年12月28日，深圳期货联合交易所开业。交易的品种有大豆、玉米、豆粕、白砂糖、轻柴油、国债。开业当天，成交白糖280吨、豆粕9700吨、玉米890吨、柴油1000吨，成交额达2460万元。

按照深圳市政府和有色总公司商定，两家交易所实行“一套人马，分开核算”的管理模式。设一个理事会，沃廷枢任理事长，何玉良任常务副理事长，陈胜年、王穗明、倪旭（联合公司总经理）、黄子深任副理事长。理事会下设两个执行委员会，分别管理两家交易所。陈胜年任有色交易所执委会主任，王穗明任联合交易所执委会主任，吴镝任监事长。理事会聘任我为两家交易所总裁，管焱彬、张兴山为常务副总裁，张洛辉、邓燕为副总裁，分工明确，各尽其责。

从1993年起，交易所开始举办一年一度的年会。年会都安排在每年6月份与交易所周年庆祝活动同时举办。由交易所邀请会员单位、期货经纪公司、有色金属企业的代表及国内外期货界专家参加。会员单位和期货公司也可以邀请自己的客户参加。这种年会，一共举办了6届（1993—1998年每年一届）。参加年会的人数1995年和1996年两届都超过1000人，其余四届都在500—700人。在这个盛会里，人们心情轻松愉快，谈笑风生，互相沟通，联络感情，交流经验，洽谈业务，做成生意。对各自的事业很有补益。这种年会，也是学习伦敦金属交易所在国内首创的。

我们总结了一下，自交易所成立以来，共创下了我国期货市场发展中的“八个第一”：全国第一家期货交易所；全国第一家由地方政府颁发期货交易所的管理规定、交易规则和期货经纪商管理规定作为交易所运行管理的行政法规；全国第一家推出商品期货标准合约——《特级铝标准合约》；全国第一家设立会员的自律组织——会员专业委员会；全国第一家推出标准仓单进行“一手一单一位”的实物交割；全国第一家实行标准仓单抵押用作交易保证金；全国第一家通过有线电话开通远程传输实时信息系统；全国第一家建立交易所年会制度。

治理整顿 列入试点

由于国内期货市场迅猛发展，到1993年底，全国批准注册的期货交易所达50多家，期货经纪公司300多家，兼营期货的机构近2000家，从业人员13万多人。因此，出现了品种繁杂、管理混乱、风险横生的局面。对全国期货市场实行统一领导、加强监管、加快立法的呼声越来越高。1993 年 10 月 14 日，由全国人大财经委员会副主任、著名经济学家董辅礽教授带领的期货法起草小组一行 7 人来交易所调研。15 日，在市迎宾馆召开座谈会，听取对期货市场立法的意见。吴镝、王穗明、何玉良、郑元亨、管焱彬等参加座谈。大家都认为，加快立法，有法可依，是期货市场健康发展的根本保障。但目前最急需的是归口统一领导、加强监管、控制风险。董教授对交易所的情况作了详细的了解，还提出一些很有前瞻性的意见，如期货投资基金和金融期货的问题。后来，我们聘董教授为交易所高级顾问，他愉快地接受了，每年都安排时间来交易所，我们也有机会聆听他的指导。

1993 年 11 月，国务院发出《国务院关于坚决制止期货市场盲目发展的通知》（国发〔1993〕77 号），提出对期货市场"规范起步，加强立法，一切经过试验和严格控制"的指导思想，明确国内期货市场归口中国证监会统一管理。

1993 年 12 月 21 日，中国证监会在深圳召开全国期货工作会议。23 日上午，刘鸿儒主席来交易所，听我汇报后，他提出了四个问题："一、期货市场究竟有什么好处？与远期合约批发市场有什么区别？二、国内有多少交易所交易有色金属，对你们有什么影响？三、实物交割量与交易量的比例是多少？四、你们又办期货联合交易所，两者什么关系？"

当时，我们只能尽自己的水平去回答领导的提问，但我觉察到刘主席并没有什么不满意的。24 日，证监会期货部领导等 8 人来交易所检查工作，我又做了详细的汇报。由此可见，在我国期货市场创办初期，国家监管部门对深圳期货市场是非常关心和支持的。

1994 年，深圳两家交易所正常运作，市场交易比较活跃。6 月 10 日，交易所庆祝成立三周年，并在银湖举办第二届年会。北京、上海、苏州等交易所人员，董辅礽、高尚全、杜岩、陈宝英、宁望鲁等专家，香港期货交易所主席梁家齐，总裁艾利华・威廉・格罗斯曼、杨亮瑜、刘梦熊以及会员单位、出市代表共 700

多人参加年会。常务副市长王众孚致欢迎词。6月11日下午，交易所理事会在银湖八角楼召开专家座谈会，听取对办好交易所的良策。厉有为市长亲自参加会议并发表意见，他对各位专家对深圳期货市场的关心和支持表示感谢。他认为交易所请专家来座谈听取意见是很高明的。他说："坚决拥护国家对期货市场进行治理整顿，希望交易所规范发展，争取列入国家试点。"

1994年，是国家对期货市场进行全面治理和整顿的一年，国务院办公厅分别于4月、5月、9月发布了52号、69号、92号文；中国证监会分别于9月、10月、11月发布了126号、150号、181号文。采取一系列措施，坚决制止期货市场盲目发展。中国证监会经过调查研究，决定全国保留15家期货交易所作为试点，其余清理撤并。提出"不求发展，力求稳定，努力规范，搞好试点"的指导思想。1994年10月10日，中国证监会发出了《关于批准试点期货交易所的通知》（证监发字〔1994〕150号）。深圳两家期货交易所合并为一家深圳有色金属期货联合交易所（下称交易所），被批准列入国家试点。10月18日，李广镇、吴镝、王穗明、曹汝明、黄子深及一批记者，到交易所庆祝当天交易额年度累计突破1000亿元，庆祝交易所被批准列入试点。上午收市后，领导和交易所员工、出市代表在一起欢欣鼓舞，畅饮香槟。这一年，交易所完成交易量854.6万吨，其中铝占573万吨，占全国七成，交易额1582亿元，会员达137家。期货交易所完成交易量99.4万吨，交易额53.2亿元，会员达86家。

1994年11月9日，我参加证监会召开的15家试点期货交易所会议。童赠银副主席反复强调试点的重要性，要求各交易所知难而进，认真搞好试点，只有试验成功，才有出路。耿亮主任要求各交易所尽快修订章程和交易规则，报证监会审批，到国家工商局办理登记注册。

根据这次会议的精神和理事会要求，我和班子研究，布置在年底前做好两个交易所合并的准备工作，按照合并的要求，修改章程和规则，供明年初理事会讨论决定。

自从交易所成立三年多来，由于我们注重制度建设，不断改进技术措施，加强会员自律，抓好人员培训和队伍建设，使管理逐步规范，有效控制风险。这些从实践中取得的成绩，得到了有关部门的认可。1994 年 11 月 19 日,《人民日报》第二版刊登《期货市场的领跑者——记深圳有色金属交易所》的文章。文章的编者指出:“我国第一个期货市场——深圳有色金属交易所，正按国际惯例进行规范化建设，这种做法值得借鉴。”

1994 年 12 月 18 日，证监会主席刘鸿儒再次到交易所检查工作，挥笔题词:“规范市场，稳步发展。”

规范市场　稳步发展

1995 年起，深圳两个交易所合并进入了试点运作的新阶段，但原来两家交易所的投资股东、资产财务、管理机构、交易方式都要马上进行调整。经过原两家交易所执委会和股东会研究统一意见后，1995 年 1 月 21 日召开理事会，做出如下决定：一、两家交易所按 1994 年度财务决算的净资产计算，确定股份比例，结清账目。合并后净资产为 1.04 亿元。投资股东从原来 12 家，通过股权转让变成 23 家，有色总公司供销公司占 33%，联合公司占 15%，深圳市物资总公司占 10%，联营中心占 4%，其余 19 家各占 2%。二、调整理事会成员，鉴于投资单位的变化，理事会由 29 名理事组成，沃廷枢任理事长，陈胜年任常务副理事长，李云生（有色总公司供销公司副总经理）、倪旭、黄子深、陈涌庆（深圳市石化总公司总经理）任副理事长，张宜生任董事会秘书长，彭刚任董事会秘书。三、聘郑元亨任总裁，管焱彬、张兴山任常务副总裁，张洛辉、邓燕任副总裁。四、聘董辅礽、高尚全、何玉良、司徒怀、阮北跃（香港大律师）为高级顾问。五、通过修订的交易所章程，交易规则报中国证监会审批。六、要求交易所认真搞活市场，严加管理，争取全年交易额达到 1500 亿元。

4 月 3 日，原两家交易所两个交易厅的电脑系统并网成功，统一交易和结算，同时调整了会员结构，使 223 家会员都能进行交易，大大地提高了市场运作的效率，有利于控制风险。

5 月 30 日，中国证监会证监发字〔1995〕93 号文批准交易所的章程和交易规则，至此，两家交易所合并工作全部完成，正式进入了统一运作管理。

1995 年 5 月 5 日，中国证监会副主席李剑阁、期货部主任耿亮、人事部主任刘志超和王宝桐处长一行访问香港，同证券期货界座谈。6 日下午，李剑阁代表证监会宴请香港证券期货界人士，我有幸参加，会见了香港证监会主席梁定邦、董事史美伦、韦义德和香港期货交易所主席梁家齐、总裁艾利华。我还同梁家齐、艾利华先生商定安排交易所派人到香港期货交易所培训的问题。5 月 8 日，我乘市贸发局的“两地牌”小车到香港接李剑阁一行来深圳。5 月 9 日，李剑阁一行到交易所检查工作。听完汇报后，李副主席说：“办交易所，你们领先，在规范管理方面，你们也是领先的。”

1995 年 5 月 9 日晚上，李子彬市长在银湖接待李剑阁副主席一行。参加接待的有吴镝、郭立民、罗显荣、夏斌、郑元亨、邓燕。在谈到深圳的证券和期货市场时，李剑阁讲了一段非常生动的话，我至今记忆犹新。他说：“应该重视期货证券业务，创优势。否则 1997 年香港回归之后，上海、香港这方面的业务将大大超过深圳，那时深圳会像一棵大树底下的小树，被挡住阳光，会逐步缩小消亡。”

1995 年，刚刚进入试点阶段的中国期货市场，是多事之秋的一年，市场风险四起，惊心动魄，令人担心。6 月 16 日下午，在北京京西宾馆，李剑阁副主席召集参加全国证券期货工作会议的 15 家试点期货交易所领导开会，摆出很多风险事例。我查阅当年的笔记本记录，李副主席这样说：“在座的 15 家期货交易所领导，决定了今后期货市场的命运。工作做得好不好，对前途关系很大。”“期货市场这几年取得了很大的成绩，但是不管有多大成绩，存在问题是客观的。弄得不好，有被关的危险。从去年 10 月 10 日 150 号文发后，每个月都有事情，一场风险。10 月广东的糖，11 月上海铜，今年 2 月国债，3 月上海胶合板、大连玉米，4 月北京绿豆、四川玉米，5 月上海 319 国债、北京绿豆，6 月天津红小豆，每月都出事。”“批准 15 家试点交易所是行政命令，今后不再用行政命令宣布哪个交易所停办，而是靠市场来决定的。但今后如果哪个交易所出事，就用行政命令把哪个交易所停下来。"当时我听了，感到惊讶，也感到作为交易所总裁的责任重大，也感到用控制风险的管理水平来评价交易所，很有道理。可现在看这些话，觉得说了办不到，因为后来结构调整撤留交易所并非按此原则，还是靠行政命令。

为了更好地贯彻落实会议精神，从严管理，控制风险，交易所从技术措施和管理制度上更加下工夫。由管焱彬牵头，彭刚、白莉、严金明、皋德跃参加，组织会员、交易、结算各部和专业委员会研究修订公布了《交易所会员管理暂行规定》《交易所结算细则》《交易所套期保值管理暂行规定》《交易所会员异地同步交易管理暂行办法》《交易所关于强制平仓实施办法》等一批管理制度，使管理更加细化，更加有效。除了制度上严加约束，还考虑从技术上采取一些强制性措施。由张兴山牵头，唐伟力、徐宏、陆欣、吴志强、饶瑜参加，组织电脑部、信息部、结算部研究开发计算机期货交易，控制管理及通信网络系统，对会员的交易头寸、保证金额度进行有效控制，危急时可以自动强制平仓，有效地控制市场风险。

1995 年 6 月，交易所成立四周年，办了三件有意义的事：一是 6 月 20 日举办了第三届年会，国内 15 家交易所总裁、著名经济学家于光远、董辅礽、肖灼基以及会员单位、期货公司、企业的代表共 1200 多人聚集银湖。市领导李子彬、李广镇出席年会并讲话。二是 6 月 21 日，举行"论期货市场功能"研讨会，共 100 多人参加，30 多人宣读论文，会后，把专家、学者的论文编成《论期货市场的功能》一书出版发行，对推动期货市场的试点起到积极作用。三是 6 月 22 日，举行第三届期货交易所联席会议。15 家期货交易所总裁交流经验，分析市场形势，研究管好市场的措施，耿亮主任讲话指出当前市场风险太大，希望各交易所严格自律，加强管理，控制风险，不出问题。同时，提出要整顿期货经纪公司，停止开展外盘业务。

1995 年 8 月 7 日上午，曹汝明通知我到期货办向李灏书记汇报。我和管焱彬、熊晴川准时到达。深圳中期期货经纪公司朱玉辰总经理也同时去汇报。李书记听完汇报后提出期货市场应增加一个组织指挥生产的功能，要探讨增加新的品种，要求交易所一定要把试点搞好，为特区争光，起到示范作用。

1995 年 8 月 8 日，市证管办主任刘新华、期货办主任曹汝明陪证监会主席周道炯来交易所检查工作，周主席反复强调搞好试点的重要性，他指出："深圳交易所几年来做了大量的工作，管理较严，要很好地总结经验教训，要把期货市场办成对企业套期保值、指导生产有作用的市场。"

试点头一年，交易创下新水平。全年交易量 973 万吨，比上年增加 2%，交易额 2414 亿元，比上年增加 47.8%，全年实物交割率只有 1.93%，没有出现风险。

辉煌的历程　遗憾的结局

全国期货市场经过几年的治理整顿，取得了很大的成绩，制止了盲目发展，规范了市场管理。但由于少数操纵市场，过度投机，扭曲价格，牟取暴利，恶性操作，损公肥私，甚至金融诈骗，严重地影响了市场的稳定，损坏了期货的形象。监管部门不得不采取更加严格的管理和强制手段。

1996 年春节刚过，就在 2 月 29 日，证监会召集 14 家试点交易所（这时，长春交易所已被停止试点）上京开会，传达《国务院批转国务院证券委、证监会关于进一步加强期货市场监管工作的请示》。文件明确规定：国有企业只能从事与生产经营有关的商品期货品种的套期保值，不得参与投机；各类金融机构一律不得从事商品期货的自营和代客业务；期货经纪公司一律不得从事自营业务；证监会可以按程序对交易所、经纪公司和客户的银行账户进行查询；各交易所应建立"市场禁止进入"制度。证监会领导周道炯、李剑阁、耿亮在会上反复强调要认真学习贯彻落实文件的规定，从严管理、防止过度投机、控制市场风险，继续做好试点。

1995—1996 年这两年，深圳的期货市场有波浪，但风险不大。我认为市场管理的原则是搞活和管住的对立和统一的关系，既办市场，就要搞活，没有交易，不成市场。但搞活必须管住，在管住的基础上搞活。若管不住，活之必乱，乱之蔓延，终究自毙。交易所修订的许多制度和会员的自律管理，是一种有思想基础和有序不乱的管理原则；交易所研究开发的电脑、通信、信息系统，是一种有科学态度和技术保障的管理手段。这就是搞活和管理市场的体会。

1996 年 4 月 5 日，深圳市科技局在交易所召开技术成果鉴定会，对交易所自行设计研究开发的《SME 电脑期货交易、控制管理及通讯网络系统》进行技术鉴定和成果评估。会议由深圳市科技局成果处郑白燕处长主持。评委会成员有主任委员陈庆林教授（有色设计总院副总工程师），副主任委员司徒怀、王候（市证券交易所电脑专家），委员有杨友林（有色总公司科技局处长）、冀春林（有色总公司信息中心）、曾三槐、陈晓虹（中南工业大学教授）、马学君（深圳大学教授）。

我致欢迎词之后，张兴山介绍项目研究对交易所风险预测、强制平仓、报盘算单等方面的作用。曾三槐教授介绍现场测验的结果。陈庆林教授介绍中期、江西铜、南方三家会员应用该系统效果的评价。经评委会讨论，最后由陈庆林主任宣读评委会鉴定。市政协副主席、市科协主席古可教授讲话，肯定这次鉴定会。

由于这个项目开发成功对交易所管理起到了重要的作用，成果显著，使它获取了中国有色金属工业总公司 1996 年度科技进步一等奖，也获得 1997 年度国家科技进步三等奖。因为组织领导实施这个项目，我和张兴山、唐伟力、徐宏、陆欣、吴志强、饶瑜等都获奖。我获得了国家科技进步奖三等奖证书和政府特殊津贴证书。1997 年 12 月 26 日，我和张兴山、吴志强到北京参加全国科学技术奖励大会，全体代表在人民大会堂受到党和国家领导人江泽民、李鹏、朱镕基、李岚清的接见。江泽民总书记讲话勉励大家：“爱国敬业，拼搏奉献，求实创新，团结协作。”

1996 年是交易所成立五周年，我们提早布置做好 6 月份庆祝活动和年会的准备工作，还准备举办一次关于期货市场国际化的研讨会。

根据证监会证监发字〔1995〕146号文《关于印发〈关于期货交易所进行会员制改造的意见〉的通知》，交易所于5月份草拟好会员制改造实施方案，6月9日，由理事会讨论通过上报。1996年7月17日，中国证监会批复同意《深圳有色金属期货联合交易所会员制改造方案》。按此方案，交易所由原来23家投资股东的股份制，改制成由200家会员组成的会员制。原股东按两家交易所合并时净资产1.04亿元，加上投资回报25%，按投资比例，于1997年前分两次退还给股东。

1996年6月10日晚6时，交易所举行成立五周年庆祝大会和第四届年会，场面十分壮观。有国内期货界同人、企业领导、经济学家、期货专家，有来自美国、日本、新加坡、中国香港的嘉宾，共1200多人欢聚在银湖度假村。市领导武捷思、李广镇、古可等参加。理事长致欢迎词，交易所领导介绍了五年创业的历程，感谢各方的支持。武捷思、姚刚讲话对国内外期货界人士表示热烈欢迎，肯定交易所五年来的成绩。在当晚的文艺联欢晚会上，交易所员工上台表演大合唱，精神抖擞，斗志昂扬，体现了艰辛创业的成就感和团结奋进的集体主义精神。

1996年6月11日，由交易所主办的“中国期货市场国际化”研讨会在银湖举行。参会的有于光远、高尚全、董辅礽、肖灼基、朱厚泽、杜岩、乔刚、田源、陈宝英、陶琲、吴硕等名家，国内期货交易所领导舒扬、王立华、颜羽、王献立等，美国期货专家张杭、付宇宁，日本东京谷物交易所理事长三冈直三和清日清、龟田昭夫，中国香港期货专家杨亮瑜、杜文鸿等50多人，30多人演讲，会后，论文汇编成《论中国期货市场国际化》一书出版后发行。同年12月，常务副总经理管焱彬又将其多年来在省部级以上报刊发表的论文汇集成《中国期货市场的产生与培育》一书发行。书中，很多文章的观点很有前瞻性，对未来中国期货市场走向国际具有一定的参考价值。

交易所五周年的活动，各方面反映不错，在期货界也产生了良好的影响。可以说，这是深圳期货市场的辉煌时期，我写了一首诗描写当时的情景和表达自己的心情：

内外嘉宾聚银湖，五年喜庆豪情舒。
盛会招来同行赞，交流博采众人殊。
学者专家共研讨，大陆海外话宏图。
世界经济一体化，期货市场有前途。

1997年交易所运行平稳，全年交易额2040亿元，在全国14家试点交易所中排名第6位（上海金属交易所全年交易2826亿元，排名第5位），铝的交易量为882万吨，占全国总量1418万吨的62%。自从1995年进入试点以来，铝的交易连续三年列全国首位。1995年交易290万吨，占全国总量548万吨的52.9%；1996年交易108万吨，占全国总量129万吨的83%。“深圳铝价”几年来一直为市场认可，交易所在国内外期货市场的知名度也逐步提高。1997年4月11日，香港证监会主席梁定邦率25名职员来交易所考察。当晚，梁主席在深圳设招待宴会，武捷思、刘新华、张云东、曹汝明及期货、证券两个交易所领导参加，双方就关心的问题进行交流，密切了两地期货业的关系。

1997年9月3日，受证监会期货部的指派，我同证监会期货部李军处长，还有唐伟力，到瑞士参加第十八届国际期货期权年会。9月5日，我在大会上作了演讲，向国外朋友介绍了交易所情况，宣传深圳。李军处长也在交谈中，向国际朋友介绍了中国期货市场的情况，使国外更多地了解中国市场。有机会参加国际上同行业的活动，对于加强交流合作、学习他人经验是很有好处的。1993年6月19日至28日，我同司徒怀、禹国刚（深圳证券交易所副总）、吴雅伦（上海证券交易所副总）一行到台湾参加“第一届海峡两岸证券和期货法规研讨会”并作了《深圳有色金属交易所发展战略与实践》的演讲，让海外朋友了解到深圳经济特区已经办起了期货交易所。此后，两岸的证券期货研讨会在香港、北京、长沙等地举办过多次。台湾的期货业公会和期货公司，曾多次到交易所来访问，加强两岸同业的联系。

1998年1月13日，全国证券监管工作会议在北京梅迪亚中心召开。陈耀先副主席在报告中提出“进一步规范整顿期货市场，对期货交易所和期货经纪机构进行结构调整，重新调整期货合约。”我参加了这次会议，预感到交易所将“去留随意”（主观无法决定），但却无法“静观庭前花开花落”，我想，深圳交易所最早创办，又是办在特区的“试验田”里，多年来管理比较规范，未出现过风险，铝的交易量一直领先，形成了“深圳铝价”。有这样的有利条件，应该有希望留住。这是我认为深圳交易所有希望保留的一厢情愿。

3月初，全国人大和政协在京开会，听说经济界代表对期货市场的结构调整很关注。3月9日晚，我打电话给参加政协会议的肖灼基教授，打听情况。肖教授告诉我，董辅礽、高尚全和他三人已把对期货市场的提案递上去了，内容主要有三条：一、期货市场要结构调整，把老出风险的交易所整下去，保留5—6家为合适；二、适当时机恢复某些大品种；三、加强监管，规范运作，尽快把期货法研究出台。

1998年3月5日，证监会人事部刘志超主任给我电话告知，经征求市政府意见，拟任命我为交易所理事长（法人代表），管燚彬、张兴山为副总裁，由管燚彬代理总裁职务，要求交易所尽快召开改制会员大会，完成改制工作。3月19日，我到证监会汇报有关改制问题，初定6月份开会。后来由于情况变化，改制会议没有召开。

3月20日，我到有色总公司向张吾乐总经理汇报，张总表示以有色总公司名义写书面报告给证监会，要求保留交易所。

1998年5月28日，证监会派人来交易所开座谈会，我和管燚彬、张兴山、彭刚、白莉、徐宏都做了发言，陈述保留交易所的理由和愿望。通过这次座谈，我感到保留的希望更大，更有信心。这时候，《中国期货》杂志向我索稿，要我写一篇交易所七周年的文章。由于忙，来不及写长文章，我只写了一首《深圳有色金属交易所成立七周年感怀》的诗，后来他们把它刊登在杂志上：

往风历雨七春秋，期货市场知沉浮。

喜忧交错识本质，利弊并存看主流。

规范管理奠基础，发挥功能创三优。

把握方向勤敬业，莫笑我辈苦追求。

1998年6月10日，交易所七周年庆祝活动和第六届年会照常举行，500多人参加。沃廷枢理事长和武捷思副市长都发表讲话，吴镝、证监会期货部彭俊衡处长，市证管办袁晓德书记参加。会后武副市长交代我，代市政府草拟一份给中国证监会的报告，要求保留交易所。

1998年6月15日上午8时半，我把代拟的报告送到武副市长办公室。6月15日下午2时，我和熊晴川随同武捷思副市长、证管办主任张云东和徐秘书5人，飞往北京向证监会汇报。下午5时抵京，曹汝明和沃廷枢理事长的秘书张轶已在机场等候，一下飞机，马上把我们送到住地北京金都假日酒店。

当晚6时半，沃廷枢、陈胜年、康义（有色总公司副总）、董辅礽、杜岩等同我们一边吃饭，一边商量如何保留交易所的办法。董辅礽教授对武副市长说:“交易所能否保留下来，对深圳将来经济发展极为重要。”16日下午，武副市长带我们一行到中国证监会，递上市政府报告。武副市长又单独向周正庆主席汇报，又打电话向有关领导汇报，目的只有一个，就是要求保留交易所。6月17日晚，李子彬市长到京，听说主要是为争取保留交易所而来。18日上午10时，我在李市长住宿的1026房间向他汇报，曹汝明在场。我特别说明交易所在规范管理和铝交易市场的优势，希望李市长在向国务院领导汇报时能把这方面情况反映上去，获得理解和支持。

1998年7月20日，曹汝明来交易所，要求提供能说明保留交易所理由的材料给他，他明天要随市领导上京向朱镕基总理汇报。其中就包括要求保留交易所。当天下午，我即把唐毅秘书整理的材料修改好，交代他明天一早送给曹汝明主任。

7月22日下午2时，我飞北京，希望能听到好消息。因飞机误点，晚上9时40分我才赶到新大都酒店，同在那里等待我很长时间的董辅礽、杜岩、姚刚见面。当晚，曹汝明也赶到新大都酒店。他传达今天下午李子彬市长向朱镕基总理汇报（周正庆、马凯、戴相龙参加）的情况，对保留交易所不予支持。也就是说，深圳交易所没有希望保留下来了！我感到极受委屈，在座的人都觉得可惜。但心里还抱有一丝幻想，等文件下达才是真的。

1998 年 8 月 25 日，我到北京京西宾馆参加全国证券期货工作会，听传达国务院《关于进一步整顿和规范期货市场的通知》(国发〔1998〕27 号)，全国只保留上海、郑州、大连三家期货交易所，其余全部撤销改制。深圳有色金属期货联合交易所就这样被撤销了。

现实的一瞬间，就是历史的永恒。

我只能感到深深的遗憾。

1998 年底，交易所基本结清交易合约，清理结算，市场平稳过渡。按照国务院 27 号文件的要求，做好改制工作。

1999 年 3 月 3 日，市政府的深府办函〔1999〕22 号文批准交易所改制为深圳市金牛投资公司，3 月 29 日在市工商局登记注册。至此，深圳有色金属期货联合交易所已经成为历史。

（作者时任深圳有色金属期货交易所总经理）

叶康松　**第一个辞职下海的镇委书记**

我农民出身，借改革开放的东风，创造了几个“全国第一”：

1986 年，我是中国第一个辞去官职回乡务农的镇委书记；

1991 年，我是中国改革开放后第一个经政府批准在美国创办私人公司的农民企业家；

1995 年，我是第一个开设美国西洋参专卖店并将其礼品化包装的经营者；

1995 年，我是目前为止唯一一个受到克林顿、布什两任总统接见的温州人；

我是 2004 年 6 月 1 日国务院颁发《基金会管理条例》后，第一个被政府批准，并以个人名字命名成立慈善基金的企业家；

……

回顾拼搏之路，是改革开放好政策的明灯指引，才让我这个种田郎成为跨国公司的企业家、社会活动家、慈善家。

农家的少年郎

1950 年 3 月 7 日，我出生在永嘉县南端瓯江边靠山的珠岙村（现属瓯北镇）。8 岁上小学，初一时我在罗浮中学入了团。中学时代的一篇课文对我未来的人生价值观产生了深刻影响，这便是语文课本中的《县委书记的好榜样——焦裕禄》。在几十年后，焦裕禄的事迹被拍成了电影，我对此是百看不厌。后来，我还特地买了一张影碟片带到了美国，一直到现在，有空时还常常拿出来播放。

1968 年，18 岁的我应征入伍，成为一名中国人民解放军战士。在部队不到一年，我当上了班长，6 月又被吸收入党，第二年又被任命为排长。21 岁的我成为全团最年轻的指导员。1978 年 10 月，我转业回到地方。先是在永嘉县委办行政科工作，后又被调到县委政策调研室。当时我是中共永嘉县委委员、上塘镇镇委书记，并且是在永嘉评价很高的一位年轻干部。在仕途看好的时候，我却萌生了辞官下海的念头。这是我人生道路的一个重大转折点，也是 20 世纪 80 年代温州改革开放初期引起很大反响的新闻事件：我是温州干部中辞职下海的第一人。

下海办农场

回家后，我将附近七个村分属 250 多户的一块块零星荒山承包过来，创办了瓯北水果试验场，还得到了两位知名农科专家的支持。瓯北水果试验场得到了很快发展，1988 年 11 月我创办的“温州康松农业开发有限公司”终于在市区东游路开业。

作为温州农民企业家的一个代表人物，特别是干部出身赋予我的多方面良好素质，当时的市委书记董朝才、市长刘锡荣曾多次到我的农场参观调研。1987 年初，我被选为市人大代表，十来天后还成为温州政坛上第一位由代表提名当选的市人大常委。

可是我曾经也遇到过困难。1988 年下半年，我投资 20 多万元在苍南马站区养对虾，虾苗生长良好。然而眼看着丰收在望时，大水潮冲毁了虾塘，使我 20 多万元资金和一年多的心血片刻间荡然无存！投资对虾失利使我欠下了 20 多万元钱，这一沉重打击，也使我感到了寻找新路的紧迫性。因此前市政府一位负责外贸的副市长曾与我讲过到国外搞农产品经营的事，于是我就产生了去美国搞农业开发的念头。

经过了极为漫长、极为曲折的从市外经贸委、省外经贸厅到中国经贸部的项目立项、审报、补办等手续，1991 年 7 月，我终于实现了出国办公司的梦想，与我同去的是妹夫谢正兄及温州农科所的两位水产养殖和种菇专家等 7 人。

到美国创业

我将温州康松公司交托给我弟弟叶显东。我们来到洛杉矶落脚，1991 年 8 月我在那里注册成立了隶属于温州康松农业开发公司的“美国康龙农业开发有限公司”，这是新中国成立后在国外开办的第一家私营股份合作企业。我也开始了艰难的美国创业历程。

根据原定创办农业开发公司的思路，我们先是养鱼，但因为我们带去的技术不适应而很快收场了。之后开始空运经营香菇，利润相当可观，但终因保鲜和海关报关方面的问题解决不好，做了几次后只好放弃。

我又回过头来在洛杉矶与一个法律事务所的陈老板合作，各投资 4 万美元合股办起了种菇场。香菇生长良好，但没想到因为我们的出现影响了另一个姓谢的种菇人的生意，因为种种原因，最后我只好屈辱地在她们已准备好的买卖文件上签了字。菇场被强行买走后，康龙公司的所有员工全都失业了。

公司已经垮了，接下来怎么办？……想不到雄心勃勃出国创业，现在落了这么个下场！别说农业开发为国创汇，连生存都成问题了！

我当时负责搞贸易，这时我获得了经营打火机的信息。我拿着样品、计算机亲自考察市场，想不到很快就做下了一万只打火机的生意，一下子给我赚到了一万美元！

就这样，我开始了温州的打火机贸易，我还与在纽约的同乡林光合作，在很短的时间里，我们经营的打火机就占了美国市场的很大份额。

从 1992 年底开始到 1994 年初，康龙公司先是空运，再后来是集装箱海运，大批温州打火机源源不断运往美国，康龙成为美国最大的防风打火机供应商。

温州商品与美国市场的互补性及市场竞争力使我看到了巨大的市场空间，我决定在美国全境设销售网点，我展开地图首先看中了迈阿密，之后又先后在达拉斯、纽约、芝加哥等处设了分公司。四个分公司分别取名为康锦、康绣、康中、康华——锦绣中华！而洛杉矶则是康龙总部，我以一个总部、四个分公司的方式进行全美国打火机经营运作。

此时康龙也改名为康龙集团，一举成为洛杉矶华人的知名企业，在两年不到的时间内，康龙公司（集团）为温州出口了 2000 万美元的产品。

除了温州打火机，我还将温州的刀具、瑞安岩林实业公司的剪刀、龙泉宝剑、泰顺木制玩具、温州旅游鞋等产品都弄到美国，我提出的“温州货，美国卖”的口号响彻温州。为畅通供货渠道，建立长期供货机制，我又做出一个创造性的举措：联合打火机厂家、刀具厂家和几家外贸公司在温州成立“康松联合体”，媒体以“温州外贸经济共同体”作了报道，当时的温州市长卢声亮亲自到场剪彩。此时我频频进出国门，成为温州首屈一指的大商人。

然而，好景不长。不久美国官方决定于 1994 年实施 CR 法规。

我当时库存打火机达 600 万只，积压货款达 4000 万元人民币，除了部分自有资金，大多数都还未付款。情况越来越严重，美国这边的货卖不出去，后方催款的电话一个紧似一个。我如坐针毡，日子更难过的是温州这边的康松公司。

我很快明确了这样两点：一是在目前这个情势下打火机生意是不能做了，要转！马上转！另寻门路。二是要采取措施，重塑康龙形象。告诉温州人、告诉温州的客户，我叶康松没有倒！康龙公司没有倒！在无数个不眠之夜中，想到“中国货，美国卖”走不通了，能否搞个“美国货，中国卖”呢？

经销西洋参

搞什么呢?此时一个念头突然蹦了出来:何不搞美国西洋参!因为温州人十分喜欢西洋参,将它看作是进补和馈赠的珍贵之物。离此不远的威斯康星州又正是美国西洋参的主产地,在美国做西洋参贸易,搞“美国货,中国卖”我有着天时、地利、人和啊!

我马上到美国西洋参主产地威斯康星州参园进行考察,与威州的参农协会进行联系,并经申请加入了参农协会。又由他们介绍就在温州开设美国西洋参专卖店一事与威斯康星州副州长麦克凯伦进行了磋商探讨。

1995 年 3 月 31 日,美国威斯康星州副州长麦克凯伦启程来华,还带来了威州参农协会的五位会员。次日,世界上第一家美国西洋参专卖店在温州市区的信河街南首开业。温州市副市长蒋云峰、麦克凯伦先生等出席开业庆典并剪彩。麦克凯伦先生在庆典上说,感谢叶康松为美国西洋参进入中国市场所作的特殊贡献,说这是全世界第一家威州西洋参专卖店,特别强调这里的西洋参全部来自美国威州。

此前,交通闭塞的温州还从未来过这么高级别的美国官员,我将美国的州长请来为自己做广告,也算是温州人的一大创举。世界上第一家美国西洋参专卖店的开业也为我在美国洛杉矶侨界赢得了声誉。

从西洋参到“康麦斯”

在经营开发西洋参的同时,我已经把目光投向了另一个新目标:那就是营养保健品。在与各界的接触中,我注意到了一个新的商机:近年来美国降脂类保健品如卵磷脂、深海鱼油等十分畅销,在一些大商场中都有出售这类保健品、美容品的专柜。

我想现在肥胖症、富贵病等已成为发达国家的常见病和健康大敌，西方发达国家出现的“富贵病”也必然会在中国大陆出现，国内很快就会出现这种降脂类保健品的市场需求。于是我决定开发这类产品，以形成传统西洋参与现代卵磷脂、深海鱼油、精华素美容产品相结合的营养保健护肤品系列。

1996 年 8 月，康麦斯系列终于第一批取得了进口保健品的经营许可证。从 1997 年起，康麦斯系列保健品进入大陆市场，很快受到了大陆市场的欢迎，各地销售业绩喜人。

从企业家到社会活动家、慈善家

我在辞官下海的时候就有一个心愿：不但要做一个企业家，而且要成为社会活动家和慈善家。因此在公司顺利发展之后，我就将相当多的精力投入到社会活动中，1997 年 2 月 21 日，“温州旅美同乡会”在洛杉矶成立，我被推选为同乡会会长。

作为温州第一个辞职下海的干部，作为第一个创办私营农场的农民企业家、第一个到海外创办私营企业的温州人，1998 年，在改革开放 20 周年之际，我被评选为温州改革开放十大风云人物。1998 年 9 月 9 日晚，我从国外赶回参加大型颁奖晚会。想起所经历过的磨难和风雨人生，我感慨万千。当时，我想到还有更重要的人生理想未实现，我不仅要成为企业家而且要成为社会活动家、慈善家——要回报社会，回报家乡，这才是我的终极人生目标。

2003 年春我国出现“非典”，5 月 12 日我委托北京代理商通过中国红十字会向工作在北京小汤山医院抗“非典”一线的指战员捐赠了总价值 30 万元的西洋参和康麦斯蒜油产品，同时送去了一封慰问信。此举为新华社所关注，次日即播发了《海外企业家叶康松向小汤山医院献爱心》的报道。《北京晨报》等许多报刊先后刊载这个报道。

2004 年，我又为温州人实现了一个全国第一，这就是成立了中国第一家非官方的叶康松慈善基金会。慈善基金会地点就设在东游路温州康松公司内。2003 年 6 月，国家出台了《基金会管理条例》的有关政策，其内一条规定了民办慈善基金会的最低基金为 200 万元人民币。根据新公布的《条例》，经过一段严格的审批程序，7 月 8 日省厅正式批复。这样，全国第一家民办慈善基金会——叶康松慈善基金会宣告成立，我实现了最后的一个人生理想。

（作者时任美国康龙集团总裁）

宋海青　第一个国家级经济技术开发区——大连开发区的故事

大连开发区是中国改革开放的产物，是继经济特区后在中国大地上诞生的第一个国家级经济技术开发区。她以中国北方最具开放特色的城市母城大连为依托，以辽阔的东北及内蒙古东部地区为腹地，是大连、辽宁乃至东北经济发展的龙头，中国改革开放的试验田和先导区，中国东北沿海地区对外开放的一扇重要窗口，中国环渤海经济圈中重要的组成部分，也是大连、辽宁乃至东北地区改革开放的先导区和重要的经济增长极。在大连开发区最为红火时，国内外客商一提到大连开发区，无不竖起大拇指，她以“神州第一开发区”而闻名中外。

但在当时，作为改革开放的先行区和试验区，大连开发区没有任何经验可循，必须勇于试验、敢于创新、先行先试，探索出一条适应开发区改革开放加快发展的新路。

班车、财务、医药费……

开发区建立之初，我担任开发区党工委和管委会办公室副主任，是机制体制改革大胆尝试的亲历者和参与者，和许多同志共同在开发区的管理方面进行了大胆的创新实践，研究制定了一系列有关管委会机制体制改革的新思维、新举措，先后在车辆管理、财物、医疗、干部制度等方面进行了大胆的改革与试验。

在车辆管理方面，当时，从大连市内到开发区没有公交车，也没有出租车，无论外商还是民众想从市内来开发区办事，乘坐小客车需要一个半小时左右，路途长，办事难。如何解决这一难题？管委会领导责成我与大连市交通局领导研究，最终拿出解决方案：将接送人员上下班的机关班车和企业班车实行联合运营。以往，班车司机在接送员工上下班时间之外就没事可做，但实行“联营”后，中间空出来的大部分时间所有班车都可以用作“公交车”。这样一来，既改变了以往班车和司机“干一会儿闲一天”的状况，又有效利用了人力资源，节省了政府在这方面的费用支出，更解决了市内与开发区的双向交通问题。“联营”班车还对原有站点进行了重新布置与分配，设置了科学的线路，不仅布点多，还延伸了线路，使所有的班车都不再绕行，从而大大节省了所有乘坐班车人员的时间。

在管委会机关方面，我们借鉴了日本丰田公司当时的做法，丰田公司管理层是全部乘坐地铁上下班的。我们参照他们的办法，实行了统一派车和公里票制，既保证了正常工作用车，又节约了油费。除管委会副主任以上同志派有专车外，所有局、处以下的工作人员全部乘坐班车上下班。凡是一项大的改革，大都会遇到阻力，当时就有不少人对此持反对意见。但既然我们认准了，就坚持做到底。实践证明，这一做法在当时，既是大胆创新，又取得了较好的经济社会效益。

在机关财务方面，我们实行包干制，到年底，节余下来的很大一块资金转到下一年。在医疗方面，打破原来实报实销制，改为所有机关干部统一标准，个人承担一定比例费用。上述几项改革，大大降低了机关开销，同时也使机关干部转变了作风，形成了节俭意识。

在干部制度改革方面，我们实行聘任制，许多年富力强、30 岁左右的年轻人脱颖而出，被聘为中、高层管理者，真正做到了能上能下、能出能进。记得在一次给聘任干部出考题时，我和其他四位领导同志颇费脑筋，几乎熬了通宵，最后饿得实在受不了，五个人吃了四个鸡蛋、两袋方便面。开发区的干部制度改革，为当时的改革开放、招商引资和经济发展，提供了强有力的人力支撑和人才保障。

一系列机制体制改革的新举措，为管委会机关带来了可喜的变化。这些管理改革的尝试，在当时对人们思想观念的冲击，是非常巨大的。

三个月干了七件事

20 世纪八九十年代之交，一个个大项目纷纷进区，外商纷至沓来，开发区原有用地已远远不能满足项目落地和建设的需要。在争取国家有关部门同意后，开发区迎来了向东滚动发展“二次创业”的新一轮建设高潮。

那时，开发区面临着大连工业团地基础设施建设和保税区封关的艰巨任务，大连市政府下了死命令：三个月内必须完成上述两个项目的用地动迁工作。为确保任务的完成，大连开发区召开党委会，决定由我兼任新设立的“向东滚动发展”总指挥。时间紧、任务重、压力大，但我们新组建的临时指挥部迎难而上，就在那短短的三个月内，我们干了七件事：一是完成了占地两平方公里的陆军坦克基地如期迁出；二是海港农场 30 万平方米农村用地的征用；三是完成征地内所有部队通信线缆的拆卸、重建；四是完成 5000 余户居民动迁和部分回转楼建设等；五是完成 3、5、7、9 号路的用地动迁、施工；六是完成污水处理、水电等基础设施建设任务；七是完成了国有大型企业石棉矿的转产、改制工作。

当时的石棉矿为“企业办社会”性质，矿内设有医院、学校、幼儿园等。该矿资源枯竭，急需转产，负担很重。我们仅用两个月时间，就完成了企业转制、职工分流等多项工作。国有大型企业转制在当时还是新生事物，因而石棉矿的转制在开发区乃至大连市都产生了极大的社会影响。

5 号路是开发区连接金石滩的大动脉，市委、市政府高度重视。为解决 1400 余户居民的动迁问题，我天天泡在现场，做居民们的思想工作。为拔掉最后一户钉子户，我们没有强取，而是反复做工作，最终使之顺利迁走，5 号路也如期开工建设。

一个沿海村渔民搬迁遇到了难题，因该村没有耕地，国家又没有相关的搬迁补偿政策和标准。怎么办？我们采用按周边村人均土地面积为标准，对只有海域、没有耕地的村屯实施动迁补偿，效果很好。

短短时间内，就完成上述大量而又艰巨的任务，受到大连市政府、管委会领导的高度评价。大家都说：在向东滚动发展指挥部的组织、协调、带领下，开发区是一天一个样，三天大变样，真正实现了管委会提出的“开发一片、建成一片、收效一片、滚动发展”的目标。

雷厉风行的“马上办”

20 世纪 90 年代初，国内各开发区的硬件设施水平基本拉平，大连开发区的先发优势已不再明显，软环境建设的重要性便被大连开发区领导提到了前所未有的高度。大连市和开发区管委会领导在日本千叶县招商时，日本客户提出了在生产、生活等方面遇到的问题。管委会领导当即表态：你们提出的问题，回去后我们马上办。这便是成立“马上办”的由来。

为了进一步提高办事效率，优化投资环境，保证外商投资企业在生产、生活中遇到的问题能够得到及时、快速的解决，1993 年 7 月 2 日，开发区正式成立了“马上办”办公室，并任命我兼任“马上办”办公室主任。我当时和同志们提出的一个理念是“硬环境要软，软环境要硬”，换言之，就是软环境应硬建设，硬环境要远打算。

我记得很清楚，“马上办”成立后办的第一件事，是生产服装的日本富田公司打来电话，说企业服装的熨烫能力不足，导致上万套服装无法如期交货，要自建锅炉。我立即召集规划局、发改局、财政局等相关各局领导开会研究，许多人不同意，说建锅炉就要有烟囱，烟囱会污染空气，可又提不出任何好的建议。我说，如果一个外商因为无法建锅炉而影响正常生产，或由此而最后被迫迁离开发区，那将是大连开发区的巨大损失，它带来的负面连锁效应更是难以预料的，招商引资工作必将大受影响。我们绝不能给自己竖一块负面的广告牌子。建烟囱会有污染，但一定有办法解决污染问题。最后我提出，务必在两个月内协助企业建好锅炉，保证正常生产经营。最终，富田公司的锅炉如期建成。

富田的日方总经理回日本后，到处宣传大连开发区对企业提出的意见的重视，夸赞开发区的投资环境好、服务意识和服务态度好，一切为企业着想，夸奖“马上办”是真为企业办实事、办好事。富田总经理的宣传，客观、生动，影响力很大，最终带动了许多日本企业来开发区投资建厂。雷厉风行、说做就做、说到做到的“马上办”，为大连开发区赢得了极大的正面效应和巨大而持久的影响力。

日本独资企业原田公司提出，公司在西山的职工宿舍周围摊点众多，卫生条件差，严重影响职工的休息。日方在 1992 年初即向有关部门反映了这一情况，但一直得不到解决。我们立即会同有关部门召开现场办公会，一方面抓紧选址，落实西山农贸市场的建设；另一方面做好商业摊贩的拆迁工作，使问题很快得到解决。佳能公司二期工程涉及的通信线路、电线、办公房、果树等动迁问题，日方于 1992 年下半年就向有关部门打报告提出申请，但拖至 1993 年上半年仍未解决，影响工程的正式开工。8 月，我们得知这一情况后，马上召集各专业部门现场办公，专题研究方案，9 月末就使问题得到解决。日方经理很受感动，亲自到“马上办”表示感谢。

1993 年起，开发区一批在国内外影响很大的项目陆续上马，“马上办”的主要工作就是协调解决外商提出的困难和问题，保证重点工程按期开工、生产。我牵头会同规划、城建公司等部门积极为大连工业团地的验收做准备，清除团地内施工障碍、修补道路。我们还协调解决了炼油厂外网重点工程——厂外输油管廊、直径 700 管供水工程、征地动迁和厂区内 200 余户的居民动迁工作等，得到炼油厂高层送来的“马上办”锦旗一面，称赞“马上办”名副其实。

1994 年冬，一股强烈的寒流袭击开发区，导致发电厂一个关键部件损毁而停电，企业被迫停工停产。那个关键部件当地缺货，我在现场责成专人将其从外地空运过来。通过努力，最后在48小时内使发电厂正常运转，企业恢复了正常生产，居民恢复了正常生活。在整个两天两夜里，我没合过一次眼，精神也高度紧张。抢修结束时，我又累又乏又困，几乎瘫坐在地上。

“马上办”在工作中，注意搜集外资企业对管委会办事效率和工作质量的反映，曾对区内200家重点外商投资企业进行了投资环境和办事效率的问卷调查，并对外商提出的意见逐一解决，使工作由被动变为主动。同时，我还带领“马上办”的同志到反映问题较多的外资企业逐一走访，征求意见。

“马上办”在工作中本着认认真真为外商投资企业服务的原则，当天的事当天办，该办的事马上办，会议决定的事跟踪办，小问题当大事办，潜在的问题超前办，未反映上来的问题主动办。将久拖不决、外商投资企业反映强烈的问题，作为工作的突破口，大大促进了投资环境的改善。

“马上办”在缩短办事时限、减少审批程序、提高办事效率等方面率先做了诸多尝试，如一个项目的审批、立项、办理土地使用证、签约直至破土动工，从以往的140天缩减到近70天。程序减少了，公章盖少了，时效缩短了，办事效率却大大提升。

“马上办”的做法，为大连开发区再创了投资环境新优势，“神州第一开发区”再度扬名中外，其独创的“马上办”经验经中日两国各大媒体的广泛宣传后，在国内外引起了巨大反响，并为国内许多开发区所仿效、借鉴。

1995年初，管委会向全区公布了主任投诉电话和外商投诉电话。这项工作做得如何，直接影响管委会的形象和各项工作的实施效果。为此，我责成专人负责接投诉电话，力争做到“件件有着落，事事有回声”，杜绝了对投诉者应付推托、不了了之的现象。

像“淮海战役”一样的5号路改造工程

1999年5月，大连市委市政府提出开发区要加快振兴路、长春路、疏港路、5号路这四条路改造、绿化的要求，管委会领导任命我兼任疏港路和5号路改造建设的总指挥。这两条路的改造工程的标准要求很高，绿化工作的季节性、时间性又很强，加之既没预设方案，又没有图纸，总的来说，任务很重，困难很大。怎么办？我们首先确定了道路改造的原则，就是四季有绿、三季有花、错落有致、组团式栽种。接着，我们发动马桥子、海青岛、大孤山、湾里、董家沟五个街道和四个绿化公司的居民、员工，在相关专家的指导下，先打样板段，再全面铺开，在极短时间内，开展了采苗、栽种、浇灌等一系列工作。我每天工作在现场，和大家一样中午只吃一个面包、喝一瓶矿泉水。那一年，不仅雨水少，而且天也热得早，不少人中暑，有的人还晕倒在地，但没有一个人退缩。那些日子里，整个5号路沿线，就是千军万马在大会战，有人形容就像淮海战役一样，拉土车、拉水车、拉苗车、拉树车往来穿梭……在不到两个月的时间内，我们圆满完成了5号路和疏港路的改造建设任务。放眼望去，道路两旁绿树成行，绿荫婆娑，成活率极高。

成立道路改造建设指挥部的这一成功做法，是开发区在特殊条件下的一种尝试，完全打破了行业界限，改变了以往由专业局、专业公司负责的局限，集团式的大会战收到了极高的成效。市委市政府领导对此给予了高度评价：说5号路的改造建设，才真正体现出开发区速度、开发区效率。

那时的大连开发区，机构少，人员精，无论是“向东滚动发展指挥部”还是“马上办”办公室，都只有寥寥几个人，但几个人却干了许多人干不了的事。我办公室的墙上和每名工作人员的桌子上，都张贴或放着一张及时更换的“工作倒计时”表格，每项工作的进度情况、时间剩下多少、责任人等写得一清二楚，还形成了每天一调度、三天一总结的工作制度，可谓争分夺秒，雷打不动，坚持始终。特别是“一切为了企业，为了企业的一切”的服务意识，深深扎根于每个人的心中。

我最深的体会是，大连开发区无论是设立“向东滚动发展指挥部”还是“马上办”办公室，在全国各国家级开发区中，都是闻名中外的一大创举，是自主创新、自加压力的新尝试，它真正起到了提高工作效率和服务水平、优化投资环境的成效。“向东滚动发展指挥部”和“马上办”的工作精神，在今天也有着值得弘扬和提倡的现实意义。

（作者时任大连开发区管委会副主任）

叶本统　**新中国第一块土地拍卖**

20分钟的拍卖整整等了38年

1987年12月1日，深圳首次举行国土有偿使用权拍卖会。深圳房地产公司以525万元的最高价获得了罗湖区东晓路一块8588平方米土地的使用权，不到一年时间盖起的东晓花园154套住宅，仅一小时内，就被业主排长队购空。

在一张由报社记者拍摄的珍贵的黑白照片中，当时的深圳房地产公司经理骆锦星高高举起“11”号拍卖牌，脸上的笑容十分灿烂，而紧挨着他坐着戴眼镜的那位便是我。

当时我担任深圳房地产公司的设计预算科科长，我手中紧握着的是这次土地拍卖所做的可行性分析表，骆总每举起一次拍卖牌前，我们都会迅速地参考一下手中的分析表。虽然不到20分钟的轮番叫价时间，这张拍卖可行性分析表的四角已被我的手攥得微微发潮。这一锤，在中华人民共和国的历史上，人们足足等待了38年啊！

可以说，深圳经济特区房地产（集团）股份有限公司（即深房集团）以20多年的发展历程，最生动地见证了特区房地产的发展史。深房集团的前身是深圳经济特区房地产公司，成立于1980年1月8日。作为当时深圳的唯一一家房地产公司，可谓是这条路上吃螃蟹的第一人。公司1980年至1981年归深圳市房地产管理局领导，属于科级单位。1982年至1985年归深圳经济特区发展公司领导，属于处级单位，改名为深圳经济特区房地产公司，对内称深圳经济特区发展公司地产部。该公司借鉴中国香港及外国的经验，在引进外资发展房地产方面，执行"特殊政策，灵活措施，先行一步"的方针，开创了房地产业的新局面。

公司自成立以来，励精图治，开拓奋进，在房地产开发史上屡创第一。1980年，处于创建阶段的它由6个人、4部单车、2亩山坡地发展起家，第一个实施了国有土地有偿使用。在引进外资发展房地产方面，该公司1981年签订了"兴建与出售楼宇的协议书"，实行公开招标。对方出资金，我方出土地，在国内楼宇经营中实行屋村全方位管理。该公司第一个引入境外资金合作开发土地；第一个按照国际管理实行建设工程公开招标；第一个采用楼宇预售手段筹集资金；第一个成立物业管理公司；尤其历史会记住这个特殊的日子——1987年12月1日，就在这天下午的4点半左右，第一个在特区第一次土地使用权拍卖会上夺标。

我们当时的焦点是：土地拍卖是否违法？

1980年8月，我才40出头，作为骨干力量调至当时的深圳市房管局所属的房地产公司。

20世纪80年代初期，深圳除有侨社、深圳旅店、人民旅店、深圳戏院等几处"标志性"建筑外，其余的地方还是山包和水沟，对土地的感觉是要多少就能给你多少。记得规划怡景花园时，我领着一帮小伙子去划地，拿着旗杆插了一个大圈，由港商出资，深房建设，落成后三七分成。当时的怡景花园是根据香港一些人的喜好来盖的，每栋40万元至60万元不等。建筑质量到现在还很好，现每栋已升值到380万元至400万元左右了。当时盖的翠竹苑等房产，60多平方米10万元左右一套，还有购房入深圳户口的政策，吸引了不少内地人和香港在内地的亲属前来购房。

那时，深圳人在电视中看到香港土地使用采取拍卖方式，都觉得挺新鲜。到20世纪80年代中期，深圳已有数十家房地产公司参与特区建设。房地产公司是边建房边售房边回收资金，因资金周转不足，只得频频向银行贷款，给市政府造成巨大的资金压力。我们能不能也搞土地使用权买卖？国家原来的《宪法》和《土地法》规定，国有土地不能买卖、转让、出租，土地拍卖会不会违法？

1987年上半年，深圳市两次邀请国家土地管理局和国内各界专家到深圳进行理论研讨，与会同志对香港政府每年从土地买卖使用权中收益百亿以上港元赞叹不已，而深圳土地面积比香港大一倍、地势比香港平坦，特区建设正缺资金，为什么我们还端着金饭碗讨饭吃？此后，在多次考察、比较世界各国几种主要土地有偿使用制度后，决定在进行公开拍卖前在深圳试试“风向”。

1987年12月1日这天，土地编号为H409—4的8588平方米土地在深圳会堂公开拍卖。作为特区龙头老大的房地产公司决定，一定要拿下这块地！

下午1点，我将手中酝酿多日的预算分析表格再次核对了一番，来到了深圳会堂。我没有想到，这次拍卖引起如此大的关注：中共中央政治局委员李铁映、中国人民银行副行长刘鸿儒在主席台就座，全国17个城市的市长、28位香港企业家和经济学家来到了会场。中外十几家新闻单位的60多名记者也紧张地准备记录这一历史性时刻。

这块编号为H409—4的拍卖土地紧靠风景秀丽的深圳水库，面积为8588平方米，住宅用地，使用年限为50年。深圳市政府事先在报纸上刊登了《土地竞投公告》。拍卖前三天，已有44家企业领取了正式编号参加竞投，其中外资企业有九家。下午4点，主持人首先介绍了拍卖地的有关情况，限定开口底价为200万元，每口价5万元。“拍卖开始！”主持人话音刚落，各竞投企业的法人代表争相举牌高声叫价：“400万元！”“410万元！”“450万元！”……声音一浪高过一浪。我与骆锦星经理不时对照着预算分析表，同时频频举牌。

经过17分钟的轮番叫价，报价已升至520万元。此时全场鸦雀无声，眼看规定的时间就要到了，会场中突然爆出一声:“525 万元！”这是骆锦星的声音。全场稍稍骚动后，又回复了平静。

“时间到！”主持人一锤敲下，拍卖成交。摄影镜头的闪光灯频频闪起，历史性的镜头此刻凝住。第二天，“深圳卖地”成了不少报刊的头条新闻，媒体皆称此事为“中国经济体制改革的里程碑”，引起海内外的极大关注。

说句实话，这个报价离我们的预算最高价还有一定距离，因此我们十分兴奋。七八个月后，东晓花园（当时称东升花园）154 套住宅以每平方米 1200 元的平价出售，一小时内就售罄了。

继深圳土地有偿使用改革尝试之后，全国许多城市也纷纷以协议、招标、拍卖等方式推出了土地招商。1988 年 4 月 12 日，七届全国人大第一次会议通过修改宪法草案，将原宪法中禁止土地“出租”两字删去，明确规定“土地的使用权可以依照法律的规定转让”。

（作者时任深圳房地产公司设计预算科科长　帅晓波 / 整理）

王喜义　第一张银联卡的诞生

中国银行深圳市分行充分利用原有的储蓄电脑通存通兑网络，于 1988 年 5 月顺利完成了 ATM 项目的开发工作，并发行了全国第一张 ATM 卡（即鹏程卡），标志着国内第一家 ATM 联机网络已经形成。

ATM 业务的创新，不仅圆了深圳人的梦，也圆了许多广东人的梦。1992 年 8 月，该行开通了和中行广东省分行、中行广州市分行、中行东莞市分行、中行汕头市分行的跨地区 ATM 联机网络，该网络简称“银联”。跨地区网络的开通，加速了深圳市与省内其他城市的业务交流，方便了持卡人异地提款。

很快，“银联”网更走出省外，不仅联通了广东省内中国银行系统的 ATM，同时还跨出了省界，与南宁市、厦门市、长沙市、北京市、上海市等中行系统的 ATM 联网。

为了做好深港衔接，迎接香港“九七”回归，1993 年 10 月该行还在原有“银联”网的基础上做了进一步的技术改造工作，顺利地将全辖 ATM 向香港中银集团（包括澳门中行）各行的持卡人开放，实现了深港两地 ATM 的连接。香港中银集团的“银通”网和省内的“银联”网连接，组成“中银通”网，为香港居民能在中行深圳市分行任何一台 ATM 上提供提取港币或兑换成人民币的取现服务。

储户是银行财富的源泉，为储户提供现代化的文明优质服务是银行的宗旨。

中行深圳市分行在为储户提供大规模的联机网络服务的同时，始终不渝地抓好辖内机服务的管理。

ATM 业务与 ATM 服务，两者之间的关系，实质就是卡与机的关系，这种关系是相互的、辩证的。机管得好，卡就能发得多，卡多了吸存也就多；反之，将会造成各种投诉，甚至引来负效应。

多年来，该行在抓 ATM 日常管理方面，采取了很多措施。如：建立了《ATM 业务管理制度》《ATM 岗位责任制》，较明确地规定了 ATM 业务处理流程、业务的规范、岗位的设置、业务指标的考核、奖罚规定、操作员的责任与义务、节假日值班和检查监督制度等，并针对 ATM 服务的特点，不定期地组织抽查，及时通报检查情况使 ATM 逐步纳入了规范化、制度化的管理，提高了 ATM 机的完好率和使用率。此外，该行还不断改进服务手段，如：三次提高提款限额，增大钞票面额，延长服务时间，调整好 ATM 的布局等。

大规模地投入 ATM，既减轻了柜台的压力，又为储户提供了良好的服务，还达到增加吸存的目的。

一卡在手，走遍神州。银联卡不仅走遍了中国，更走向了世界。

（作者时任中国人民银行深圳经济特区分行行长　吴伟强 / 整理）

第三章

深化：不忘初心，砥砺前行

阮延华　第一个保税区——外高桥保税区的成立

1990 年，我第一次来到外高桥保税区时，看到的是遍地“碉堡”、农田和芦苇荡，唯一可以看中的就是当地的友好小学，因为学校邻近杨高路有三层楼房建筑，可以作为保税区的临时指挥部。10 年后，我离开时，这里已经是一派东方大港的繁华，而这一切与保税区内自由贸易的快速发展息息相关。外高桥保税区得到了许多在当时看来几乎不可思议的“特别待遇”，但是如何享受到优惠政策，却是靠外高桥保税区一步一步突破探索、不断创新得来的。作为外高桥保税区第一位总经理，无论从工作还是私人感情角度，讲述一下保税区如何突破政策、创新发展，我认为是一件非常有意义的事。

外高桥保税区的命名

刚到保税区时，第一件事就是关于保税区如何命名。首先要确定的是保税区的英文翻译。“保税区”是中国自己创造的具有中国特色的名词，在国际上使用的一般是 Free Zone（自由区）、Free Port Zone（自由港区）、Bonded Port（保税港区）、Bonded House Zone（保税仓库区），但是国际通行最多被使用的称谓是“Free Trade Zone”（自由贸易区）。

当时，从中央给我们的政策来看，可以归纳出三个自由：贸易自由、货币自由和货物进出自由。第一是贸易自由，而那时国家是实行贸易限制，尤其是限制国外的贸易公司投资，但是保税区是唯一可以设立贸易公司的地方。进出口货物不受许可证管理免征关税。第二是货币自由，当时外汇的管制很严。但是贸易离不开各种货币的结算，所以在外高桥保税区每个国家的货币都可以在里面进行流通。外汇管理局专门出了一个外汇管理条例，实行外汇自由。第三是货物进出自由，国外所有的货物、商品，包括国家限制进口的要许可证和配额的汽车、办公用品、家用电器、药品等在保税区内都可以自由进出。

在1990年，三个"自由"的归纳算是很胆大的，对照这三个自由，我们觉得其中最重要的就是贸易自由。也是对当时非常严格的贸易管制的一个重要突破。尤其是打破了仅在生产型企业的招商引资，而在贸易和服务贸易方面招商引资有所突破，因此权衡下来我们认为还是用自由贸易区比较好。这样的翻译有利于对外宣传，与国际接轨也好，都很容易让人接受。毕竟自由贸易区才是国际上通行的。

当保税区翻译为自由贸易区后，当时浦东开发办主任杨昌基、沙麟和黄奇帆等几位领导都认为这样的翻译很好。朱镕基市长看后，也觉得这个名称翻译得蛮好。于是，英文名就定下了。此外，我们还曾提出将中文名称也改为外高桥自由贸易区。

想了很久的朱镕基同志最终还是叫秘书打电话通知我们：保税区的中文还是不要更改，按国家文件就叫保税区。所以中文名为上海外高桥保税区，英文名为Shanghai Waigaoqiao Free Trade Zone。

1990年9月11日，上海市政府在锦江小礼堂举行新闻发布会，国家海关总署署长戴杰就《中华人民共和国海关对进出上海外高桥保税区货物、运输工具和个人携带物品的管理办法》做了说明。该文件作为会上由国家海关总署直接颁布的文件，标志着全国首个保税区——上海外高桥保税区正式命名。

“诚信”铸造的铁丝网

保税区也是开发区，首先需要开发建设，而且里面不能有人居住，这样就加大了征地动迁的难度。然而要享受保税区的优惠政策还必须通过海关的验收，而当时我们缺资金、缺时间、缺手续，困难重重，但是我们统一思想坚定信心一定要尽快通过验收。

建设是从 1991 年开始启动的，当然不可能 10 平方公里全面启动，我们规划了启动面积 0.7 平方公里，到 1992 年通过海关验收时，只同意 0.453 平方公里。我们想不管多少哪怕只有 0.1 平方公里通过验收，那么中国第一个保税区就诞生了，我们就可以享受保税区的优惠政策，因此我们排除万难力争半年通过验收。

临近验收前，分管保税区的赵启正副市长提醒我们说：你还是让海关提前来预验收一下吧。于是我们就请来海关先行预验收，结果当真发现了问题。

保税区是海关监管区，“境内关外”是以铁丝网为界，而铁丝网的高度规定为 3 米。开建时，我们以当时的杨高路为基准，杨高路海拔标高为 4.2 米，我们就以此为标高，修建铁丝网。结果到了 1992 年海关验收时，新的杨高路建成，而新杨高路标高为 4.5 米，这样我们的铁丝网比要求就矮了 30 公分。预验收时，海关将这个问题提了出来：你们铁丝网怎么矮了 30 公分？

事情同时也汇报到赵启正，他问我说：这 30 公分你怎么看？其实少了 30 公分也无所谓，人要爬铁丝网也是爬不过来的，但不管怎样，与国家规定相比这就有了缺陷。我解释了由于标高发生变化的问题，并保证，一周内坚决改正。一周后我们将铁丝网基础拔高了 30 公分，当真达到了要求。

事后，赵市长对我说：“你们这么做，在海关方面树立了非常好的信用，保税区的隔离设施都建得这么认真，以后对国家的法规执行也会同样认真。这反映了我们对国家规定、海关规定不折不扣的执行，让国家放心上海的保税区不是走私区，而是海关的监管区。”

1992年3月10日，外高桥保税区通过了由海关总署和上海海关组成的验收小组会同上海市政府浦东开发办的验收，正式启用。

现在回想，这虽然是一件小事情，但对保税区以后的发展却是意义重大，就是这道铁丝网树立起外高桥保税区的诚信标杆，也是外高桥保税区在海关的监管下健康发展的标杆。

第一家贸易公司成立

铁丝网一拉，保税区通过验收，保税区的优惠政策也可以享受了。在实际运营过程中，因为有海关的管理方法和外汇管理局的外汇管理方法的保障，货物进出口自由和外汇结算、兑换自由运行比较顺利，而允许外资设立贸易公司的政策突破却难度很大，因为当时所有法规条例都限制贸易公司的设立。

伊藤忠作为日本八大商社之一，在我们再三鼓励后，他们抱着试试看的想法，于1991年底投了一份开设贸易公司的项目建议书。建议书提出以后，我们马上按程序转交给了上海市政府，再由上海市提交到国家对外经济贸易部。当时，外经贸部处室里的人说，我们还没有这个先例，要按照程序经过国务院讨论通过才可以。

这时，市领导黄菊给我们提了建议，负责外资审批的外经贸部部长助理俞晓松是杭州人，正回来探亲，你们去当面汇报一下。

我们晚上就赶了过去，介绍保税区的国际惯例：货物要自由的进出必须要有贸易公司来运行。

俞晓松问："没有贸易公司运行货物怎么来来往往呢？"

我回答："'境内关外'可以看作香港，境内必须遵守中国法律，关外按自由贸易区的国际惯例运行。"

听着介绍，他有兴趣了。

接下来正好小平同志南方谈话，也要求改革开放要有新的突破。1992 年国家对外贸易部审核后发出了标志性的 1 号文件，于是，我国第一家外商独资贸易公司——日本上海伊藤忠商务有限公司经外经贸部批准在外高桥报税区注册。

伊藤忠经营范围广泛，对其他企业有示范效应，事实上亦代表着外高桥保税区未来的招商引资对象：以外资企业为主，以国际贸易为主。

接下来 1993 年 9 月，第一个中外合资物流企业——上海外红国际物流有限公司成立，突破了服务贸易领域引进外资的瓶颈。

“自由”概念的争论

1992 年 9 月，第一次全国保税区工作大会在天津召开，会议由国务院特区办公室主持，全国沿海开放城市的市领导和 14 个保税区、海关、财税、外汇管理部门领导参加会议。我代表外高桥保税区，赵启正代表上海市参加会议。会议的主题就是交流，到底中国的保税区在管理方面应该怎么创新，招商引资方面怎么迎合国际的潮流。

由于当时我们外高桥保税区已封关运营了半年多，颇有体会，在开发建设和招商引资上算是做得比较好的保税区，所以我最先发言。在发言中，我阐述了三个自由的特殊政策，以及我们要抓住贸易作为突破口，按照国际惯例发展中国的保区。

那时“自由”一词，还是挺敏感的，我们理解，“自由”就是作为保税区必须跟国际接轨，从管理、招商引资、法规等方面应该和国际接轨，特别是我们的审批制度，营造更适合国际接轨的投资环境。

因为大家都是同行，我们一讲保税区的三个自由，得到了与会 14 个保税区代表的共鸣。

主持会议的特区办主任胡光宝说：“首先，我认同上海外高桥保税区的发展，但这'三个自由'的提法是不是可以用其他词来替代？"

海关同样也提出了反对："应该翻译 Bonded House Zone 保税仓库区，你们这个翻译有什么依据，到底是谁翻译的？"

我就说："这个翻译是我们请了很多国际方面的专家，了解国际的整体情况后定下的，而且这个翻译是经过朱镕基同意的。此时朱镕基已经在国务院。"

我发言后，紧接着就是赵启正交流发言。他非常强调必须跟国际接轨，保税区对外翻译应该是自由贸易区！他用了很大的篇幅，并举了很多案例进行说明。他说，上海市的口岸不是作为人家的通道，商品货物一到就走，而是要把货品留下来，在港口停一停进行二次加工，进行贸易往来，这样才能对上海的经济有促进。而我们的发展之路不能局限于老的思维，没有创新的话，就无法迎接 20 世纪 90 年代新一轮的招商挑战。他的发言将我们的自由贸易区概念表述得非常清晰，而在 20 年前，在这方面的理论研究还很少。

赵副市长力挺我的观点后，反响非常大。

赵副市长还不放心，对我说："阮延华，我们晚上再去看看胡光宝主任，给他说明一下，为什么我们的英文要这么说。"

晚上我们专门过去解释："自由不是免税而是暂时不征税，主要是按照国际惯例让货物自由进出，接轨贸易全球化。而是使上海发挥像香港一样的国际自由港的功能，同贸易保护主义相对。"

第二天，报上就登出了保税区的三个自由特殊政策。在这个会议以后全国所有的保税区的英文翻译都变成了自由贸易区。

政策突破，万商云集

外高桥保税区能有今天，还和以接轨国际惯例，先行先试推出一系列政策有关。

那个时候保税区问题多，但又缺乏经验，很多东西以前都没有遇到过，不知道怎么做。赵启正就对我们说，作为第一线的人，如果你们故步自封，想要发展是绝对不行的。要把老的、束缚你们发展的问题罗列出来，看国际惯例借鉴经验，包括行政管理。

例如，当时贸易分国际贸易和国内贸易，国内一般企业没有进出口贸易权，有进出口贸易权的企业又不能做国内贸易，这样把国际贸易和国内贸易分离使保税区贸易公司的运营产生了很大困难。

与此同时，我们召开座谈会，听取各大公司反映的问题。我们发现各贸易公司业务需要一个中间的平台，来作为国际贸易和国内贸易结合的承载平台。这也就要求我们在服务方面有所创新突破。

1993 年 11 月，全国首个保税生产资料交易市场落户保税区。事实证明这个平台对贸易自由化起了促进作用。

保税区政策也使现代物流业有了新的发展，记得在 1994 年我随国务院特区办公室葛宏升主任参观访问欧洲汉堡、利物浦等自由贸易区很有启发，我结合中国保税区的政策，专题汇报了利用保税区政策发展物流分拨现代服务业的报告，得到特区办和李鹏总理的肯定。

一系列的政策突破后，跨国公司纷至沓来。当时我们是不放过任何一家企业。一次佳能的总裁来浦东，在赵启正的行程安排中没有接见的计划，但是他还要去见，所以当天很晚的时候双方才见面，见面后赵副市长就鼓励佳能来浦东，后来佳能的分拨中心就来了。

1996 年，上海出台《上海外高桥保税区条例》，外资企业更是大量涌入，可以说是万商云集。随着保税区贸易功能日趋成熟，以跨国公司为主导的贸易企业纷纷在原有业务的基础上大规模开展分拨现代服务业，分拨面也从单一的国内市场逐步向国际市场拓展，使外高桥保税区成为跨国公司跨区域的货物集散中心之一。

现在回想起来，外高桥保税区得到了许多在当时看来几乎不可思议的"特别待遇"产品进入境内或运往境外可豁免许可证；可兴办贸易机构经营转口贸易和第三国贸易；境外人员、货物出入自由；境外运入保税区货物、物品免征关税和进口环节税……这是一般经济特区和经济技术开发区都无法享受到的优惠政策。但是如何享受到优惠，却是外高桥保税区一步一步突破探索出来的，也是通过不断创新得来的。

（作者时任外高桥保税区常务副主任　任姝玮/整理）

王喜义　第一张金融商业日报的创办

深圳特区车流如梭的深南中路，中国人民银行深圳经济特区分行大厦和地王商业中心对面，一幅书写着“全国性金融商业日报——金融早报”字样的巨型招牌常常引得过往行人翘首驻足。这一句朴实而新奇的广告词，恰是《金融早报》在全国2200多家报纸中为自己确立的独特定位，也是作为第一张全国性金融商业日报向人们亮出的一张印满了豪情与自信的名片……

四年跨出四大步

蕉风椰雨的南国深圳，无疑是我国最年轻、最富有活力与激情的城市，其经济成就为世人瞩目，其金融也具有特殊地位。在这熙熙攘攘的特区，每天有多少金融信息集散？每天又有多少商业新闻涌现？因此，深圳迫切需要一个专门的信息载体，综合反映金融业蒸蒸日上的局面，及时报道国内外经济、金融、证券、外汇、期货、投资等行业的最新动态，传递稍纵即逝的财经资讯，捕捉商业时代的强劲脉搏。于是，由中国人民银行深圳经济特区分行主办，深圳市各大金融机构协办的《金融早报》，于1992年5月这个蕴含生机与寓意的月份里诞生了。

我国政府和金融界首脑很关心这份由人行深圳分行提议、在深圳特区创办的全国性、综合性金融商业日报。国务委员李贵鲜为早报题写了报头，并题词："坚持改革开放，办好《金融早报》。"1993年6月，全国人大常委会副委员长陈慕华为早报题词："祝《金融早报》越办越好"。乳燕初飞的《金融早报》不负众望，四年跨出四大步；它依托银行业的大力扶持，凭借立足特区及毗临港澳的独特优势，很快由试刊而发展为经国家新闻出版署批准，面向国内外公开发行的周二刊；由周三刊而周四刊；由日报而为对开彩色8版，成为名副其实的全国性金融大报。在距"九七"香港回归一周年前夕，《金融早报》承担起中国人民银行总行对香港宣传的历史重任。这一系列急骤的跨越式变化，是否就是对"深圳速度"这一著名名词的又一种诠释？

新的定位　新的视野

《金融早报》成立伊始，以中国金融、经济改革成就和国际金融管理经验作为宣传轴心，积极推介香港金融管理局、商业银行、证券市场的经营管理经验，对我国陆续出台的汇率并轨、外资银行管理、商业银行转轨等重大改革举措在港澳台的反应迅速予以反馈，颇受社会好评。

1995年8月，新的报社编委会成立不久，即深入调查研究，明确提出了办一份全国性金融商业日报的创新构想。首先，它不是一份区域性的银行机关报，而是一张有鲜明金融特色的全国性商业日报；其次，它不应局限于金融的某一个方面，而是整个金融领域，甚至拓宽至生活中的整个商业空间。具体地说，她要以金融、证券政策性信息和市场信息为主，同时刊登读者喜爱的社会经济新闻；抓住香港回归祖国的历史机遇，超前报道内地和香港之间的金融衔接；引导金融消费，提供财经资讯。这样，它也就获得了信息性、实用性、知识性这三个支点，在全国报业家族中具有不可替代性。

为强化报纸的商业色彩，扩大报纸的全国性影响，《金融早报》推出了一系列相关报道。其中，敏锐地抓住我国金融改革和经济运行中的难点及大众所关注的焦点问题作追踪报道，引起社会反响。1995 年 7 月，人民银行深圳分行依法监管并关闭了违规经营的金威城市信用社。《金融早报》并不认为这是一件简单孤立的新闻，而是重拳出击，以“金威事件反映了什么？”为主题进行了连续追击；对如何执行《中国人民银行法》，中央银行如何监管金融机构等现实问题提出了独到的见解。一石激起千层浪，在全国金融界形成了一股强化金融监管的冲击波。是时，适逢全国城市合作商业银行组建座谈会在深召开，报社又派出记者现场采访与会代表，使探讨更加深入，为各地在整顿城市信用社的基础上组建城市合作商业银行提供了有益的启示。

1995 年 8 月至 11 月，《金融早报》积极建议，与中国人民银行总行条法司、中国人民银行深圳分行联合举办了影响广泛的 95 金融“四法一决定”知识竞赛，刊登试题的当期报纸发行 30 多份，覆盖除了台湾以外的全国 30 个省、市、自治区。11 月 6 日，该次现场竞赛文艺晚会在深圳华夏艺术中心举行，全国 20 名一流演员登台亮相，以大家喜闻乐见的文艺形式宣传金融法律，盛况空前。中央电视台一台两次向全国作了转播，使中国人民银行、中宣部、国家经贸委关于在全国广泛宣传金融“四法一决定”的精神深入人心，被权威部门认为是金融界前所未有的规模宏大、形式多样、影响深远的金融普法活动。《金融早报》为此获得了此次活动的最佳组织奖。

1996 年元月，《金融早报》正式扩为对开 8 版彩色日报，从策划到具体编排，从彩印机安装调试成功到正式出报，在不扩编不增人的情况下，只花了短短一个多月时间！

扩版后的《金融早报》除了要闻版及颇有影响的证券版外，还开辟了理财、消费、品书、物业、文摘、特区周末等专版。报纸面向市场，从金融这面多棱镜，折射出经济生活的方方面面，正在成为社会大众特别是白领阶层所钟爱的一份理财伴侣乃至生活伴侣。由国家新闻出版署主办的《中国报刊月报》及《新闻出版报》先后载文赞誉了早报；1996 年 8 月，在苏州结束的第三届全国民间文摘研讨会上，早报财经文摘版被评为"读者最喜爱的经济信息类报刊文摘版第一名"……这些，正是《金融早报》由蹒跚走向稳健，由曙色初露走向规范成熟的一个个脚印。

光荣与梦想

随着香港回归祖国的日益临近，更是给《金融早报》第二次创业带来了难得的历史契机。作为全球最佳商业城市及国际金融中心之一的香港，它适时加强了对香港金融业的报道力度，组织了一系列有影响的重头文章。早在 1995 年 7 月份，它就独家刊发了驻港记者发回的"世银年会九七在港召开表明香港国际金融中心地位不变""旧港币运往英国作废铁处理"等令人耳目一新的消息；由中国人民银行外资司提供的在早报独家连载的《香港金融体制》专栏文章，全方位地介绍了香港在金融方面的制度体系和先进管理经验，对内地金融业不无借鉴意义，读者反应颇为热烈。日前，该系列专栏文章已由中国金融出版社结集出版，中国人民银行行长戴相龙作序。同时，还着手在香港回归前后进入香港报业零售市场，向港人一展内地报纸的风采。

鉴于它的影响日增及得天独厚的地缘优势，1996 年 6 月，《金融早报》被中国人民银行总行正式批准为对香港宣传指定报纸。

无疑，这是对《金融早报》的肯定与鼓励，也是《金融早报》发展史上的又一次飞跃。任重道远，这几个字是不是对肩负这一神圣历史使命的早报的最好的概括？《金融早报》抓住这一历史机遇及时绘就一幅发展前景：一方面，要让它真正面向全国，面向市场，面向整个社会，飞入寻常百姓家；另一方面，要让它面向国际，走向香港与海外，成为架设于内地与香港之间的一座资讯桥梁，对香港输出中央银行政策信息的同时，对内地输入香港先进的金融管理经验。为此，要与国内金融界建立畅通的信息渠道，要加强与香港金融管理局的联系以及与中银集团的合作。

总之，要立足诞生神话与奇迹的深圳热土，辐射全国内地乃至港澳台、东南亚，最终要发展成为一家有实力的报业集团。尽管路途遥远，但它正是《金融早报》全体同人的光荣与梦想。

（作者时任中国人民银行深圳经济特区分行行长　李跃 / 整理）

黄伟雄　第一家中外合资商业企业——第一八佰伴开业

浦东开发开放引凤筑巢　中日商业巨子珠联璧合

提到第一八佰伴，和田一夫这个名字始终绕不开去。许多人对这位日本人可能有些陌生，但说到20世纪80年代风靡全国的日本电视剧《阿信》，恐怕就是无人不知无人不晓了，阿信的原型就是和田一夫的母亲和田加津。

和田一夫继承了母亲的坚忍不拔和勤劳果敢，当他在1990年踏上中国大地之时，他的八佰伴国际流通集团在全球已有400家店铺，一年的营业额超过5000亿日元。

我常说和田一夫是一位拥有卓越前瞻能力的企业家。在浦东开发开放的大背景下，他没有选择繁华的淮海路、思南路地块，而是看上了充斥着破破烂烂的旧房子和农田的浦东新区张杨路地块，作为建造世界最大百货公司的用地。

1991年4月12日，和田一夫在市第一商业局副局长由月东、第一百货总经理吴正林陪同下重点考察了第一百货，他对这家每天有十几万人次的客流量、年销售额达8亿元的合作伙伴十分满意。随后，他来到浦东开发办公室，听取了浦东开发的情况介绍，并实地考察了张杨路。第二天，上海市人民政府财政贸易办公室率上海市第一商业局、上海市第一百货商店、上海浦东商业建设联合发展公司与八佰伴国际集团有限公司代表团在新锦江大酒店，就合资兴办零售商业事项举行正式会谈。双方的会谈相当顺利，仅用了两个半小时就在合资意向的若干主要问题上取得了共识。第三天，双方举行了记者招待会和合资意向书的签字仪式，吸引了世界媒体的关注，东京和中国香港的报纸都做了显著报道。中日零售企业第一次喜结良缘。

特大项目筹建争分夺秒　友好合作结晶瓜熟蒂落

那时我在上海百货总公司任职，非常关注第一八佰伴项目的进展情况。当时，商业引进外资并没有现成的方案，一切都要从零开始，政策性又十分强，必须经国务院特区办、商业部、体改办、外经贸部、计委、外汇管理局等六个部门的审核，并报国务院批准。为此，上海方面由庄晓天副市长带队，先后多次赴京向相关部门请示汇报，经过反复沟通，获得了李鹏总理的亲自批准。

1992 年 5 月 15 日，国务院正式批复上海市人民政府，同意兴办中日合资上海第一八佰伴有限公司。在谈判合作、立项报批筹建开业的过程中，时任上海市副市长、浦东新区管委会主任赵启正，市浦东开发办公室副主任黄奇帆等不少领导都曾为此事给予许多支持。

1992 年 9 月 28 日，上海第一八佰伴有限公司正式成立。

商业外资的入境，中方资金的投入，涉及银行的借贷、利率、担保、汇率、外汇管理等一系列金融运作，政策刚性、难度大，需要有关各个环节去沟通，争取政策支持。在当时背景下，能够跨过政策“门槛”，靠的是筹建人员的智慧，靠的是他们的艰辛努力。

其中最为复杂、最为艰难的一个问题是，中外投资双方在权益问题上如何恰当相处。在当时第一八佰伴资本股权结构中，第一百货占 45%，日本八佰伴占 19%，香港八佰伴占 36%，而董事会中有 4 名中国人、5 名日本人。为了维护中方利益，中方项目组在拟定章程时，坚持较重大事项需2/3董事通过，即除了外方董事，至少有一名中方董事举手方可施行，造成了事实上的55%股权与45%股权在重大问题上的权力等同。

在工程筹建过程中，中方项目组对造价、工期、设备标准等重大事项，坚持必须经过双方反复讨论，认可后才实施。对于进口设备，坚持要经海关、商检把关，不符合合同规定的一概拒绝，决不迁就。在市财贸办的帮助支持下，经过中方项目组的努力，终于使我方在总投资上节约了3000多万美元。

在短短四个月里，项目组就完成了《可行性研究报告》、合同、章程，以及翔实可信、操作性强的市场分析、经济效益预测，并成立了公司。这种“特别能打硬仗”的作风被第一八佰伴人传承了下来，无论是之后开业前一天的通宵理货，还是面临日方撤资的窘境，抑或是每年12月31日的岁末营销，都保持了当年筹建时期携手共进、迎难而上的精神面貌，这也是为什么第一八佰伴能蝉联上海百货第一的重要原因。

1995年12月20日，上海第一八佰伴新世纪商厦如期开张迎客。开业当天，顾客潮水般涌入商厦，创下了一天光顾同一店铺的吉尼斯世界纪录。真可谓人山人海，盛况空前。

面对盛况，因这一中日合作被日本天皇加冕的和田一夫感慨道:“一下子来了107万位顾客，把我都惊呆了，全世界所有的百货店开业，还没有如此高的记录，真不愧是在中国。”

开业仪式上，和田一夫发表了热情洋溢的讲话，他说:“四年来，在中方合作伙伴的大力协助下，世界最大级别的综合商厦上海新世纪商厦终于隆重开幕。新世纪商厦将成为21世纪中国时代的新象征，中国也将因拥有这首屈一指的百货商场而享誉世界。”

上海市人民政府财政贸易办公室主任、第一八佰伴名誉董事长张俊杰说:“由国务院批准的中国第一家中外合资大型商业企业——上海第一八佰伴新世纪商厦得天时、地利、人和的优势，必将成为我国既有国际先进水平又适合中国国情的一流商厦。”

矗立在浦东张杨路的上海第一八佰伴新世纪商厦确实称得上“一流”。

“一流”的建筑设计和工程。由日本清水株式会社设计施工总承包、上海建筑设计研究院合作设计、土建分包单位为上海市第三建筑发展总公司建造的这个项目，整幢商厦由 99.9 米高的 21 层塔楼和 10 层裙房组成，总建筑面积 14.48 万平方米，裙房营业面积 10.87 万平方米。商厦正面外圈长达 100 米、6 层楼高的白色大弯壁气势恢宏，下部设有 12 个拱形门洞，门洞内壁有十二生肖图案，情趣盎然。别具一格的建筑曾荣获上海市商业建筑形象称号、建国 50 周年经典建筑铜奖和浦东开发开放 1 年建筑金奖，是浦东一大标志性建筑之一。

“一流”的硬件设施。庞大的地下停车场有两层，可泊小车 410 辆，可停放 1400 辆自行车；建筑物内外有 87 部电梯（包括自动扶梯、观光电梯、垂直客货电梯）。消防、保安、空调、照明均由中央控制室集中控制。这些设施和规模在当时还是罕见的，可称为亚洲之最。

“一流”的服务理念。从硬件设施到软件精神，都体现了用心、周到。商场的购物环境十分舒适，楼层空间高，没有压抑感；走道宽敞，没有拥挤感；上行、下行的自动扶梯直接对接，顾客上下楼无须在商场内兜一圈，为购物目的性强的顾客节约时间和精力；在底楼入口处，设有银行、邮局和 ATM，为顾客提供多种服务。营业员接待顾客彬彬有礼，礼貌至上，服务至上。

积极适应磨合求同存异，危难时刻挺身力挽狂澜

开业轰动过后，一切恢复平静。日方全面负责日常的经营管理，中方人员则以学为主，辅助开展工作。应该承认，日方的经营思想和管理手段确有其独到之处，但在当时市民消费水平、品牌意识还不高的情况下，日方的高档定位明显不符实际，这直接导致销售的不乐观，就连开业时意气风发的和田一夫也大叹：“黄浦江要决堤了，新世纪大厦要倒了！”在中方多次提出改变经营定位的建议后，

日方终于在事实面前做出了让步，商厦的经营开始逐步有了起色，但不久亚洲金融风暴席卷而来，日本八佰伴破产了。

一时间，各大新闻媒体都迅速报道了这一消息，第一八佰伴因此遭遇前所未有的危机：供应商普遍表示不信任，催结货款；银行停止贷款并催促还贷；消费者对公司能否继续维持心存疑虑……危难之时，上海第一百货商店股份有限公司在市政府的支持下鼎力相助，一举收购了日本八佰伴持有的第一八佰伴股权，从而所占股权升至 64%，实现了中方对第一八佰伴的全面控制，帮助第一八佰伴渡过了难关。商厦从此完全交由中方经营。同时，第一八佰伴获准在合营期间无偿使用日本八佰伴的商标、商号，即冠名权。

然而，日方留给中方的是一个累计亏损 2 亿多元，年亏损额超过千万元的"烫山芋"，困难一大堆，又无现成经验可供借鉴，怎么办？

根据上级领导部门的要求，公司高层果断向员工提出"当好主角"的口号，公司上下统一思想，决心用自己的智慧与才干来证明中国人也能独立经营好超大型百货商店。

经过了全体第一八佰伴人的背水一战，公司利润逐年上升。虽然开业前六年公司累计亏损 2.1 亿元，最艰难时的资产负债率高达 99.15%，但在全体员工众志成城的拼搏中，2001 年，公司开始盈利，2003 年，公司利润突破了 8000 万元，也就是在这一年，我被调入关注已久的第一八佰伴。

搏击商海一跃独领风骚，千锤百炼铸就业界传奇

2005 年 12 月 20 日，商厦迎来了十周年店庆，我终于亲眼见到了和田一夫。所有员工在一幅精美的卷轴上签了字，送给这位有着"不死鸟"之称的传奇人物。和田一夫手捧卷轴，老泪纵横，不断感慨着当年的选择是一个明智之举。这一年，公司完全弥补了历年亏损，真正步入盈利阶段，并开始稳坐上海单体百货商店销售的头把交椅；2009 年，公司销售规模较 2003 年翻了一番……

现在，第一八佰伴的跨年大戏已成为上海滩最出名的岁末营销活动。每年的12月31日公司总是会推出优惠幅度最大、参与范围最广、营业时间最长的营销活动。2012年12月31日至2013年1月1日，在两天合计37小时的营业时间内，商厦共实现销售6.64亿元，同比上升30.7%，平均每小时实现零售1794.59万元，每分钟实现零售29.91万元，每秒钟实现零售4984.98元，不仅再次刷新历史纪录，而且创造了中国百货零售业的奇迹。

第一八佰伴的股权几经更迭，现已成为了上海友谊集团股份有限公司的全资子公司，但其开业在中国改革开放的历史进程中仍具有标志性意义。它标志着我国流通领域对外资开放有了重大突破，显示了中国要继续推进改革开放的坚定决心，同时也是浦东新区改革开放和上海商业“一年一个样，三年大变样”的象征。

（作者时任上海第一八佰伴有限公司董事长）

周路明　第一个无形资产评估管理办法的出台

我 1984 年大学毕业后，一直在武汉高校从事研究和教学工作。1989 年 1 月，我在《科技进步与对策》杂志上发表了《建立以企业为主体的技术创新体系》的文章，后来被《新华文摘》转载，这是国内首次提出“建立以企业为主体创新体系”的概念，引起理论界的关注。1992 年春节过后，我揣着这篇文章来到深圳科技局求职，成为科技局政策法规处的一名干部，有幸亲历和见证了深圳自主创新的历程。

让深圳的本土高新技术企业来一个集体亮相

我刚到科技局的时候，恰逢深圳因发行新股措施不当而引发股民骚乱。1992 年 8 月 10 日晚上，站在科技局临街的窗口，看着满街汹涌的股民，我心中充满悲哀：这个城市能有科技创新的空间吗？那时我有点怀疑自己的选择是否正确。记得史玉柱就是在那段时间离开深圳的，他认为深圳的环境不适合创新。

1993 年春季，省委书记谢非的深圳调研开创了深圳高新技术产业发展的新纪元。他认为珠三角地区依靠“三来一补”发展经济难以持续，应该着力发展高新技术产业，为此他率队在全省范围内调研，并决定召开珠江三角洲高新技术产业座谈会。

谢非一行在深圳调研的时候，科技局带调研组参观了初创的华为等一批本土创新企业，这让谢非一行眼前一亮。在这之前，谁也没有想到在深圳竟然藏着这样一批企业，兴奋的谢非马上决定把座谈会的地点定在深圳，并让深圳搞一个展览，让深圳这些本土高新技术企业来一个集体亮相。

谢非的决定让深圳科技局陷入到前所未有的忙碌中，准备会议材料成为当时重中之重的工作，从来不干预下属具体工作的郝局长几乎是全程参与写作组的讨论。

5 月正是深圳的雨季，有一天上午郝局长率领我们写作班子在银湖宾馆向主管科技的副市长朱悦宁汇报时，遇到山洪暴发，银湖宾馆顿时被洪水包围，我们一行人不得不逃至高处避难，直到下午 3 点，饥肠辘辘的我们才被营救下山，转到科技局会议室继续加班。

当时我初到政府部门，对领导讲话和公文类的文体还不是十分熟悉，写得很是吃力。记得那天从银湖宾馆逃回科技局后，一直加班到晚上 8 点多钟才弄出一篇完整的稿子。

朱悦宁来到会议室拿起稿子一看，蹦出一句：“和尚帽子平塌塌。”我心里顿时凉了半截。

朱悦宁当时就急了，拿起稿子就亲自改起来，到晚上 11 点最后一稿从朱悦宁的手中出炉，果然是不同凡响。这篇文章就是后来市委书记厉有为在珠江三角洲地区高新技术产业座谈会上的发言稿。

1993 年高新技术产业座谈会之所以重要，就在于它对深圳明确提出发展高新技术产业的战略目标起到了直接的推动作用。本土高科技企业在座谈会期间的集体展示，使社会各界看到了深圳发展高科技的可能性。1993 年以后，社会资源向高科技产业的聚集开始加快，深圳高新技术产业开始步入快速发展的轨道。

第一个无形资产评估管理办法的法律文件诞生

我刚到科技局工作时，在法规处工作。当时科技局总工程师陈仲在党校学习，学校要求他们所在的小组搞一份调研报告。陈仲找到我，要我参加他们的讨论，确定选题并执笔撰写报告。

在他们小组的讨论中，我注意到有人提出深圳科技企业在与外资合资经营时，有一部分资产无法评估入账，对引进外资造成了障碍。当时发言者将这些资产称为"软资产"。我意识到这里面肯定存在某种制度缺陷，会后就开始查找相关资料并进行调研。

在图书馆的资料检索让我搞清楚了他们所说的"软资产"的学名叫"无形资产"。随后我执笔撰写了《深圳建立无形资产评估制度势在必行》的报告，该报告被陈仲作为他们小组的作业直接送到了市委书记李灏的案头。李灏很快在报告上作出批示，要求科技局将报告中的内容予以实施。

1993 年 6 月，全国首家无形资产评估事务所在深圳成立，全国各大媒体蜂拥而至，无形资产评估热潮迅速在全国兴起。1994 年，深圳颁布全国第一个无形资产评估管理办法的法律文件，一个新的行业开始诞生。

1996 年初的一天，时任科技局副局长的刘应力找到我要"风暴"一下（那时他经常开神仙会，开展头脑风暴），"风暴"的主题是高新园区。当时高新区分成科技工业园、高新技术工业村、京山民间科技工业村等几大块，分别隶属不同的部门，科技局和经发局为科技园区的管理权进行过多次论战都没有结果。刘应力提出看看能否有新的角度，做一个全新的方案提交给市政府。

为此，我们开始对青岛等地的高新区进行调研，我和应力同志在茶余饭后的苦思中，终于酝酿出一个方案：三区合一，统一规划，统一管理，形成大园区概念。新的高新区由市政府直接管理，副秘书长兼任高新办主任。

科技局的这个方案很快得到市政府的批准，深圳高新区开始了它的辉煌历史。

应力同志脱颖而出被任命为高新办的首任主任。从我们一起在青岛调研到新的高新区诞生，总共才不过半年时间，应力同志六年后成为深圳市主管科技的副市长。

20 世纪 90 年代中期是深圳科技制度创新成果最多的时期。当时深圳科技立法有两个重要特点：一是立法路径是从问题出发而不是从条条出发；二是立法重点围绕解决创新群体的诉求问题。由于深圳在创新实践中暴露出来的问题往往在国内其他地方还未曾发生过，所以科技立法经常在国内开创第一。除了上面提到的《无形资产评估管理办法》，还有关于技术入股、企业技术秘密保护的立法都是该领域最早的法规。

深圳自主创新能有今天的成就，不是技术的胜利，而是制度创新的胜利。深圳充分利用特区立法权和先行先试的便利，最大限度地消除了阻碍创新的体制因素，形成了创新要素的聚集效应。孔雀东南飞，深圳能成为最大受益者，很大程度上在于制度创新形成的体制、机制环境。

（作者时任深圳科技局政策法规处干部）

袁新安　我国第一个自主设计建设的 LNG 项目落户

在南黄海南通如东长沙岸外 16 公里的地方，建有一座近年来崛起的洋口港。洋口港区内有一个三平方公里的人工海岛，人工海岛上傲然屹立着由我国第一个自主设计、自主建设的 LNG 液化天然气接收站。接收站有三个直径 80 米，高度 60 米的 LNG 储气罐巍巍耸立。从这里每年有几十亿立方米天然气源源不断地输向内陆，每年为国家和地方提供数亿元财政收入。每当看到海上 LNG 船挟着海风，乘着海潮安全进入海港时，每当我看见一辆辆大型槽罐车从黄海大桥满载着 LNG 驶向祖国的四面八方时，总是情不自禁地回想起 LNG 项目走过的风雨历程。

如东 LNG 项目的由来

1992 年春天，当时我在如东县政府办公室任联系计划、财贸工作的秘书，主要工作是跟随分管副县长徐琢，参加县里一些重大建设项目的推进和协调。

有一天，徐琢副县长通知我和有关同志参加市里一个会议，据说是香港一位商人要在海上搞 30 万吨的原油进口项目，市政府拟比选一下，是放在启东的吕四港好，还是放在如东的洋口港好。当时洋口港和吕四港都没开发，我心中也没底。没有想到，此次会议对我触动很大，使我改变了人生的发展方向，从此踏上了漫长的洋口港开发之路。

到了市政府的会场，我才发现这次会议规格很高，且气氛十分紧张。市政府市长、副市长，原来退下来的市政府主要领导都悉数到场，市各部门到场的一把手达 30 多人，如东、启东的与会人员各坐一排。如东包括专家在内仅有五人与会，而启东则有 20 余人到场。

启东首先开讲，只见会议室四面墙壁顿时贴满了宣介图纸，看来与会人员对启东感兴趣。轮到如东开讲时，如东的同志只拿出一张图纸且是当时小洋口的一个初步方案，只带了一个专家，而且该专家无锡口音浓重，很多人都没听懂。

等到两家讲完，市领导立即宣布，如东、启东的同志退场，市里的同志进行无记名投票，结果如东落选。我们心情十分低落，回来后将情况向时任县委书记的汤桑林同志做了汇报。县委认为这次比选失败主要是前期工作没有做好，应通过我们的工作说服上级领导，于是县委决定建立洋口港开发办公室，以免再次失去机遇。我作为政府派驻洋口港办公室的联络员，进入了洋口港办公室，参与洋口港开发的前期工作。

半年后，前期工作取得了初步的进展。著名港口设计大师顾民权发现长沙外海烂沙洋水道边有一片 10 平方公里的西太阳沙可构建人工岛，以此岛为依托可建 10 万吨级的港口。

此消息被当时南通市港务局副局长施元廷知道后，他异常兴奋，说：“好啊！正好可以用来中转矿石。”

几天后，这个曾长期在冶金战线工作过的如东人就找到了刚退下来的冶金部副部长李非平，李非平欣然写信给武汉钢铁总公司，建议武钢在如东洋口港建设矿石中转基地。很快，以时任南通市副市长葛忠康为团长的南通市政府代表团，乘船三天三夜抵达武钢。双方签订了武钢—南通洋口港矿石中转基地合作建设协议书，项目向工程建设阶段迅速推进，可惜后来由于交通部力主武钢去宁波建矿石中转码头，项目陷入停滞阶段。

1993 年春天，江苏省电力设计院受江苏省电力局委托，对江苏沿海能否进行燃煤电厂建设进行厂址调查。当时带队的电力设计院的设计总工田海说，临来时，电力设计院的领导还给我布置了个任务，要找一个 LNG 电厂的厂址，如东的西太阳沙如能建岛作为 LNG 电厂的厂址，应该是可以的。一听这话，我们几个立即拿出了武钢矿石中转码头基地（含人工岛）的工程方案给田海看，他看了后觉得这个方案可以考虑。现在想来，如果当时没有武钢矿石中转码头项目，或许就没有如东今天的 LNG 项目。

田总回去后，将如东可建 LNG 接收站和电厂的情况向省局做了汇报，省局立即和当时的外方投资者美国美孚公司 / 美国威尔集团做了沟通，威尔集团随即分几批派专家来如东洋口港考察。原来，这个项目是由美国伊洲中国发展公司牵线介绍而来的，原能源部部长黄毅诚又把它推荐给了江苏省电力局。时任电力局局长顾智鹏在香港和威尔集团签订了项目意向书。威尔集团考察如东后，结合省电力局介绍的省内沿海几个选址的情况，最后初步确定放在如东。

第二年即 1994 年，中美双方在北京中国大饭店举行了 LNG 项目签约仪式，美国商务部部长布朗、我国电力工业部部长史大桢参加了签字仪式。8 月 30 日签字仪式结束后，中央电视台在《新闻联播》节目中作了报道，当时错把"如东燃气电厂"报成了"如皋燃气电厂"，一时引起大家误解。签约一结束，9 月 2 日，中外双方领导及专家 40 余人共同聚集如东，大家坐着拖拉机，乘着小舢板，几经周折后转入渔民的小船上，到西太阳沙考察接收站岛址。令人难忘的是，当时外方的项目经理柯克先生，一个身高近 2 米的外国人，双膝跪在沙滩上，面朝海天一色的大海反复朝拜，祈求项目早日成功，在场的人无不为之动容。

半年后我们形成了 LNG 第一个初步报告，报告送到国内外一些专家那里准备审查时，从港口行业到电力行业到天然气行业，甚至于海洋界，全部都炸开了锅，一时间从上到下议论纷纷，很多人认为这是天方夜谭。辐射沙洲怎么可能建港？用当时交通部港口专家、工程院院士刘济舟的话来说，谁来保证储气罐在岛上能长期立得住。

为了回答专家们的问题，从 1995 年 1 月到 1996 年 4 月，短短的一年多时间里，各有关方面召开了十多次相关专题的审查会，人工岛建设的设计文本共出了11版，专家们调阅了世界上600多年来所建的350个人工岛的案例，详细分析了50个具有典型意义的人工岛方案。

项目建议书上报前的最后一次审查会，江苏省副省长陈必亭到会讲话。他代表当时的省委书记表明江苏省非常重视如东LNG项目，并希望尽快促成国务院批准开工，成为“九五”期间的开工项目。

华东电管局分管副局长徐航发表了热情洋溢的讲话。令人印象深刻的是，这位局长幽默地说：“项目很大，我们需要扎实工作，我叫徐航，意思是慢慢航行，才跑得稳。你们的分管县长叫徐琢，就是要慢慢雕琢，千锤百炼。”后来LNG项目的发展果然应了徐航局长的话，项目几经磨难，在风雨中爬坡，缓慢前行。

如东LNG项目的三次下马

如东LNG项目启动后，一路坎坷曲折，几经上上下下，历经重重考验。

第一次下马：国家计委让如东项目暂时停下来，待规划出来后再定。

1996年，华东电管局组织召开的江苏LNG项目审查会结束后，项目上报到北京，我们随省里的同志到国家计委去汇报如东LNG项目的情况。几经周折，终于找到国家计委的一名负责同志，人虽找到，但上来就被泼了一盆凉水。

该领导说：“国家还没有考虑好是否需要进口LNG，即使需进也要通盘规划。你们的项目不可能现在批给你们，如东这个地方我知道，那里是一片烂泥沙，根本不可能建深水大港，如果华东要搞LNG，也不会在你们那儿搞，浙江沿海条件比你们好的地方多的是。”

听了他的话，我们感到如东LNG项目前面有两座大山爬不过去，一是国家LNG规划不出来，我们的项目不可能被批准；二是如东的条件够不上，条件比我们好的地方没上之前，估计没有如东的份。国家计委的这一态度让该项目不得不暂时下马。

第二次下马：国家规划中没有如东 LNG 项目，该项目被排除在规划之外。

时隔半年，国家计委终于启动了 LNG 项目总体规划的编制工作，国家委托某央企代表国家制定 LNG 项目规划，该公司专门建立了 LNG 项目办公室，到如东考察洋口港，并搜集了如东 LNG 项目前期论证的一些资料。

专家组的同志认为华东 LNG 项目需要试点先行，长三角只能是一个点，而长三角江苏、上海、浙江三个省市，谁也不肯放弃试点。

专家们认为，浙江沿海的港口建设条件显然好于江苏，尽管江苏如东做了大量工作，但在一片水下沙洲上建岛建接收站未有先例，风险太大。

知道了他们的态度后，我们心里非常着急，在他们方案还没有上报之前，市县领导紧急报告省政府季允石副省长。原先季副省长另有公务，后来专门抽出时间会见了该公司的领导和专家，表达了江苏迫切要将如东洋口港纳入华东地区 LNG 选址的愿望，而且态度非常坚决。

江苏省领导的意见虽然得到了专家们的高度重视，但最终却没有能够改变他们的看法。

为了恰当处理江苏在 LNG 试点问题上与专家们的分歧，受国家委托的央企该公司一方面在总体规划上明确将浙江大榭岛站址作为华东 LNG 的首选站址，将江苏的站址排除在外；另一方面，在规划前言部分专门强调江苏希望在本省建立 LNG 接收站的想法。

尽管如此，规划方案大局已定，如东没有进入规划，项目再次流产。省电力局和美国威尔集团两家投资主体也觉得希望渺茫，项目不得不再次下马。

第三次下马：国家决定上西气东输工程，叫停包括如东 LNG 在内的各省 LNG 项目。

在华东 LNG 项目各省市站址比选失败以后，国家电力部开始研究电力工业天然气利用规划工作。电力部门利用天然气的主要作用是建设天然气调峰电厂。江苏省作为全国经济大省、用电大省，煤电在江苏电网中所占比例较大，迫切需要建设调峰电厂。如果如东 LNG 电厂在电力部天然气利用规划中占有一席之地，那么 LNG 项目或许会有一丝生机。

功夫不负有心人，几经努力，电力部终于同意将如东作为备选站址，这是如东项目首次进入国家规划。电力工业部计划司副司长王信茂专门率队到如东西太阳沙考察，并勉励我们继续推进该项目，给我们很大的信心。

为了继续争取国家对江苏 LNG 项目的支持，在有关部委领导和专家的指点下，我们考虑联合上海的力量来推进如东 LNG 项目。如东 LNG 项目的特点之一就是离上海市近，通过过江通道到上海比从宁波到上海要近 100 多公里，上海计委分管 LNG 项目的领导以及上海申能集团的领导专程到如东考察。

双方初步达成了合作意向，上海对如东 LNG 项目的初步认可从另一个方面证实了如东 LNG 项目的可行性，也让国家有关部委的同志感到如东 LNG 项目在市场上是有一定优势的。此后，在北京多次 LNG 项目研讨会上直接否定和反对如东 LNG 项目的声音少了很多，如东 LNG 项目的外部环境已有所改善。

为了从更高层面和更深层次上，把如东 LNG 项目研究清楚，使之能在国家层面和长三角经济发展大局中站得住脚，我们考虑委托权威机构给我们出研究报告，于是，由美国威尔集团出面委托了国家重大项目的重要研究评估机构——中国国际工程咨询公司开展研究（以下简称“中咨公司”）。

中咨公司组织了国内电力、天然气、港口、经济、运输等行业的一流专家对如东 LNG 项目进行咨询评估，特别是关于长三角 LNG 接收站布点的合理性问题，专家们沿用了城市燃气布点的对称性原理，认为从以上海为中心，浙江、江苏为两翼的长三角地理特点来看，南侧浙江沿海已经开采东海气，西部将引进新疆天然气供长三角应用，因而在北侧布置江苏如东 LNG 接收站可以实现南北两侧加西气引进共同满足以上海为中心的长三角城市带天然气的供应，这一研究成果为如东 LNG 接收站在长三角地位的确立提供了可靠的理论依据。

专家们还认为，江苏省作为经济大省，市场需求量大，沿江八个城市互相比邻，且紧靠上海，供气集中，行政关系单一，经济可靠性强，不必跨省即可首先启动，这是长三角其他省市难以做到的。中咨公司在完成评估报告后组织了专家审查，并将报告送给了国家计委。

负责国家 LNG 项目引进的国家计委有关司的负责同志考察并认真听取了以一航院杨希宏总工为主的专家们的汇报，对如东 LNG 项目前一阶段的工作表示了肯定，并对今后的工作提出了指导意见。这意味着如东 LNG 项目重新进入了国家考虑范围，如东 LNG 项目又起死回生。

正当我们积极推进，项目即将得到国家计委批准之时，国家又确定把西气东输作为西部大开发的标志性项目马上启动。由于担心新疆天然气进入长三角后市场难以一时消化，LNG 需要暂停进口，项目暂缓上马，如东 LNG 项目又不得不再次下马。

项目的最终落地

随着西气东输项目的上马，长三角天然气的安全供应问题又被提到议事日程。有很多专家提出质疑，长达 4000 多公里的西气管道是否能全线安全，拥有 1 亿多人口的长三角市场仅靠西气工程提供的 120 亿立方天然气能否满足。当西气东输工程在 2002 年真正开始输气时，人们的这些担忧更加强烈。

西气需要 LNG 的补充，在此条件下，2001 年 11 月 1 日，中国石油天然气股份公司与江苏省人民政府签订了合作建设 LNG 项目的谅解备忘录，时任中石油股份公司的总裁黄炎与时任江苏省省长的季允石分别签字。

项目签订协议后，原以为会很快实施的如东 LNG 项目，由于种种原因推进进度不快，省里很着急，恰逢新加坡金鹰集团有意投资 LNG 项目，省有关方面就向如东推荐由新加坡金鹰集团投资建设。但由于 LNG 进口问题事关国家能源大局，由外商控股建设 LNG 接收站，国内没有先例，上面也没有相关政策，如东 LNG 项目陷入僵持不下、停顿不前的困难境地。市县政府有关领导为此多次跑部跑省，向上争取。

当时上海、福建、浙江等地的 LNG 项目纷纷重新启动，快速推进，如果如东

LNG 项目不能获准，很有可能再次丧失机会。

后经多方共同努力，终于在 2004 年，国家计委、江苏省政府、中国石油及新加坡金鹰集团达成了一致意见，将如东 LNG 项目作为西气东输的配套项目，由中国石油控股投资建设，新加坡金鹰集团和江苏省国信集团分别参股。至此，如东 LNG 项目由地方项目变成了国家项目。

当中石油要把如东 LNG 重新上报国家时，又出现了新的麻烦，此时在江苏省内出现了新的 LNG 项目投资热，另外两个石油天然气行业的央企在江苏沿海其他两处也要投资 LNG 项目，一个省内同时要上报三个 LNG 项目，这显然是不现实的，究竟谁先上报，让谁先投资启动，各央企、各地市之间一时竞争非常激烈。如东 LNG 项目面临又将错失良机的险境，省政府及有关方面及时给予协调，考虑到如东 LNG 项目开展时间早，项目成熟度高，又是国家西气东输的配套项目，因此确定先报如东 LNG 项目，其他两个项目暂时缓报。

2005 年，国家计委委托中国国际咨询公司对如东 LNG 项目进行最终审查，由于如东 LNG 项目建在一个没有建港先例的辐射沙洲上，比起其他项目，问题也多，争议也大，能否通过审查会，成为该项目最后是否成功的决定因素。大家心里十分紧张，为了开好审查会，市县领导事先专门多次召开准备会议，分门别类梳理各项问题，按块按条落实各项工作。

当时，有一个非常棘手的事，我至今记忆犹新。一航院负责本项目十多年的原总工杨希宏有重要家事在国外探亲，刚去没几天，如果要他参会，他须放下家事提前返回，这对谁来讲都是一件痛苦的事情。但如果没有他参加本次会议，项目就没有合适的人能讲清楚，甚至于项目可能流产。实属无奈，我们硬着头皮和在国外的杨总工通了电话，杨总工毅然放下家事提前回国。事后看来，如果没有杨总工在审查会上准确而坚定的陈词，项目的通过是无法想象的。

2005 年春，专家审查会终于通过，4 月 30 日，国家计委正式发了“路条”，同意开展如东 LNG 项目前期工作，实际上就是给项目立了项。2007 年 2 月 28 日，国家发改委发文正式核准。LNG 项目正式落户如东。

项目落户后，为能顺利推进，如东付出巨大的代价确保 LNG 项目建设成功。首先是引进香港保华集团投资如东港口基础设施建设，为 LNG 项目落户创建基本条件；其次是斥巨资建设长达 13 公里的黄海大桥，以打通 LNG 项目海陆之间的通道；再次建设人工岛以满足 LNG 海上接收站建设运行；最后为 LNG 管道登陆铺设了一条长达 13 公里长的管线桥，前后投资几十亿元，最终确保了 LNG 项目建设有依托，运行有保障。

回顾如东 LNG 项目的落户过程，我感慨万千。天道酬勤，很多事情除了客观条件外，主观努力往往是事情成功的关键。好在有从中央到省、市、县各级领导和专家鼎力帮助和有力指导，有全县人民大力支持，项目终于落地生根、开花结果。

（作者时任江苏省洋口港开发办公室主任　王玉洁/整理）

陈　亮　开办第一个股份制海外商城

把市场办到海外去，到世界各地办市场，这是对外开放中温州人经贸活动的一大特色。中国第一个股份制海外商城——中华商城就创办在巴西圣保罗。

筹建“巴西中华商城”

1997年，巴西著名的“黄豆大王”——温籍（茶山睦竹垟）实业家林训明先生应浙江省政府邀请，前往杭州商讨在巴西创办商贸中心的相关事宜。省政府领导非常重视，将此事落实到省国际信托投资公司和省工商局，并由温州市工商局具体负责。因为温州瑞安商城起步很早，有一定的基础和经验，温州市工商局决定由瑞安商城有限公司和以温州海螺集团为首的温州11家企业组成的温州海外投资实业总公司分别作为两大股东，筹建“巴西中华商城”。我作为温州瑞安商城有限公司的委派代表，经历了巴西圣保罗中华商城的前期筹备、招商、开业和退出等过程。

巴西中华商城是中国第一个股份制海外商城，也是浙江在南美设立的第一个对外经贸窗口。1998年11月，经外经贸部批准设立，该商城由浙江中华商城有限公司独资创办，注册资本98万美元。

按照当地法律，外商投资必须由资信好的当地人或取得永久居留权的移民作为经济担保。温州市政府与孙华凯联系后，聘请他为中华商城的高级顾问和经济担保人，把创办中华商城的一些事全权委托了他。

孙华凯家住里约，生意很忙，而中华商城却设在圣保罗。里约与圣保罗距离很远，坐飞机也得一个小时。虽然如此，孙华凯还是抽出时间，多次来往于里约与圣保罗之间。在得到巴西温州籍著名侨商孙华凯、李凌等人的大力帮助下，终于把选址、公司注册、租楼、签订合同、聘请会计师和报关人员等有关事宜一一办好。

巴西圣保罗中华商城选址在巴西圣保罗 25 街（Rua 25 de marco），这里是拉美地区最大的百货批发和小商品集散地，有着一百多年的历史，有着非常深厚的拉美文化积淀和商业底蕴，原来一直是犹太人在做生意。想要从犹太人碗里分一杯羹，难度可想而知，何况人家已经有 100 年在此经商的历史。

突破困境走上发展之路

在孙华凯等人的协助下，我们采用“租赁 + 购买经营权”的方式买下了一幢占地 4000 平方米的 7 层大型物业（1—4 层为商铺，5—7 层为仓库），大约花了 300 多万美元。这构成了“中华商城”的硬件条件。

1998 年 7 月 6 日，由首批 32 家温州民营企业为主的巴西中华商城正式开业。温州市长钱兴中，中国驻圣保罗总领馆总领事霍淑珍女士、商务参赞王庆元和巴西圣保罗的各大商会和华人协会到场祝贺。记得开业时市长钱兴中握住孙华凯的手，对他表示衷心的感谢。孙先生却说:“我是温州长大的，为故乡办点事是应该的。”

温州市工商局副局长兼巴西圣保罗中华商城总经理陈寿铸于 1998 年 12 月 29 日给省工商局局长金德水的报告中，欣喜地写道:“今年下半年，我公司出口达 200 多个标准集装箱，出口货值达 600 多万美元，目前销售良好，一些产品已在巴西站住脚，如童装、袜子、服装、文具、玩具等，有的打进（当地）大型商场，整个旺季销售较好……”

金德水接到报告后，次日（12 月 31 日）即将报告上报给省政府柴松岳省长，柴省长当日作出重要批示：“阅后很高兴，此事一定要办好。这也是一项改革，一条发展对外贸易的新路子，它的意义不可低估！”

尽管如此，我们还是遇到了不少的困难。首先遇到的是身份问题。我们第一批出去的有温州 38 家企业、台州 2 家企业，共 40 多号人。大家拿的都是普通因公护照出境，可按当地政策必须是因私护照才能经商。这样一来，来这里打算做生意的所有人都变成了没有身份的黑户。所幸当年正逢巴西大赦，每人只需交纳 82 元美元，凭因私护照即可拿到两年期的临时居留证，对于我们这些在巴西经商的温州民企，可免去按常规需支付的每人 20 万美元的投资。经温州市外办与我国驻巴西圣保罗总领事馆的积极支持和协助，终于在居留时间到期的前一周将所有护照换成了因私护照，为国家也为个人节省了一大笔外汇。

另外，大多数经营者为初涉巴西市场，对当地情况不很了解，特别是对社会、经济、法律等方面的环境极不熟悉；商城经营者也缺乏全新的经营模式运作经验，管理不善。正是这一系列的原因，导致了在经营决策上走了许多弯路。同时，最初由国内出去的经营户基本上都是一些规模偏小、实力偏弱的中小个体工商企业。他们一到巴西，首先面临的就是语言障碍和变化多端的市场冲击。由于这些经营户法律意识淡薄，专业知识缺乏，流动资金不足，部分经营户也未办理身份，因此，他们在巴西的一言一行都必须依附于商城，再加上进出口货物接连不断地受到巴西海关、税务、警察等部门的查处、罚款、赔偿等，商城终日不得安宁，受到了很大的拖累。

1998 年底，巴西爆发了特大金融风波，巴币大幅贬值，汇率急剧下跌，致使巴西中华商城困难重重。可是，我们温州人心齐，经过努力，困难一个接一个地化解，经营逐渐好转。巴西中华商城里的企业也由摆摊位逐步办起公司，由一个人发展到几十、上百人的公司。

功成身退

经营的成功，是中华商城“孵化”的功劳，而这“孵化器”，在造就了一批巴西的华人富商之后，完成了它的历史使命，功成身退。2003年7月，经浙江省外经贸厅批复同意，中华商城注销。

虽然，巴西中华商城在完成自身的历史使命后走向终点，但是业内不少人士认为，作为全国首家到境外开办的股份制商城，它六年的创业经历，就是一笔巨大的财富。其在开拓境外市场方面的有益探索，为后期温州人在中东、欧洲、北美等地相继成功开办市场提供了极为宝贵的实践经验，同时也为准备走出国门的浙江企业开拓国际市场提供了不可多得的现实教材。

如今当年在巴西的创业者大都在巴西立稳了脚跟，有的拿到了永久定居身份，有的还在当地成了家，生活趋于安定。几年下来，这些人掌握了在当地经商，特别是从事外贸业务所需的基本规则与知识，积累了一定的市场经验。目前，他们都开办了进出口公司，独立经营，取得了很好的效益。同时，由于商城在当地的影响和带动作用，越来越多的南美华侨开始尝试与国内的外贸进出口公司做生意，当地从事外贸经营的队伍不断壮大。

温州的轻工产品备受南美人的认同与青睐，每年都有400多个标准货柜发往巴西，巴西中华商城的社会效益显而易见，其经营户尝到的甜头也可谓不小。

正因为巴西中华商城的设立，才使得温州境外中国商品城的建设拉开了序幕。此后几年中，温州先后在喀麦隆、俄罗斯、荷兰、阿联酋、美国和蒙古等国建立了八个境外中国商城，由此带动上百家温州中小企业走出国门。

温州市外经贸局的统计显示，仅境外市场带动国内商品出口这一项，2000年是近3000万美元，2001年是9500多万美元，2002年则高达16亿美元。

巴西圣保罗中华商城在我国改革开放史上被评价为温州人向外开拓创新的一个标志性事件。这座商城的建立使温州民营企业“走出去”的步伐迈得更加坚实有力，十年间，温州境外中国商品城以平均每年 1—2 家的速度，在世界各地遍地开花。巴西圣保罗中华商城起到了中国民营企业（浙商群体）境外投资和创业的“孵化器”的作用。

（作者时任巴西中华商城有限公司副总经理）

钱世雄　第一个出口退税账户托管贷款政策的出台

风云突变

我原先在企业工作，1990 年调入市外经贸委，经历了宁波外贸形势的起起伏伏。计划经济年代，宁波外贸企业基本上单纯从事外贸货源收购，宁波东家外贸公司做什么，西家外贸公司做什么，主要由政府指定，做粮油的做不了土畜，做纺织的做不了五矿，指令性、计划性很强。

1988 年宁波实行计划单列国家赋予宁波市省级外经贸管理权限，企业经营开始从计划经济逐步向市场经济过渡，对外贸易由单纯的货源收购向以自营进出口为主体的综合经营演进。

从 1988 年到 1996 年，宁波外贸进出口以平均每年递增超过 60% 的速度高歌猛进。总体看，那个时候外贸企业业务增长快，资金周转顺，盈利情况好，银行比较乐意贷款，外贸形势红红火火。

这样的局面在 1997 年下半年起发生变化。亚洲金融危机爆发后，有一些外贸企业因为在境外投资办企业、在国内投资外贸产品生产出口基地，造成投资失误；还有一些企业因进口量过大，效益不佳，在国内外客户信用和市场波动等方面把握不准，造成进口失误；更有不少企业因贷款互相担保，银行追溯还贷资金，企业承担连带责任，导致企业无法运营造成担保失误。

在种种困扰下，全市外贸进出口业务萎缩，订单减少，外销价格下降，进出口资金拮据，经营非常困难。外贸进出口遭遇了宁波自营进出口以来第一次重大挫折。与此同时，国家为保全银行信贷资金安全，开展金融秩序整顿，严格信贷管理，调整信贷结构与规模，银行开始了银根紧缩，外贸企业的日子一下变得不好过起来。宁波对外贸易历年所累积的各种毛病、弊端，在亚洲金融危机的背景下逐渐爆发出来了。

当时宁波几家大的外贸公司，如宁波工艺品进出口公司、宁波粮油食品进出口公司、宁波轻工进出口公司、宁波土畜产进出口公司、宁波五矿进出口公司、宁波宁兴进出口公司、宁波天地集团等都遇到类似的问题。其中有些企业，因贷款无门，业务大量流失；有些企业因担保承担连带责任，企业无法经营，业务员纷纷跳槽，我市外贸形势急转直下。1998 年，全年进出口总额 42 亿美元，下跌 86%。宁波外贸出现自营进出口以来第一次负增长。

摸着石头过河

面对严峻的形势，我市一方面加快外贸企业产权制度改革，力求在根源上消除外贸企业发展的体制性障碍；另一方面千方百计加强银企合作，缓解外贸企业资金紧张，竭力解决企业贷款的担保、抵押问题。如何破解外贸企业资金紧张的状况，进而扭转外贸形势成了当时每个外贸人必须面对和思考的问题。

由于工作原因和专业背景，我和处室同人对外贸企业的出口退税和财务状况十分了解。我们发现一方面外贸企业由于规模有限、实收资本不多，收购货源付出资金，国外应收款存在滞后期，相互担保又因曾经的教训难以找到担保单位，导致银行贷款十分困难，企业运作资金非常紧张，资金链存在随时断裂的风险；另一方面外贸企业因为出口退税机制原因和出口退税指标限制，账面上有大量的应收出口退税款不能及时到账。

这笔税额对外贸企业来说是很大的资金占用。我记得按照当时的出口退税率每出口一个美元，平均能退税 11 元人民币以上。按此计算，1000 万美元的出口，就能带来 1100 万元的人民币退税，累积起来，这个数额非常可观。由于退税政策原因这笔退税款到账存在着一个时间差，短则数月，长则一年以上。这直接占压了企业资金，影响了资金周转，直接影响着企业进出口业务的开展，甚至关系到外贸企业的生死存亡；同时也影响着银行贷款、国际结算和银行效益。

在此情况下，一种符合银、企双方共同需求，能充分利用外贸企业自身优势的出口退税抵押贷款的思路在我的脑海中应运而生，即构想以企业应收出口退税款作为质押，外贸企业向银行贷款；国税部门在办理出口退税时把退税款项划入贷款银行的账户。

这个想法的萌生给我们很大的振奋，以当时宁波宁兴集团公司为例：该公司当时所积累的出口退税额达 7000 多万元，如果能以该项出口退税款为抵押，银行按应退税额的比例贷款，企业经营很快就会活起来。

于是我们与企业财务经理反复商量，在处室内部多次讨论。经历了多个不眠之夜，形成了《关于外贸企业以欠退税款抵押银行贷款或办理银行承兑汇票的基本方案》，这个至今仍完整保留的基本方案不到一张纸，但没想到它承载着大课题。

但是这种做法当时在国内没有依据、没有理念、没有先例，需要创新突破。能不能搞成，我们当时心里真没有把握。于是，专门向当时的外经贸局分管计财工作的副局长范海波做了汇报，范副局长也是企业领导出身的外贸人，对外贸企业的资金运作知根知底。

他听了汇报后，很重视，也很支持，鼓励我们深入企业调研，大胆提出方案，多和企业、银行接触，探索实行退税抵押贷款的可能性。时任外经贸局局长邬和民及后任王仁洲局长，分管外贸工作俞丹桦副局长也很支持我们的想法。

领导的肯定对我们是莫大的鼓舞。在局领导的带领下，我们开始有选择地和宁波市有关银行开展磋商。

最早找的是中国银行宁波市分行，先在对口处室层面接触，在此基础上范海波副局长带领我们与中国银行宁波分行领导磋商，他们听了我们的想法很感兴趣。但由于没有以退税款作为抵押的先例，担心存在业务操作风险、法律风险及违规贷款风险，这件事一时难以深入推进，但保留了继续合作共同探索的意向。

接下去我们又联系了工行宁波市分行和广发银行宁波市分行等多家银行，他们对此建议也感兴趣，随后开展了广泛的调查和工作研究，尤其是当时的广发银行宁波分行态度积极，跃跃欲试。广发银行国际部李总从银行角度提出了很多建议。但最后依然还是因为没有先例、存在业务风险、法律风险和违规贷款风险等问题成了拦路虎。

忙活了半年，各家银行还是觉得棘手，该项贷款仍然没有实质性进展。

但是外贸企业的资金依然紧张，我们探索的步伐须臾都不敢放慢。随着我们不断地调研企业，不断地同各家银行接触，企业的要求在不断强烈，银行的认可也在不断增强。鄞州进出口公司洪总就多次向开户行广发银行宁波分行要求办理退税抵押贷款；广发银行宁波市分行欲争取总行支持先行试点。

作为历史上外贸外汇专业银行的中国银行得到消息，加快了推进步伐。时任中国银行宁波分行周行长、张副行长与我们进行了多次交流，后来经过他们集体研究决定试一试。

在得到中国银行的响应之后，我们非常兴奋，反反复复地与他们就操作中的细节、程序进行探讨，一起研究具体操作办法。同时还积极做工作，争取中国人民银行宁波中心支行的支持和市国税局的配合。

1999 年上半年，我们与中国银行商定先行在宁波宁兴集团、宁波家电进出口公司等公司进行试点。我记得宁波宁兴公司是第一家开始尝试办理退税贷款的企业。当时该公司的财务部经理沈花为此贷款，跑市外经贸局、市国税局和中国银行宁波分行，花了不少时间，第一次退税贷款成功后非常高兴，还与我探讨如何进一步优化的具体做法。

为了规范和扩大此项贷款，1999 年 8 月我们和市国税局、中国银行宁波市分行三方一起商量，达成了以欠退税款抵押银行贷款的有关事项，商量后市外经贸局、中国银行宁波市分行联合行文，形成《关于要求协助做好以欠退税款抵押银行贷款有关事项的函》致函市国税局，并作了一个大致的分工，即由市外经贸局做好向银行出具的应收出口退税款证实书核定工作；宁波市国税局做好出口退税信息的反馈，并将出口退税款划入中国银行出口退税专用账户；中国银行宁波市分行根据市外经贸局出具的企业应收出口退税款按比例向企业发放贷款。同时，市外经贸局、中国银行宁波分行研究商定了宁兴集团、宁波家电进出口公司、宁波开发区进出口公司、宁波海田集团、宁波五矿机械等七家外贸企业作为首批正式试点单位。就这样，出口退税账户托管贷款于 1999 年正式实施。

由于没有现成经验，我们摸着石头过河，慢慢地摸索出一套操作流程。企业首先在中行开一个专用账户；企业在出口的次月，填写应收出口退税证实书，送市外经贸局进行核查；市外经贸局根据企业出口海关数据，每美元出口退税额及市国税局反馈的已退税信息，核定企业应收出口退税数额；中行根据市外经贸局核定的应退税额按照一定的比例发放贷款。市国税局等到退税各项单证齐全符合退税条件后，将退税额打到企业在中国银行的账户内，这样完成整个出口退税账户托管贷款的全过程。这整个过程都是由各方紧密配合完成。这就是最早的出口退税贷款“路线图”。

银企“双赢”

这项贷款从构想、探索到逐步推开一路前行，但也一直伴随着怀疑质疑和需要克服的问题。当时宁波还是个外贸小市，这样的大政策我们推得动吗？以退税款作为抵押物贷款允许吗？金融贷款国家有刚性政策这样做违规吗？退税贷款专用账户法律上能得到保护吗？外贸业务方式复杂，出口产品退税率高低不一，又存在骗税风险，应退税款核实靠得住吗？此项贷款涉及外贸、国税、银行、企业等多个单位，部门合作相互协调能行吗？……

面对一个个困难问题，在该项工作的头几年，我们不断地与各部门、各银行进行沟通协调。市外经贸局差不多每季度召开市各相关部门、各相关银行共同参加的通气会、协商会、答疑会。有些问题请中国人民银行作答，有些问题请市国税局释疑，有些问题由我们外经贸局解释。同时，我们还加强出口退税抵押贷款的理论探索与实务研究，我与处室同人张琼华合作完成的《试行出口退税质押贷款，开拓外贸企业融资新路》课题，涉及该项贷款的一系列问题（该论文获得全国外经贸系统财务会计优秀论文一等奖、宁波市哲学社会科学优秀成果二等奖）。依靠领导的支持、部门的配合和过硬的业务知识，特别是该项贷款实施后的实际成效，使得怀疑质疑和问题逐步化解。

出口退税账户托管贷款实施一段时间后，相关企业的资金紧张状况明显好转，进出口业务迅猛增加，当时市外经贸局对相关企业进行了问卷调查。企业普遍反映：该贷款已经成为解决企业资金紧张的重要、有效的途径，解决了企业银行贷款的抵押担保问题，缓解了出口退税滞后造成的资金紧张的状况。而银行则大大增加了客户数和业务量，扩大了银行低风险贷款业务规模，提高了银行的经济效益。如脱胎于宁波土畜产进出口公司的宁波金苑进出口公司，其常务副总吴重芳多次说起，公司的运行资金主要就是出口退税抵押贷款，如果没有此项贷款，公司的进出口业务将大受影响，而且此项贷款方便、安全，真是解决了企业大问题。

在此情况下，越来越多的企业要求列入出口退税托管贷款单位，越来越多的银行要求开展出口退税托管贷款业务。同时，我们也看到由一家银行开展此项贷款，银行借贷规模有限，条件也相对苛刻。

为此，市外经贸局及时向市政府建议，要求改正和完善出口退税托管贷款具体办法，扩大企业面、提高贷款比例，放开银行限制，由市人行进行出口退税专用账户管理。此建议得到市政府的大力支持并被及时采纳。

由此，出口退税托管贷款在宁波如火如荼地开展起来了，发展十分迅速。银行方面从原先的一家中国银行放贷，发展扩大到十多家商业银行、地方银行、股份制银行放贷，银行之间形成了你追我赶、互相竞争的态势，极大地促进了该项业务向纵深推进；企业方面也从原有的几家外贸公司贷款扩大到外贸企业、自营出口生产企业、三资企业三路大军。这项业务的创新形成了出口企业与商业银行"双赢"的格局，受到了进出口企业、银行的普遍欢迎，既促进外贸业务，又促进银行业务。

我记得 2003 年宁波市出口额不到 121 亿美元，但年底该项贷款余额超过 90 亿元人民币，全年累计该项贷款余额超过 300 亿元人民币。可以想象，当年该项贷款对促进外贸出口发挥了什么作用，也可以看出此项贷款对银行贷款规模、国际结算及银行效益的带动。

全国推广

出口退税托管贷款在宁波率先探索并初步成功试行后，先在全省得到借鉴，后在全国逐步应用。之后中国人民银行、对外贸易经济合作部、国家税务总局正式下发《关于加强出口退税账户托管贷款业务的通知》，直到经国务院常务会议讨论，将其作为国务院《关于促进进出口稳增长，调结构若干意见》中改善外贸企业融资服务的重要举措，该项出口退税贷款的认可和推广达到了最高峰。这里有几个原因值得一说。

首先是强烈的责任意识和创新精神。在企业受到困难，在经济受到影响，在没有先例可循的情况下，如果没有勇于创新、敢为人先和敢于突破的精神，不可能有此项贷款的构想和应用。

其次是此项业务本身符合市场经济规律和银企双方的共同利益。通过政策创新方法创新，将企业的"呆滞"资金盘活，满足市场主体的要求，符合市场经济的规律和银企双方的共同利益，因而受到各方的欢迎而富有生命力。

再次是不断完善托管贷款操作办法保证贷款质量。该项贷款起初仅是市外经贸局、中行宁波分行的联合文件，再往后是市外经贸局、市国税局、中国银行市分行联合出具出口退税托管贷款实施办法，之后又有市政府会议纪要，再后来是市外经贸局、市国税局、人行宁波分行的联合文件等。由于办法的不断完善，保证了该项贷款的质量，也使得宁波的实施办法具备操作性、可行性，这也为向全国推广打下了很好的基础。

最后是各级领导的高度重视。自1998年底提出出口退税账户托管贷款思路以来，一直得到各级领导的高度重视。市外经贸局领导急企业之所急各方奔走，市各相关部门积极配合，市领导多次召集有关部门进行协调。中央有关部门也非常重视宁波的经验，及时做了宣传和推广。

我记得，当时外经贸部计财司领导在我们工作汇报时获悉了宁波的这一做法，他们非常惊喜，认为这是一条好路子，值得推一把。于是要求我们准备一份材料，在广东东莞，由外经贸部、中国银行联合召开的“银贸协作共谋发展座谈会”上做一次经验介绍。

发言获得了很好的反响，会后向全国印发了会议纪要，充分肯定宁波的这一创新做法。没过多久，外经贸部、中国银行总行便派联合小组到我市专题调研，走银行看企业，了解我市出口退税贷款的具体做法。临走他们告诉我们，宁波这事做得靠谱很有发展前景。之后外经贸部多次请我们在全国外经贸相关会议上介绍情况，在《金融动态》《外经贸信息》等简报上推介。

慢慢地，宁波经验就在全国范围内打响了，至少有近十个省、市组团来甬考察交流。部分省市陆续应用，2011年8月，中国人民银行、对外贸易经济合作部、国家税务总局联合发出《关于办理出口退税托管贷款的通知》，吴仪副总理还在全国外经贸电视电话会议上，专门讲到了要在全国范围内大力推广出口退税托管贷款。就这样，这把在宁波点起的星星之火，最终形成了在全国的燎原之势。

十几年来，出口退税托管贷款始终方兴未艾。市外经贸局一直在不断推动这项工作前行，现在的市外经贸局俞丹桦局长、财务处张琼华处长、何霁锋、王芬副处长也一直参与、推动、不断完善该项贷款。2013年市外经贸局与中国人民银行宁波中心支行联合设计的出口退税账户托管贷款网上直达系统实现试运行，外贸企业可在网上办理出口退税账户托管贷款相关手续，从而使企业能以最快速度获得融资。这一做法也是全国首创。

“一花独放不是春，百花齐放春满园”。宁波首推的出口退税账户托管贷款在全国形成燎原之势，极大促进了外贸出口，推动了经济发展。该项工作创新的成功，极大鼓舞了宁波外贸人不断创新的勇气。2001 年开始，我们又会同中国信保宁波分公司、宁波相关银行，在全国首创出口信用保险项下贸易融资，同样在全市、全省、全国广泛应用，并经国务院常务会议通过作为改善外贸融资的重要举措。我们相信，只有不断努力，不断创新才能不断创造宁波外贸新的辉煌！

（作者时任宁波市外经贸局对外贸易管理处进口处处长　俞幼章/整理）

李　力　第一个"阳光法案"诞生记

2003 年,《广州市政府信息公开规定》(以下简称《规定》)横空出世，被誉为中国第一部阳光法案。其超前的理念、创新的条文迅速为各地仿效，并成为国家立法的重要地方实践。

背景：社会迫切需要政府信息公开制度

广州率先出台政府信息公开规定，与当时的时代背景分不开。从国家层面大的背景来说，首先，国家实行依法治国的基本方略，信息公开是依法行政，建设社会主义法治国家的题中应有之义。其次，2001 年，我国正式加入 WTO，实行政府信息公开，增加政府行政透明度，是我国政府承诺的一项基本义务。最后，我国在政务公开方面已进行了多年的有益探索，各地的政务公开工作已积累了一定的经验。

就广州自身而言，广州市政府十分重视政府信息公开工作，在政务公开方面本身就是比较先进的城市，有良好的基础。早在 1988 年，广州市就根据省委省政府《关于加强政务工作公开的通知》和《关于进一步推行办事公开监督制度的通知》的精神，在县级以上行政机关开展了"两公开一监督"(公开办事程序、公开办事结果，自觉接受群众监督）工作。1995年又制定了《广州市人民政府公开政务活动办法》，明确规定了政务活动公开范围、方式和公开的程序等。2002年4月23日，《中共广东省委办公厅广东省人民政府办公厅关于在县级以上政权机关全面推行政务公开制度的意见》下发后，广州市委办公厅、市人民政府办公厅于6月即联合发出《关于在区、县级市以上政权机关全面推行政务公开制度的实施意见》(穗办〔2002〕19号)。该实施意见要求各区、县级市全面推行政务公开工作，让公众对广州政务可以更多了解和监督，同时，到2002年底，全面实施电子政务工程。

在此基础上，广州成立了由市长任组长的政务公开工作领导小组，以切实加强广州市的政务公开工作。

为了推动广州市的政务公开工作，迫切需要进一步改善政府信息公开的法律环境，制定具有操作性的政府信息公开规范，建立行之有效的政府信息公开制度。

过程：创新的理念得到市长鼎力支持

2000年底，我从广州大学到广州市政府法制办工作，2002年担任法制办主任。记得在选择2002年市政府的规章项目时，时任广州市市长林树森希望我们在政府依法行政方面做一些创新性工作。我当时考虑，政务公开有利于群众了解并监督政府，打造阳光政府是建设法治政府的前提，“阳光是最好的防腐剂”，于是我提出了制定政务公开规章的想法，并很快与时任法制办副主任陈里程取得共识。当我将此想法向林树森市长汇报时，他立刻充分肯定了我们的想法。

虽然有了领导的支持，且广州具有政务公开的良好基础，加上当时整个舆论氛围也有利于政府在信息公开方面从立法上做一些探索，但我们当时查了很多资料都没有查到国内任何相关立法的资料。如何将既有的文件规定变成法律条文并有所创新，对我们来说是一大挑战。

最后，我们考虑以委托专家起草的方式来完成这个项目。我们与中山大学有关研究机构达成合作协议，中大方面牵头负责的是刘恒教授，法制办具体负责的是陈里程副主任。这也是广州市政府法制办首次采用委托专家起草规章的方式。

除中大的专家之外，在起草过程中，我们还召开了专家论证会，邀请一些国内著名行政法专家讨论草稿。《规定》的很多理念都很超前，比如说以公开为原则，不公开为例外，这些概念当时主要见于学界讨论、学术论文之中，尚未由任何法律规范所吸纳。《规定》的起草过程很顺利，工作效率很高，从项目动议到提交市政府常务会议讨论，仅用了 4 个月左右的时间。

记得市政府常务会议讨论《规定》草案时，因为里面创新的东西很多，不少概念有些部门领导甚至闻所未闻。一些领导担心《规定》太超前，过于理想化、学术化；还有领导担心，《规定》给政府加的责任较重，有可能不切实际。

面对这些担心和质疑，林树森市长则鼎力支持。他认为，公开政府信息，是政府应尽的义务，是依法行政的必然要求。政府要敢于自我革命，时代已发展到了这个程度，公开信息没什么做不到的。最终，在他的支持下，这一规章得以顺利出台。可以说，没有林树森市长的支持，这一规章不可能这么快得以实施。

创新：项目的多个“第一次”

2002 年 11 月 6 日，《规定》正式对外公布。这一规章作为我国地方政府在信息公开立法方面的首次尝试，开启了我国阳光政府立法的先河，刚一公布就得到全国媒体的一片赞扬。有媒体誉其为“中国第一部阳光法案”。

这一引起巨大轰动的规章创造了多个“第一”：

一是第一次在立法上明确保护公民的知情权。知情权是具有广泛国际影响的权利概念，各国都很注重通过立法保障公民的知情权。我国宪法虽然规定了公众有参与社会事务管理和监督国家机关及其工作人员行为的政治民主权利，但没有明确规定公众的知情权。《规定》第一条开宗明义把“保障个人和组织的知情权”作为立法目的之一，这是立法第一次明确并保护公众的知情权，使知情权开始从政治术语转化为法律概念，具有非常重要的现实意义。

二是第一次明确了公开权利人和公开义务人的概念。《规定》借鉴国外的立法经验，第一次确立了行政机关和公民在信息公开方面的权利义务关系，规定:“各级政府及其职能部门以及依法行使行政职权的组织是公开义务人，应当依法履行公开政府信息的义务。个人和组织公开权利人，依法享有获取政府信息的权利。”确定公开义务人和权利人的概念使政府在《规定》中主要作为义务主体，公众则主要作为权利主体，这就有效地保障了公众的知情权。

三是第一次明确了政府信息以公开为原则，不公开为例外。《规定》明确，除国家秘密、商业秘密、个人隐私、部分审议和讨论过程中的信息外，政府信息都应当公开，并详细列举了政府应当主动公开的信息的范围。这是我国立法第一次确立这样一个原则。根据这一原则，公众有了更广泛地了解政府信息的权利，可以更好地参与国家和社会管理事务以及监督政府的行政行为。

四是第一次建立了依申请公开政府信息的制度。在此之前，我国各地推进的政务公开工作，在公开范围上，仅做到了明确列举行政机关予以主动公开的政府信息，对这一范围以外也应公开的信息公众能否知晓或如何知晓则无涉及。《规定》不仅要求政府必须主动公开决策、人事、财务等方面的信息，还规定了对主动公开范围外的信息公民有权依法申请公开，并规定了具体、严格的程序和期限予以保障。行政机关超过期限未答复的或申请人对答复不满意的，申请人有权提起行政复议和行政诉讼，通过法定救济途径保护自己的知情权。

五是第一次从立法角度确立了预公开制度。《规定》要求政府在做出涉及个人或组织的重大利益，或有重大社会影响的决定前，应将拟决定的方案和理由向社会公布，在充分听取意见进行修改后，再做出决定，以保证决策的科学性和民主性。也就是说，不仅是决策结果的信息要公开，政府重大事项决策的过程也要公开。预公开制度是《规定》的主要亮点之一，也是与国外信息公开立法相比最具特色之处。

六是第一次明确了政府信息公开的程序。《规定》将政府信息分为主动公开和依申请公开，并以专章形式首次明确了信息公开的程序，如《规定》公开权利人依申请公开的，可以书面申请，也可以口头申请，公开义务人应当在接到申请书之日起 15 个工作日内决定是否公开，并同时制作决定书送达公开权利人；不予公开的，应当说明理由等。这就为政府信息公开、公众充分行使知情权提供了有力的执行保障。

七是第一次规定了监督和救济的渠道。《规定》明确了公开权利人不服公开、部分公开或不公开决定的，有权依法申请复议、提起诉讼或请求赔偿，这些内容也是在法律文件中第一次出现。

此外，“政府信息公开”的概念也是首次在立法上使用。《规定》的标题和条文都使用了“政府信息公开”而非“政务公开”的概念，之所以如此，主要是考虑《规定》规范的是政府公开政务的行为，而“政务公开”在概念上还包括其他国家机关活动的公开，因此，使用“政府信息公开”一词更为准确，从国外立法通例看也是如此。

影响：成为国家立法的重要地方实践

《规定》是广州市政府发挥地方立法作用先行先试的一次有益尝试，是我国由地方政府制定的第一部全面、系统规范政府信息公开行为的政府规章。该规章不仅通过立法的形式保障了个人和组织的知情权，而且也规范了政府信息公开活动，增强了行政活动的透明度并可有效地监督政府依法行使职权。

《规定》出台实施后，引发了政府信息公开方面的地方立法热潮。2004 年以后，深圳、上海、北京、重庆、吉林、杭州、南京、成都、宁波、武汉等省市都相继出台了政府信息公开方面的立法规范，许多地方的立法都确立了以公开为原则，不公开为例外的原则，建立了主动公开和依申请公开等制度。

2007 年 4 月 24 日，国务院颁布了《中华人民共和国政府信息公开条例》，并于 2008 年 5 月 1 日起正式实施。该条例也建立了主动公开、依申请公开的制度，明确了公开的方式和程序等。从此，我国政府信息公开步入"有法可依"时代。

可以说,《规定》实施后，中国政府公开信息这一趋势已不可逆转。

因为这部规章，广州也获得了一系列的荣誉。比如 2005 年下半年，广州被确定为全国政务主动公开和依申请公开制度建设试点。2007 年，全国政务公开工作领导小组授予广州"全国政务公开工作先进单位"。

直至近年，这一项目的影响仍在持续。比如 2011 年，在实施了八年之后，该项目又荣膺首届中国法治政府奖。2013 年 12 月 30 日，由中国政法大学法治政府研究院做出的《中国法治政府评估报告（2013）》在京发布，测评结果显示，广州位列第一。在测评指标中，"政府信息公开"属七个一级测评指标之一，广州全国率先出台《规定》，为广州加分不少，成为广州最终位列第一的重要因素。

（作者时任广州市政府法制办主任　刘怀宇 / 整理）

刘仲藜　初设全国社会保障基金的台前幕后

镕基同志曾在会见外宾时说，
我将来不当总理了，来当理事会的主席

新中国成立后相当长一段时期内我们是单一经济，无论国有企业还是集体企业，职工的社会保障都由企业负担。而有的企业亏损了，政府还要给补贴。当时有的国有企业效益不好，有机制问题，但也有社会负担太重的因素。职工退休后要给退休金，有病了要公费医疗，一个百十来人的县办工厂，有一两个职工得了重症，这个厂就可能被拖垮。有些企业还要办子弟学校、职工医院、托儿所，有的甚至还要办公安机构。

改革开放以后有了多种经济成分，外资企业来了，合资企业多了，私人企业发展起来了。这些企业对职工医疗、退休养老以及企业裁员和企业倒闭失业等生活保障，只按国家规定缴费，余下就由国家负责，也就是社会保障。这对国有企业来说，就形成了不平等竞争。因此，国有企业、集体企业也开始跟其他所有制企业一样，加入社会保障。

我国从国情出发，积极、渐进地推动社会保障制度改革，并在逐步完善中。

先是在城镇形成了以职工养老、医疗和失业保险，以及居民最低生活保障为重点的社会保障体系框架，之后又逐步向农村拓展。当时，社会保障基金的来源正如2000年9月25日新华社通稿《筹集积累社会保障基金完善社会保障体系国务院决定成立社保基金理事会》中披露的那样，主要是：城镇企业职工基本养老、医疗和失业保险基金主要是依靠参保企业和职工本人缴费；各级政府机关职工的基本养老保险依靠政府财政，医疗保险依靠政府财政和个人缴费；全额拨款的事业单位职工基本养老保险依靠政府财政，企业化管理的事业单位基本养老保险依靠单位和职工缴费，全部事业单位职工的医疗保险和失业保险基金依靠单位和职工缴费；城镇最低生活保障的资金主要来源于各级地方财政。

这期间有的地方出现了欠发养老金的问题。欠发原因较多，一个是有的地方社保的收入不够支出，也有个别地方挪用的问题。欠发的部分，后来由中央财政拿出一笔钱补上了。

在这样的情况下，很多研究机构，包括世界银行，对中国的社会保障问题进行了广泛的研究，包括保障范围、制度设计、发展前景、资金需求、筹措渠道。有的说，中国开始进入老龄化社会了，多少年以后养老金需要多少多少，再过多少年又要增加多少。主张很多，数字也很多，这个研究机构一个，那个研究机构一个，有的账听了以后很惊人。国务院领导讲，这个"账"不能"买"，但这个事情说的是对的，早晚要发生，将来进入老龄化以后肯定有一笔大的开支，现在差点儿财政可以补，补到一定程度也会补不起了。为了满足社会保障资金日益增长的需要，在缴费标准不宜过高的情况下，国家有必要从多种渠道筹集和积累一笔基金，发挥补充和调剂作用。

有一次，时任总理的朱镕基同志接见美国斯坦福大学教授刘遵义时，刘教授就此向镕基同志建议设立一个全国性的储备基金。镕基同志表示同意，说，我将来不当总理了，来当个理事会的主席。从这时候起，他就开始酝酿这件事。

社保基金是一种“战略储备”

1998 年，我离任财政部部长，到国务院体改办任主任，那一年我 64 岁。过了一年，我向镕基总理提出，我已 65 岁，按规定当免去行政职务，请他考虑一位接任者。朱镕基总理说，你先别下，我还有事要交你办。直到 2000 年 11 月我被任命为全国社会保障基金理事会理事长后，才被免去国务院体改办的行政职务。

记得是在 2000 年五六月份，有一次国务院在京西宾馆开会，会上通知：计委的王春正、财政部的楼继伟、社保部的张左己，还有刘仲藜，你们几个会后留下。

散会以后我们几个到了会议室，镕基同志说：“我今天有一个题目，成立一个理事会，准备将来老龄化出现的问题，大家赞成不赞成？”

几位部长都说赞成。

镕基同志说：“那我提个建议，就请刘仲藜来筹备吧。”

大家表示没意见。

我说：“您不是说过以后自己来当主席吗？”

镕基同志说：“那是说说嘛，我怎么能当。”

当时需要考虑的有几个问题，一是这个机构是什么性质，二是基金从哪儿来，第三，基金既要安全又要增值，得有个投资的管理办法。

关于机构的名称，我问总理，“国外都叫养老基金，我们叫什么？”

总理想了想说：“我们叫社会保障基金。”

我们之所以叫社会保障基金而不叫养老金，是因为社会保障的范围比养老金要宽，说明这个钱可以用于养老，也可以用于最低生活保障，用于医疗、失业救助。

初步方案制订后，提交到国务院常务会议上讨论。大家都说，成立理事会这个事有远见，是大好事。

总理说："那是不是就请刘仲藜当理事长？"

吴邦国同志说："我赞成。"

大家也都表示同意。

国务院通过后，就上报了中央。2000年8月，党中央同意建立全国社会保障基金并设立全国社会保障基金理事会，任命我担任第一届理事长。中央把社会保障基金提得很高，明确指出，这是"一种战略储备"。总理回来后向我们作了传达，并对一些细节商定后，指示我起草并提供给新华社一份通稿，说明全国社会保障基金理事会成立以及它的背景、宗旨等，经总理亲自审定后发表，当时国内各大报纸都刊登了。

创业难

9月新华社发出通稿之后，我就开始着手理事会的组织筹建工作。当时我体改办主任还未被免职，又要筹建理事会，可是两手空空，无人、无房、无钱。"兵马未动，粮草先行"，我先从体改办"借"了七位同志，他们是分管各类业务的各个职别的工作人员，以后都成了理事会的工作人员。这些同志一到岗就开始工作。我列举一下：

一、这些同志分工，分别到中办、国办、中纪委、国家机关工委以及有关部门，报到并建立"户头"向这些部门汇报中央关于成立全国社会保障基金理事会的决定，要求文件发送、参加有关会议，保密制度、档案建立以及机关党组织的设立等等。这些部门非常负责，很快，应有的文件发了，应参加的会议接到通知了，并到理事会办公地点对值班安排、档案建立、保密制度等进行了现场指导。

二、落实办公地点。经过财政部有关司协调，在中国农业发展银行安排十几个房间"落脚"。农发行十分支持，包括卫生打扫、职工就餐等都安排得十分周到。

三、经费问题。先要一些经费运作起来，下一步再完善申报预决算，因为多少人没定，如何开展业务还无“谱”，财政部也同意先预拨一些开办费。但我考虑到，将来不管谁来接，财务账目不论是基金积累，还是机关的财务收支，都要能交代清楚。于是我找到财政部会计司，要一个会计高手来管财务。会计司长问我要谁，我说了三个人名字说，从三人中任选一位给我。对方哈哈大笑，说：你怎么这么了解情况？我说，我从这儿出去的嘛。最后沈小南同志到理事会担任财务部主任，她是一位会计专家，三年前升任为副理事长。

四、编制问题。当时的人事部部长兼中央机构编制委员会办公室主任宋德福问我，理事会需要多少编制？我说，这类性质的理事会在中国还是首家，而且理事会刚成立，我也说不上多少人最合理，编办也不好定，能不能这样，先定50个人，文件上留一句话，“根据将来的实际情况适当调整”。他说，我赞成。就这样暂定下来了。

筹建中还有许多细小问题，就不一一列举了。

按照镕基同志的意见，理事会被定为国务院直属的事业单位。本来我最初的设想是学国外模式。在国外，理事会理事长、副理事长都是虚设的，真正的执行人是底下的总裁（总干事），我们通常叫秘书长。后来理事会又陆续进来几位副部长来担任副理事长，有劳动和社会保障部的刘雅芝副部长、财政部的冯健身同志，还从证监会调来副主席高西庆同志。

初创时理事会的人员来自四面八方，行政机关调转一部分毕业生，还从投资基金管理公司吸收一部分。到我卸任的时候，理事会有60多个人。我不希望人多，无事生非，人要少，忙得不可开交就挺好。

镕基同志指示我，理事会的理事要选一些在社会上有点名声，对钱的管理又有经验的。我理解他的苦心，他是希望这个钱能管好，能让社会上放心。所以，我们第一届的理事有袁宝华、杨纪珂、陈锦华等人，陈锦华是最拥护成立这个理事会的人之一。另外还有几位省里的省领导。

从2000年8月中央批准成立理事会到当年年末，五个月内，我主持完成了理事会的“落户头”、理事党组及机关党委组建、招兵买马、办公地点、经费、基金投资、管理办法等筹建工作。

基金是老百姓的养命钱

理事会刚组建的时候，基金的资金来源方面，一是国家的财政拨款、每年给一些；二是从国有企业上市筹措的资金里提取一部分，等于一次性划拨一部分股份过来；三是从彩票收入中提取一部分，包括体育彩票、福利彩票，大体上一年给近10%。社会上反响不错，因为是取之于民、用之于民，最后还是要用到老百姓身上去。

理事会的主要任务是：管理中央财政拨入的资金、通过变现部分国有资产所获得的资金以及其他形式筹集的资金；根据财政部、劳动和社会保障部共同下达的指令和确定的方式拨出资金；挑选、委托专业性的资产管理公司对基金的资产进行运作，在此基础上实现其保值增值；向社会公布社会保障基金的资产、收益、现金流量等情况。

全国社会保障基金理事会对基金的资产运作，最重要的原则是保证社会保障基金的安全，并实现增值。

记得吴邦国同志半开玩笑半认真地说：“刘仲藜，理事会不赚钱还可以宽恕你，要把钱搞丢了那可是……”

我深知他的关心，这里都是老百姓的养命钱，理事会责任重大，真是不能掉以轻心。

全国社会保障基金理事会是国务院直属的事业单位。它跟基金管理公司不一样。基金管理公司里每一个人员的收入分配是按为公司创造的收入根据比例来提取，盈利多就分得多，盈利少就分得少。这样有激励员工努力的一面，但也容易产生风险大的项目。一般来说，回报率高的风险相对大，回报率小的风险较低。

为了不让理事会去冒大的风险，镕基同志定了几条：第一，理事会单位的费用和人员的工资由中央财政开支，不占用社会保障基金，财政部对理事会作预算安排，而基金增值部分全部归入基金，员工收入跟基金的收益脱钩；第二，员工收入比行政单位稍微高一点；第三，从制度上对理事会的权力进行制约。按照镕基同志指示，在投资管理方面，理事会设了两个委员会：一个叫投资决策委员会，一个叫风险控制管理委员会。其中的投资决策委员会，它的机制跟联合国安理会常任理事国一样，实行一票否决。比如我作为理事长，大家说往哪儿投资，我要不赞成，这个提议就被否掉了；但是我一个人也不能决定投资哪个项目，因为其他四个人有一个不同意就不行，必须五个成员意见一致，官儿再大也没用。

全国社会保障基金作为国家的一项战略储备，有两个目标：一是保障资金安全，二是要增值。其中安全是第一的，增值多少要看情况。党中央、国务院并没有给过指标，也从来不给指标，只给投资管理办法。但我们自己内部定了一个目标，即回报率不能低于通货膨胀率，因为低于物价上涨水平就等于贬值了。

根据 2000 年国务院批准的社保基金投资管理办法，企业债券、股票这些风险较大的投资不能超过总投资的 49%。银行协议存款、国债这些相对稳定安全的投资不能低于 50%，这就从决策机制上控制了大的风险。另外在实际操作中还有风险控制。按照投资管理办法，理事会还聘请了托管人、管理人。托管人就是基金管理公司，管理人是银行。托管人是怎么产生的呢？我们请了 15 位专家对基金管理公司进行评选。这 15 位专家也不是都参加，每次随机抽样聘请 9 位，所以基金管理公司想走后门也不知该找谁。经过专家评选，最后我们评出七家，现在又扩大了几家。银行也是经过专家委员会评选出来的，当时评选了两家：一个建设银行，一个交通银行。理事会的钱都存放在银行，支付也都通过银行。比如说理事会要买国债，我们通过银行把钱支付给销售单位的账号。为了避免“事故”由我们理事会财务部主任、银行主管，还有卖国债一方“三头对案”后，经分管财务的副理事长批准后，才调拨资金。

推进多元化投资

我们一开始的时候比较谨慎，慢慢经验丰富了，管理也比较成熟了，工作也是一点一点地放开的。最初理事会只有一个投资部，后来陆续增设了股权部、境外投资部等，投资范围逐步扩大，业务量逐渐增加。我那时候还没开始搞股票投资，是协议存款、国债、企业债，另外还有信托投资。当时我们研究，像三峡这样的工程何必发企业债呢？我们用信托投资给三峡，对三峡来说，它比发企业债的利息要低，而对于我们，投资也是安全的，这个信托投资是丢不了的，除非把三峡大坝冲垮，发电设备都冲垮，不然肯定是旱涝保收的。

我离开的时候，正在对股票投资管理人进行招标，专家正在评审。我离开后大概两三个月，专家评审结果出来了，七家基金管理公司开始陆续代理理事会的基金进入股市。

总的来说，理事会在风险控制方面做得比较好。有赚有赔，多赚少赚，这对投资者来说也是正常的。但努力方向是少赔多赚，总体要赚，尤其要注意长远。迄今为止，理事会十几年的收益率达到了八点几，应当说是相当不错的，没有辜负党中央、国务院的托付。

近几年，又开始允许一些地方将结存的养老金委托理事会投资运营，由理事会代理股票、企业债权、信托等投资。怎么操作呢？比如理事会承诺地方，假设今年银行存款年利率是3%，我们合约每年给你4%。如果实际收益达到6%，理事会就拿出2%，作为风险基金；假设明年收入只有3%，就从风险金中补足，补到4%。有几个省是这么办的，它们也是愿意的。4%是最低标准，这个数字已经不算低了，现在通货膨胀率都不到2%，买国债的话一年期还不到3%。

越大越好，多多益善

2002年十六大以后，镕基同志结束了中央政治局常委任期。有一次我汇报完工作后问镕基同志，您准备再干些什么？他说，不干了，回家，写书。他问我，这几年怎么样？我说，按照您的安排，这五年我干了两件事。他问，什么两件事，干了那么多，怎么只两件？我说："您给我两件事，一个叫组建，一个叫撤销——撤销了三个机构，组建了三个机构：撤销体改委，撤销特区办，两个合并组建体改办；组建专题办，撤销专题办；组建社会保障基金理事会……"说到这儿，镕基同志说："这可不能撤销啊。"我说："不会，不会。"我还说："组建还好办一些，撤销收摊比较难，尤其是在人的去向安排方面。"他说不错，都安排好了。原来体改委100多人，特区办有四五十人，加起来两百多人，两个机构合并以后，国务院体改办才80多个编制，最后都安置好了。说到理事会，镕基同志说："你现在最大问题是什么？"我说，最大的问题是上市公司股权划拨一部分作为社保基金问题要尽快决策，因为这是重要的基金来源之一。他听了后，当即告诉秘书，安排第二天就研究落实这个问题。不几天，这个问题就解决了。理事会又增加了一项社保基金的重要资金来源。

2003年3月，我从理事长的职务上退下来，到了全国政协，由项怀诚同志接任。从2000年到现在，理事会已经15年了。从参与理事会的初创到现在，我最想说的是，希望理事会的资金来源再多一点，战略储备再大一些。我记得头一年，因为刚开始，没有筹到多少钱，到2000年，财政开始拨入几百个亿。到项怀诚同志接任的时候，理事会共筹到了1700亿元。到今年6月末，通过财政拨入的预算拨款，国有股减持、转持资金，彩票收益金等各项资金，共计近7000亿元，成立以来累计投资的收益为7746亿元，总量达到14700多亿元。

不光是我，包括我们理事会开会的时候，大家都希望资金来源的渠道能够增加，数量增加一些，做大"战略储备"。比如，随着国有企业的进一步改革，股权划拨上可以再放开一点，这并不会影响到企业的经营。而且，国有企业现在如果股份多元一些，监督可能更好一些。

实在地说，理事会也是国家经济建设中的一分子，它的资金并没有闲置，通过银行存款，购买国债、企业债，信托投资等参与到了国家经济建设当中，在经济活动中流动，产生效益，只不过是归到了理事会的名下。基金要做大，相应的要解决资金长远来源的问题，这是一个重要方面。另一方面，社会保障的支出上也要把握幅度、节奏。我们国家的民生福利这几年一直在提高，开支一直大幅度增长。要开源节流、提质增效、收支平衡。国际经验值得重视，所以现在就要想得更长远一些。理事会的战略储备要扩大、扩大、再扩大，同时社会保障各个项目在制度上要不断改革完善，两个方面加起来，使我们真正做到平衡、协调、可持续。

（作者时任国务院经济体制改革办公室主任　高芳/采访整理）

王喜义　第一次创建金融业廉政建设监控预警体系

1996年6月18日。

深圳市红荔西路，深圳城市合作商业银行总部三楼会议室。

我国第一家城市合作银行——深圳城市合作商业银行，正在这里举行“廉政建设社会监督网络新闻发布会”。深圳市纪委、市属企业工委、市金融系统纪检组、市监察局等有关部门负责人出席了大会。来自《深圳商报》《深圳晚报》《金融早报》《深圳广播电台》《深圳电视台》等数十家新闻单位的记者到会议现场采访。该行领导同志在大会上宣布：廉政建设社会监督网络的形成，标志着深圳城市合作商业银行廉政建设监控预警体系已组建完毕，并开始正式运作。

一石激起千层浪。这一反腐倡廉的新举措通过新闻媒体迅速传遍整个深圳，波及全国，成为各行业尤其是金融行业关注的焦点。舆论普遍认为这是我国廉政建设的一个创造，一些行业和部门还纷纷前来了解情况，并表示要学习和推广他们的经验。

高瞻远瞩，创建廉政建设监控预警体系

作为一家正式运行仅一年多的地方性股份制银行为什么如此重视反腐保廉工

作，花大力气建设廉政工程呢？正如该行行长在新闻发布会中讲的，是为了“全面贯彻、具体落实市委反腐败工作会议精神和金融系统纪检监察工作会议精神，进一步推动我行廉政建设，促进和保证各项业务工作的健康发展”，同时，“我行是金融体制改革的产物，并且实现了由合作金融组织向新型商业银行的质的飞跃。但鉴于我行组建的历史原因和特殊构成，加强反腐保廉工作显得尤为重要。”

该行行长的讲话，基于一定的历史背景，源于该行现实中存在的某些现象。

城市合作商业银行是我国经济体制改革和金融体制改革进一步深化的产物，它是在对原城市信用社进行规范化改造的基础上组建起来的现代商业银行。特区创建后，由于国民经济的迅猛发展，城市化进程加快，经济结构发生了巨大变化。到 1988 年，集体和私营企业产销额占全市企业产销额的比重就超过 50%，发展势头迅猛。国有专业银行和农村信用社已远远不能满足经济结构多元化的客观要求，“二小”经济的发展，迫切需要相应的金融机构提供存贷和结算方面的服务。这样，城市合作信用社就应运而生。

自 1992 年 10 月深圳第一家城市信用社成立至 1995 年 4 月末，深圳共创立了 17 家城市信用社，总资产达 64 亿元，其中最好的时期存款余额高达 90 亿元，贷款余额 34 亿元，净资产 4.6 亿元，为地方小企业、集体和个体经济的发展起了很大的推动作用。

但是，以集体企业股东为主体、单家独户的众多城市信用社从一开始就暴露出外在组织形式落后和内在监管机制薄弱等不足，出现了诸如资本金不实，擅自转卖股权，高息吸存，高利放贷，高风险放贷，贷款手续不全等问题，导致信贷资产质量低下，有的甚至私设小金库，搞违纪违法经营，对金融秩序产生了严重影响，为此，必须从组织创新入手，根本上解决问题。

过去十多年，深圳在全国金融改革开放中创造了诸多“全国第一”。组建新的“全国第一”——深圳城市合作商业银行，既在宏观改革上具破旧立新、锐不可当之势，又在微观操作上呈错综复杂、不胜预测之态。组建之初，合作银行的决策者们就高瞻远瞩、审时度势，保持了清醒的头脑，坚持了“两手抓、两手都要硬”

的方针，把反腐和倡廉工作当做头等大事来抓，取得了明显成效。

但是，由于种种原因，原信用社期间遗留下来的一些问题随着时间的推移，逐渐暴露了出来。一段时间来，市监察局、检察院等有关单位频频光顾合作银行查案办案，有时一天内竟达三四批。自 1995 年 6 月该行成立以来，被司法部门和监察机关调查、传询、拘审、拘捕的达 10 多人，其中多为原城市信用社负责人。在合作银行正式成立之初，也还有人劣性不改，继续利用岗位和职务之便，以权谋私、以贷谋私、以拆谋私，顶风作案，不惜牺牲合作银行的利益和声誉去换取个人利益。如某支行一个信贷员在给一家企业贷款 200 万元后，个人索贿 18 万元。这类问题虽属极少数，但破坏力大，影响面广。

在这样的背景下，针对合作银行反腐倡廉工作的艰巨性、迫切性、重要性，该行领导层决定从加强党风、廉政建设入手，在以后的实际运行和操作中，逐步建立起在行党委领导下，党委书记总负责、党委委员密切配合、纪委统筹协调、党政系统齐抓共管的格局，并创造性地建立起了内有廉政监控系统、外有社会监督网络的“反腐保廉”监控预警体系。

未雨绸缪，高悬反腐保廉“利剑”

建立反腐保廉监控预警体系是深圳城市合作商业银行的一个创举。为使这套体系发挥应有的作用，真正创造一个使广大干部职工“不想腐败、不能腐败、不敢腐败”的工作环境，该行主要从以下三个方面入手，强化、充实这套体系的功能：

坚持教育为本，抓好领导干部和党员群众的廉洁自律工作。用正反两个方面的典型去教育广大干部，使大家经常对照党章和党内各项规定及法律法规检查自己，规范行为，从思想深处牢牢筑起“不想腐败”的堤坝。

坚持管理从严，建立健全反腐保廉规章制度和监督约束机制。严格管理条例，用制度防腐保廉，用制度管好人、财、物，制度上建立起一道坚固的闸门，使广大干部“不能腐败”。建行至今，该行共制定了178项管理制度，为规范化的科学管理提供了保障。

创建“监控预警体系”，从组织上保证廉政建设，使干部员工“不敢腐败”。他们从实际出发，根据支行太多且都为原信用社转制过来的特点，从内部监控和外部监督两个方面来构建监控预警系统。

首先，从合作银行正式成立之日起，就建立起了在行党委领导下，行纪委具体操作的以纪检监察为核心的纪检、监察、稽核、法律、事后监督中心、保卫等部门参加的内部监控体系，以及时发现和堵塞经营与管理中的漏洞。同时，为加强纪检监察工作，经行党委、纪委和经营班子联席会议决定，自1996年元月起，党委以1996年的第1号文件下文，设立了总行驻总行营业部、各支行的纪检监察员，由总行党委直接任命，总行纪委实行垂直领导，纪检监察员对总行负责，向总行直接报告纪检事项，并独立行使纪检监察权。这样，横向监控与纵向监控相结合，形成了一套严密的、灵敏度较高的内部监控体系。

其次，为加大纪检、监察力度，强化外部监督，该行率先在银行界于1996年6月建立了廉政建设社会监督网络。具体做法是：在近万家的客户中，根据其在合作银行的资金结算量、企业信誉度、社会影响、贷款规模等多项指标，经综合打分评价，筛选出有代表性的企业100家，作为合作银行廉政建设社会监督定点联系单位；同时，在100家企业中，选择100名责任心较强的党员、干部，聘请其为合作银行廉政建设社会监督员。他们通过召开银企联谊会、走访客户、信件、电话等多种形式，定期或不定期地听取社会监督员们的意见和建议，搜集广大客户对合作银行廉政建设正反两个方面的信息。百家监督企业和百名社会监督员组成的社会监督网络系统，由总行纪检监察室掌握，并单独联系。纪检监察室对举报单位和举报人予以保密，并对一贯积极支持合作银行工作、与合作银行联系密切、提出合理化建议或举报信息属实使合作银行避免或减少损失的单位或个人予以奖励。

至此，深圳城市合作商业银行廉政建设监控预警体系基本框架正式构建完成。

营造“净土”，确保合作银行一方平安

深圳城市合作商业银行廉政建设监控预警体系自实施以来，取得了良好的社会效益和经济效益，既为该行在社会上树立了良好的企业形象，又使得全行上下遵纪守法、廉洁自律蔚然成风，员工的凝聚力得到加强。

为确保反腐保廉工程落到实处，1996 年上半年，合作银行党委结合落实市委反腐败工作会议精神，于 4 月 26 日召开了规模庞大的“深圳城市合作商业银行纪检监察工作会议”，总结经验，部署反腐败工作。不久，行党委又提出了把廉政建设和支行长经营目标责任制结合起来进行双向考核的战略决策，提出把廉政建设这个“软任务”当成“硬指标”考核，结合合作银行实际，制定了《深圳城市合作商业银行廉政建设量化考核标准》。这个考核标准以 100 分为基数，提出了 18 个方面共 28 项指标组成考核体系，考核各支行廉政建设情况，年底张榜公布，并明确提出廉政建设考核不过关的支行，支行领导班子集体被判为不合格。

夯实基础建大厦。通过深化教育，全行员工的精神面貌已得到很大改观，逐步培养起了“说话要真、做事要实、言行一致、雷厉风行；以行为家、秉公办事、敬业尽责、廉洁自律”的思想作风和工作作风。如该行文锦支行设立了“礼品上交登记簿”，行长带头上交自己所收到的 2000 元购物卡。短短一个月内，该支行共收到干部员工上交的购物卡、礼品券、月饼券价值就近 30000 元。

筑起“不能腐败”的铜墙铁壁。制度管人，廉洁自律已成为人们自觉的行动。华强支行营业部负责人违规操作，擅自动用客户资金，很快在制度稽核中被发现，受到党纪政纪惩处，并被行里作为典型以教育全行员工遵章守纪，从而加强了人们遵守制度的自觉性。

“不敢腐败”已成为员工自律的信念。内部监控体系运作中，总行驻各支行纪检监察员“严”字当头，以身作则，每月一次例会，每季一次书面纪检报告，对违章问题随时报告，大大降低了违纪率、违法率。目前，该行发现的违法案件基

本上是原信用社时期的遗留问题。外部社会监督网络由总行监察室定期走访，保持单线联系，社会监督员可通过举报电话、信件随时向合作银行监察室报告违纪违规事项，给违纪人员、犯罪分子以极大的威慑力。信用社时期的问题，小到服务态度差，大到办贷过程中的故意刁难等问题均得到有效的解决。开业一年多来，总行机关的违纪违法率均为零。

内控与外控有机结合的"廉政建设监控预警体系"，是合作银行探索出的一条廉政建设的新路子。该体系的核心是依靠社会力量来监督合作银行执行金融法规。这不仅对规范业务操作行为，维护银企利益发挥了积极作用，也将为廉政建设和精神文明建设提供新经验，探索新路子。

（作者时任中国人民银行深圳经济特区分行行长　史德怀/整理）

贺　军　第一个股指期货上市始末

2004年1月，国务院出台《推进资本市场改革开放和稳定发展的若干意见》（国发〔2004〕3号），对处于转型期的我国资本市场进行了统筹规划，资本市场的活力也逐步迸发出来。2006年9月8日，经国务院同意，中国证监会批准成立中国金融期货交易所（以下简称中金所），专门从事金融期货交易。彼时，上海国际金融中心的建设规划并未出台，但是基于上海在我国经济金融生活中的重要地位，中金所选择落户上海，落户浦东。由此，我和一批来自天南海北的热血青年开始了建设我国金融期货市场的历史征程。

首个股指期货合约的标的选定为沪深300指数

成立伊始，中金所没有自己的办公大楼，暂时与上海期货交易所共用办公场地。但是由于所从事的是对资本市场有重要影响的金融衍生品的开发，所以虽然条件艰苦，我和其他干部员工都毫不介意，热情很足。又加上交易所刚成立，年轻人较多，整个交易所给人的感觉就是活力十足，处处洋溢着生机。特别是，很多年轻人刚从外地来到上海，人际关系相对简单，下班之后许多同事的生活圈子也有比较大的重合，整个交易所给人的感觉就是一个温暖的大家庭。

参照国际上金融衍生品市场的发展经验，我原以为交易所成立之后第一个交易品种很快就会推出，所以我和大家都是憋足了干劲儿。按照证监会的统一部署，交易所首先推出的品种选定为股指期货。这是因为，股指期货作为一种规避市场风险的金融衍生工具，发展较为成熟，国际上有很多可以参考的经验教训。但是在指数标的选择上，起初有不少争论。有人认为可以选择上证综指，因为综指市场影响力大，难以操纵；有人建议选择小的指数，防止标的指数市值太大，交投难以活跃。经交易所组织专业人员认真研究，最终，首个股指期货合约的标的选定为沪深 300 指数。这一指数背后包括沪深两家交易所上市的 300 只股票，抗操纵强，涵盖的范围又足够大，是一个比较理想的标的指数。

选定品种后，我和大家立即以极大的热情投入到产品开发中去。众所周知，股指期货的产品开发是一个系统工程，因为它不仅牵涉到规则制定，合约设计，也包括一整套完整的交易、结算、监察等技术系统。这一过程充满了风险和挑战，稍有不慎就可能带来意想不到的问题，导致创新失败，甚至引发金融风险。如何确保这一重要金融创新获得成功，是社会各方最为关切、也最为担心的问题。

股指期货虽然在欧美发达市场已经成熟运行多年，但我国国情不同，不仅股指期货的规则设计、系统开发、市场监管不能照搬照套，而且，考虑到股指期货是一个全新的金融衍生工具，社会部分群体对股指期货并不了解，所以交易所需要投入大量的人力、物力在全国范围内进行培训、宣讲，积极进行投资者教育工作。为了规避风险，确保股指期货平稳推出，安全运行，在准备股指期货过程中，中金所开创性地建立了股指期货仿真交易系统。

波折不断

仿真平台于 2006 年年底正式上线运行，其后，我们依托该平台进行仿真交易，检验了规则、制度和技术系统，并据此大规模进行投资者教育，为股指期货的推出奠定了坚实的基础。此外，在仿真交易运行的基础上，经过无数个不眠之夜，我们准备了沪深 300 股指期货的上市方案。可以说万事俱备，只欠东风。只待上级批准，就可以上市交易了。

但是正如常言所述，谋事在人，成事在天。正在我们全所上下斗志昂扬，迎接我国第一个股指期货品种上市时，全球性的金融危机不期而至。一时间，美国、欧洲、亚洲等全球主要金融市场风声鹤唳，乌云压顶。在美国，“占领华尔街”的运动如火如荼，许多人把金融危机归结为华尔街金融家的贪婪，并把金融危机的矛头指向金融衍生品。由于金融危机的肆虐，沪深 300 股指期货上市计划也被搁置。事实上，从事后来看，全球金融衍生品市场的发展没有受到丝毫影响。经过危机考验后，人们对金融衍生品在规避市场风险、发现价格方面的作用更加认同。

精诚所至，金石为开。在金融危机愈演愈烈之时，党中央、国务院审时度势，及时推出了“四万亿”经济刺激计划，我国经济在全球各大经济体中率先企稳。宏观经济的稳定为我国资本市场各类创新创造了良好的条件。2010 年 1 月 8 日，国务院原则同意股指期货上市。股指期货的获批极大地鼓舞了我们全所员工的志气。中金所从 2006 年成立，到股指期货获批的三年多时间里，一直处于筹备期，没有正式开展业务，一些年轻同事对这一遥遥无期的“筹备”渐渐产生了怀疑，甚至准备离开。坦白来说，这种情形并不是孤例。

但是在所领导班子的坚强领导下，中金所优秀的企业文化还是保证了整个团队的凝聚力和战斗力。股指期货获批的消息传来，我们再也不用苦苦等待，为之辛苦奋斗几年的成果即将呈现在我们面前。那种感觉真的就像穿越沙漠的人，在身心俱疲的情况下，看到前方的绿洲。现在回想起来，那种振奋人心的感觉仍让人激动万分，说让我永生难忘一点都不为过。

股指期货获批后，我们全所员工开始兵分几路准备产品正式上市。交易、结算、监察、技术等一线业务部门，继续完善各类系统技术细节，并联系推动会员开展系统准备，从技术上保证股指期货上市万无一失。市场团队以更高的强度在全国进行股指期货宣传，开展投资者教育活动。另外一些后台部门则抽调人员，准备进行启动仪式、上市仪式等活动的举办。

股指期货启动

由于成立后从来没有举办过类似大型活动，我们交易所上下以极大的热情投入这两个仪式活动的准备当中。启动仪式和上市仪式有两个特点：一是规格高，部级及司局级干部百余人；二是需要协调的部门多，包括相关部委和上海市方面。在交易所全体员工的共同努力下，当时由我们交易所总经理办公室牵头，制定了详细的接机、用车、贴陪等方案，并利用工作之余的时间进行培训、演练，很多同事都是连续牺牲好几个周末的时间参加培训。

2010 年 4 月 8 日，中国证监会组织举办股指期货启动仪式。时任中共中央政治局委员、上海市委书记俞正声，中国证监会党委书记、主席尚福林共同推杆启动股指期货。尚福林主席在致辞中表示，股指期货的启动充分表明了党中央、国务院对资本市场改革发展的高度重视。股指期货的正式启动，标志着我国金融期货市场建设迈出了关键的一步。三年多来，按照"高标准、稳起步"的要求，中国证监会有关部门和中金所充分吸收了我国商品期货市场的经验教训，广泛借鉴了境外股指期货市场的成熟经验，在合约规则设计、技术系统建设、仿真交易演练，应急演练准备、跨市场监管机制安排等方面做了大量艰苦细致的工作，特别是针对国际金融危机的经验教训，进一步完善了股指期货的规则体系。

一个星期后的 4 月 16 日，中金所正式举办了股指期货的上市仪式。时任中国证监会党委副书记、副主席桂敏杰为沪深 300 股指期货首日交易鸣锣开市。时任上海市委常委、副市长屠光绍等共同为沪深 300 股指期货合约揭牌。时任中国证监会党委委员、主席助理姜洋宣读中国证监会《关于同意中国金融期货交易所上市沪深 300 股票指数期货合约的批复》。随着股指期货上市仪式的圆满进行，沪深 300 股指期货也迎来了第一笔交易。

特别值得一提的是，时任中共中央政治局委员、国务院副总理王岐山同志在股指期货上市不久，就专程前往中金所视察工作。2010 年 4 月 28 日，王岐山副总理在证监会主席尚福林、国务院副秘书长毕井泉、中国人民银行副行长苏宁、上海市副市长屠光绍、证监会副主席刘新华、证监会主席助理姜洋等同志的陪同下，视察中国金融期货交易所，并召开资本市场改革发展座谈会。王岐山副总理指出，股指期货的成功上市，标志着我国资本市场改革发展又迈出了一大步。这对于发育和完善我国资本市场体系具有重要而深远的意义。

（作者时任中国金融期货交易所办公室主任）

鸣　谢

在《大潮》丛书出版之际，谨向下列省市政协在文稿编选方面给予的大力支持表示谢意！

天津市政协文史资料委员会、上海市政协文史资料委员会、浙江省政协文史资料委员会、重庆市政协学习及文史委员会、海南省政协文史资料委员会、贵州省政协文史与学习委员会、石家庄市政协学习和文史资料委员会、秦皇岛市政协文史资料委员会、沈阳市政协学习宣传文史委员会、大连市政协文史和学习委员会、南通市政协教文卫体和文史委员会、连云港市政协学习文史资料委员会、宁波市政协文史委员会、温州市政协文史委员会、福州市政协文史资料和学习宣传委员会、厦门市政协文史和学习宣传委员会、青岛市政协文史资料委员会、烟台市政协科教文卫体和文史资料委员会、广州市政协学习和文史资料委员会、深圳市政协文化文史和学习委员会、珠海市政协文史资料委员会、汕头市政协文化和文史资料委员会、湛江市政协学习和文史资料委员会、北海市政协文史资料委员会等。